警察职权的界定与配置

THE DEFINITION AND CONFIGURATION OF POLICE POWER

卢建军◎著

北京大学出版社
PEKING UNIVERSITY PRESS

图书在版编目(CIP)数据

警察职权的界定与配置/卢建军著. —北京：北京大学出版社，2017.8
ISBN 978 – 7 – 301 – 28485 – 8

Ⅰ. ①警… Ⅱ. ①卢… Ⅲ. ①警察—行政执法—研究 Ⅳ. ①D912.14

中国版本图书馆 CIP 数据核字(2017)第 153800 号

书　　　名	警察职权的界定与配置 Jingcha Zhiquan de Jieding yu Peizhi
著作责任者	卢建军　著
责 任 编 辑	王建君
标 准 书 号	ISBN 978 – 7 – 301 – 28485 – 8
出 版 发 行	北京大学出版社
地　　　址	北京市海淀区成府路 205 号　100871
网　　　址	http://www.pup.cn　http://www.yandayuanzhao.com
电 子 信 箱	yandayuanzhao@163.com
新 浪 微 博	@北京大学出版社　@北大出版社燕大元照法律图书
电　　　话	邮购部 62752015　发行部 62750672　编辑部 62117788
印 刷 者	北京大学印刷厂
经 销 者	新华书店
	965 毫米×1300 毫米　16 开本　13.25 印张　215 千字 2017 年 8 月第 1 版　2017 年 8 月第 1 次印刷
定　　　价	38.00 元

未经许可，不得以任何方式复制或抄袭本书之部分或全部内容。
版权所有，侵权必究
举报电话：010 – 62752024　电子信箱：fd@pup.pku.edu.cn
图书如有印装质量问题，请与出版部联系，电话：010 – 62756370

序

中国社会发展迅猛，对公安工作不断提出新的任务与挑战，尤其是随着依法行政与法治政府建设的不断深入，公安法治建设也进入了一个加速发展和全面深化的时期。与之相适应，为公安法治建设提供理论指导的警察法学研究也需要范式的转换创新，也就是从体现传统警察管理与警务运行模式的警察法学研究范式，向适应国家治理体系和治理能力现代化要求的警察法治模式的警察法学研究范式转换。

卢建军博士撰写的这本书便是这方面研究的一个很好的作品。他在分析古代中国及现代发达国家警察职权设置、配置和运作的基础上，深刻剖析了警察职权的范围、内容和运作的明晰化问题，深入论证了警察职权配置的合理化问题以及适应国家治理现代化要求的警察权力关系建构问题，在很大程度上体现出了警察法学研究的法理性、学理性和自主性特征。

从整部书稿来看，卢建军博士对新中国警察权力发展完善过程及其特征梳理也有相当程度的独到见解。特别是对警察职权范围、内容及其运行明晰化的论述更是有很强的学术创新性。其中对警察职权范围的界定、不同层级警察机关职权间的关系以及不同强制程度警察权力的正当化运作等内容都有相当独到的见解。

卢建军博士和我的缘分起于2003年在海口举办的一次培训班上。当时我在为该培训班讲授《公安机关办理行政案件程序规定》的制定背景及其相关制度的理解与适用。在授课之余，卢建军博士就曾向我提出过一些有关警察权力运行的前沿问题并进行了初步的交流。后来我通过一些渠道知道卢建军博士一直进行着警察法学的教学和研究,而且对我的相关研究成果卢建军博士也十分留意。

卢建军博士具有良好的学术潜质和浓厚的学术兴趣,这已难能可贵,更为关键的是卢建军博士还有相当程度的学术积累。十多年来,卢建军博士在《甘肃政法学院学报》《兰州学刊》《法律科学》(西北政法大学学报)、《公安研究》《中国人民公安大学学报》(社会科学版)以及其他警察院校的学报上发表过一系列文章,也出版过一些学术著作,都在为警察法学研究范式的转型努力着。

如果他能在警察法学研究的道路上一直走下去,我相信凭他的勤勉和悟性定有不少有分量的学术成果形成。希望卢建军博士不要因为工作岗位的转型放弃对警察法学的研究,也真诚希望卢建军博士能产生更有深度的、更有价值的学术成果。

是为序。

余凌云
2017 年 5 月于清华大学明理楼

如何面对爱恨交加的你——警察
（代自序）

警察是天使与魔鬼的混合物，让人欢喜让人忧。人们对警察普遍保持着一种爱恨交加的情感、不忍舍弃又不敢宠溺的态度以及若即若离的关系。

究竟何为警察？美国学者詹姆斯·卡伦特认为，有人说警察是综合精神病医生，有人说警察是外科医生，有人说警察是律师，有人说警察是婚姻顾问，也有人说警察是犯罪终结者，等等，事实上，警察并不仅仅是其中的任何一种单一角色，而是所有角色的总和。在马克思主义者的视野中，警察起源于国家压迫人民的需要。在近代西方启蒙思想家的心目中，警察是公民个人权利让渡的结果，是人们为了实现常态的自由而宁愿接受某种强制力量对个人的非常态自由进行限制的产物。

关于警察的功用，曾长期担任过日本高级警察官员的松井茂论述道："国防为国际和平之准备，其关系之重要，尽人而知，然尚有与此等量齐观者，警察问题是已。警察为维持社会安宁、卫护人民生活而产生，其所负之使命非常重大。""举凡民众生活，胥与警察有不可分离之关系。"[①] 警察每天与我们同在，警察职能触及社会生活的方方面面。

警察是一种十分复杂且又充满矛盾的社会事物。警察是一个令人崇敬的事业，也是一个令人恐惧的对象。警察是和平年代最具危险的神圣

---

① 〔日〕松井茂：《警察学纲要》，吴石泽，中国政法大学出版社2005年版，"原序"、第1页。

职业,是新时期最具奉献精神的英雄群体,但是人们也常对警察权力的滥用表示出担忧与憎恶。人们在遇到困难时马上想到找警察,可也常常用"警察来了"来恐吓惹是生非的孩子。人们对待警察理想期望和现实评价的落差,警察实际付出和公众认同的背离以及警察主观努力和客观效果的脱节,使得警察犹如爱情,易于爱恨体验却不易理性评判。

一、因不能舍弃而不得不爱你

只要生活在人类社会中就离不开警察,而且越是在复杂、文明的社会中,人们对警察的依赖越大。

人们离不开警察,首先因为人们的生存和生活离不开安全和秩序。

守护安全与秩序是警察的天职,即便是在极度崇尚自由主义的时代和国家,也离不开警察提供的安全与秩序。安全是人类得以生存的最基本需求,人的人身安全、生命安全和财产安全无法得到保障,人的基本生活就无法得到维持。英国著名政治哲学家霍布斯说:"人民的安全是至高无上的法律。"美国心理学家马斯洛的需要层次理论认为,安全需求是人类除生理需求之外最基础、最基本的需求,人的整个有机体就是一个追求安全的机制。马克思主义的经典作家也曾指出:安全是市民社会的最高社会概念,按照这个概念,整个社会的存在都只是为了保证它的每个成员人身权利和财产不受侵犯。无论作为人类生活正常进行最起码条件的人身安全和财产安全,还是作为社会存在发展起点和基础的公共安全和国家安全,都与警察的存在密不可分。

特别是在现代社会中,有组织暴力犯罪和恐怖主义横行,传统安全威胁和非传统安全威胁因素的相互交织,更加剧了人们对警察的依赖。"自由给安全让路"的主张不同程度地影响着各国政府的决策,警察在社会中扮演的角色更加重要,国家赋予警察的权力越来越大。

秩序意味着社会关系的稳定性、进程的连续性、行为的规则性以及财产和心理的安全性。秩序的存在是人类一切活动的必要前提,也是人类社会活动的基本目标。美国当代著名国际政治理论家塞缪尔·亨廷顿强调:首要的问题不是自由,而是创建一个合法的公共秩序。很显然,人类可以无自由而有秩序,但不能无秩序而有自由。历史表明,凡是在人类建立了政治或社会组织单位的地方,他们都曾力图防止出现不可控制的混乱现象,也曾试图确立某种适于生存秩序的形式。

在一定意义上,警察就是在人类社会对秩序的现实需求和对社会冲突、混乱、无序的无法忍受的推动下产生的。正是由于警察的存在,社会才有了正常的秩序,人们才有了安全的凭借。我国台湾著名警学专家邱华君曾在其著作中写道:"欲国家富强,必先社会安宁繁荣,社会安宁繁荣之道,首要条件在治安之良好,治安任务之能否圆满达成,其关键在于警察行政须有效贯彻落实。"①

古代警察是为实现国家统治安全秩序才维护社会的公共安全秩序并最终维护人民的生活安全秩序,现代警察是通过对人民生活安全秩序的维护从而维护全社会的公共安全秩序并最终维护国家的政治安全秩序,它们都是通过警察对破坏社会秩序的违法犯罪活动进行事前预防、事中遏止和事后处理来确保人们相互间的安全,克服相互间的恐惧,避免相互间的损害。

人们离不开警察,还因为警察是正义的化身和邪恶的克星。

正义意味着各得其分、各得其所,意味着"给予每个人他应得的部分",意味着"己所不欲勿施于人",意味着"以其人之道还治其人之身"。警察通过对违法犯罪活动的惩罚实现了"以其道还其身"和"给予每个人应得"的正义。

自从人类社会产生以来,正义始终被视为是一种最基本的美德和价值理想,坚定不移地捍卫正义也一直是人类孜孜以求的目标和积极推崇的价值。古希腊著名思想家柏拉图在其"理想国"中,就将正义作为其社会理想的核心,并认为一个理想的国家必须建立在正义的基础之上。美国当代政治哲学家罗尔斯指出:正义是社会制度的首要价值,正像真理是思想体系的首要价值一样。作为人类活动的首要价值,真理和正义是绝不妥协的。现代法哲学的著作家们一直把正义解释为人与人之间的理想关系,并指出每个人都拥有一种基于正义的不可侵犯性,即使以社会整体利益和国家的名义也不能逾越,由正义所保障的权利绝不受制于政治的交易和社会利益的权衡。

警察的最基本职能是预防、制止和惩治违法犯罪活动。违法犯罪不仅仅是违反法律、危害国家和人民利益的行为,也是违反正义理念的邪恶行为。警察通过惩恶扬善,使恶人受到应有的惩罚,善良得到应有的守护,体现着最简单、最朴素的正义观念和正义现象。

---

① 邱华君编著:《警察学与警察勤务》,千华数位文化股份有限公司2014年版,序言。

人们需要警察来维护秩序,但人们更需要警察所维护的是一个正义的秩序,警察所维护的秩序失去了公正性,警察权力就会成为非正义的、非理性的权力。当其发展到极端之时,就会出现社会成员宁肯付出代价来打碎警察权所维护的现存秩序也要寻求新的合乎正义的秩序的局面。因而,正义是警察最高的价值追求,是其日常工作的价值标签,更是其恒久的话语系统。

人们离不开警察,也因为当身处危难和危急时需要警察的化解和排除。

对于身处困境的人来说,警察是"最后可依赖的力量"。与惩治违法犯罪分子一样,危难救助也是警察的职责义务。世界各国的警察法律制度基本上都规定了警察应当积极参加抢险救灾和社会公益工作,并明确要求警察在遇有公民人身、财产安全受到侵犯或者处于其他危难情形时,应当立即救助。危难救助既是特定警察人员应当依法履行的职责,更是全体警察的身份性义务。即便是在非工作时间,警察遇到其职责范围内的紧急情况,仍有义务主动救助身陷险境的任何人员,制止任何扰乱公共秩序的行为,以保护公民人身安全和社会财产不受侵害。

在生活现实中,无论是发生溺水、坠楼、自杀等危及人身安全的情况还是出现老人、儿童以及智障人员、精神疾病患者等走失的情况,无论是公民身处危难、孤立无援的情况还是水、电、气等公共设施出现险情的情况,无论是在自然灾害、突发事件中公民人身和财产遇险的情况还是对被拐卖、绑架或实施家庭暴力的妇女、儿童等的救助情况,所有这一切都需要求助于警察。

人们之所以愿意向警察寻求支持和帮助,主要是因为警察是国家最便于指挥的、最有机动性的、最接近公众的政府力量。警察机构随时向社会开放,警察有权接管大部分事件并会采取措施处理大部分问题,警察随时待命接电话并准备着为民众提供服务。

人们离不开警察,又因为警察是人权的保障者。

人权是保持人身安全、人格独立和人的尊严必不可少的条件,是人作为人依其本性所应当享有的道德性权利。在人类社会里,每个人的生命不受任意剥夺,人身安全不受任意伤害,人身自由不受任意侵犯,思想自由不受任意禁锢,最低生活得以保障,追求幸福得以实现,是每个人所固有的人格、尊严和价值。否则,人将不成其为人。人类社会各种组织和制度的安排,各种法律与政策的设计,其终极目的都应当是为了人的幸福。我国台湾著名警学专家李震山曾论述道:"若从宪法发展史、国家起源论及国家重要机关的组织及职权言,宪法的主要目的之一就是保障基本人权,国家机关的组织和职权只是配合保障基本人权而存在,此乃'国家系为民众之欲求而存在,而非人民为国家之欲求而存在'之真谛,警察既为国家机关组织之一环,自然责无旁贷。"①

警察是人权最直接、最具体的保护者,同时也是人权最有可能、最有机会和最便利的侵犯者。警察执法情况直接体现着一个国家的民主水平和人权保障水平,警务活动最能反映出一个国家对待人权的基本方针和政策。历史发展证明,没有足够的权力,警察难以维持稳定的社会秩序。然而,警察权力过大也会腐蚀社会机体,公民反受其害。既要控制社会,又要保障人权,做到两者的平衡,是警察活动的基本点。以人为本,以人权为本,既是现代法治社会的基本精神,也是现代警务制度的基本要求,既是现代警务制度重构的价值取向,也是社会生活中公民对警务活动的评价标准。

人们离不开警察,更因为警察提供的广泛而又便利的服务使其生活更加幸福。

警察在政治国家建立之初,是作为君主权力的手脚或者武器来使用的,警察权力是政治权力的变体。根据近代行政主体"行政公共性"思想,政治国家对权力垄断式经营逐渐转变为公民参与式经营,警察权力不再是绝对专制"君主国"("警察国")中的无所不在的权力模式,其职能由专门服务于国家转向服务于社会。警察职能由政府的一个重要权力机器,开始向为社会谋取最大福利的公共性过渡和转移。

经过历史发展中的不断尝试与经验总结,警察职能的范围已经基本上确定下来——维持秩序、执行法律和提供服务。虽然维持秩序和执行法律是警察的标志性职能并且仍占据重要位置,但提供社会福利性服务则事实上在日常工作中占据更大比重,而且现代警察职能总体上是以公共服务为导向的。现代警察越来越多地承担起向社会提供综合服务的工作,成为与公众日常生活联系最为密切的一个政府机构。警察职能由管理型向服务型转变是建设服务型政府的需要,是人民群众的现实要求,也是现代警务改革的基本方向。

在传统观念中,警察是"打击犯罪的战士",警察的根本职能是"对付犯罪"。然而,随着人们对警察学理论和犯罪学研究的逐步深入,人们逐

---

① 李震山:《警察法论——警察任务编》,正典文化出版有限公司2002年版。

步认识到,犯罪根源于社会,只依靠警察不足以解决犯罪问题。只有动员社会和公众参与,才能有效地遏制犯罪。英国现代警察刚刚建立的时候,罗伯特·比尔这个缔造英国警察的人物就说:怎样才能使犯罪无处藏身?只有依靠广大民众,只有把警务工作扎扎实实落实到社区,把警察的主要精力放到去服务于公众和保护公众的生命财产安全。欧美国家经过调查也证实,警察工作只有20%与刑事犯罪有关,80%是承担社会服务性工作。正是基于这种认识,现在西方把全民皆警、警民协作和社区警务作为警务开展的基本理念。随着我国步入民主社会和法治国家以后,警察在坚持传统的维护政治统治职能和履行公共管理职能的同时,更应突出其社会服务职能,越来越多地承担起向社会提供综合性服务的职责。

二、因时常被伤害而不由得恨你

正是由于现代社会中政府与民众对警察的高度依赖,警察被赋予了很高的社会期望,被授予广泛而又强大的权力。然而在现实生活中,人们因时常受到警察对自由的限制或滥用职权的伤害,屡屡产生了憎恶。

人们憎恨警察,首先因为在本质上警察是自由的异端。

自由是人类的最高追求和终极价值,体现着人性最深刻的需要和社会进步最基本的标准,社会发展的最高目标就是实现人的自由全面发展。自由之于人具有最根本的意义。为此,诗人们高呼"不自由,毋宁死!"马克思也强调,"没有自由对人来说就是一种真正的致命的危险"。从一定意义上说,人类的历史就是不断探索和争取自由的历史。

尽管在根本上警察是保障自由的,但其维护自由常常依靠限制乃至剥夺自由的方式进行。在警察维持秩序和执行法律的活动中,无论是对人身的拘留逮捕还是盘问检查,无论是对财物的查封扣押还是冻结收缴,无论是对场所的征用搜查还是管制封锁,都是一种限制公民自由的活动。正因如此,美国研究警察的著名学者赫尔曼·戈尔茨坦指出,"就其职能的本质而言,警察是自由社会的异端"。英国的丹宁勋爵也在其著作中写道:"每一个社会均须有保护本身不受犯罪分子侵害的手段。社会必须有权逮捕、搜查、监禁那些不法分子。只要这种权力运用适当,这些手段都是自由的保护者。但是这种权力也可能被滥用。而假如它被人滥用,那么任何暴政都要甘拜下风。"

之所以说警察是自由社会的异端,根本在于在人类的各种需求中,秩序和安全处于最基本、最基础的地位，为了创造并保障秩序与安全，自由不得不做出让步。自由有突破秩序的冲动，秩序有压制自由的天性。警察因秩序而生，警察的核心责任在于维持秩序。警察天然地视秩序为安身立命的根本，秩序的好坏直接决定着警察的存在价值。正是由于秩序与自由在警察心目中的地位不同，当自由与秩序发生冲突时，警察会为了秩序，动用一切可以利用的资源和权力，想尽一切可以想到的办法和手段，不管是否会损害自由，把自由置于一边，极力维护秩序的稳定。此时，自由必然会成为警察维护秩序的牺牲品。

在没有以警察权力为代表的国家权力干预的"自然状态"，是一种尽管自由却充满恐惧和危险的状态，是一种"导致焦虑的自由"。人类需要自由，但更需要依靠警察权力的权威创造的秩序。正如霍布斯所言，在没有一个公共权力使大家慑服的时候，人们便处于战争状态中。国家作为"必要的恶"存在的根本意义就在于以警察的强制力为后盾来约束人们的贪婪、野心和其他种种激情，从而使人类走出人人自危的自然状态。尽管霍布斯也承认，进入政治社会，在国家及警察的绝对权力的统治之下，人们的生活不可能是十分愉悦和非常完美的，但它比自然状态下由战争和灾难导致的悲惨境遇要好得多。人们接受警察对自由限制所带来的种种不便，是"两害相权取其轻"的结果和人类维系生存不得不付出的代价。

人们憎恨警察，也因为警察实现职能的方式是强制的，甚至是暴力的。

对于由国家机器意志役使的工具——警察而言，国家赋予其最有力的武器就是通过法律宣示拥有暴力的使用权。暴力是国家特有的手段，国家有在一定疆域之内正当使用暴力的垄断权，国家也被认为是暴力使用权的唯一来源。在国家的各项活动中，除军事活动外，警察活动具有最大的强制力，甚至有使用武器的权力。西方社会将警察视为"荷枪的社会工作者"，甚至认为，警察是享有国家授予的在国家领土范围内使用暴力性权力的机构或个人。能够使用暴力是警察社会角色的核心。之所以设立警察，之所以报警求助，都是以暴力可能是必要的这一信念为基础的。警察享有使用暴力解决各类社会问题的权力，报警即是求助于暴力。

然而社会实践屡屡证明，单纯依靠暴力强制进行社会控制不仅是低效的而且是昂贵的，频繁地、过度地使用强制力必然会激起更大的反抗。英国政治学家威廉·葛德文就曾指出："强制不是说理，绝对谈不上说服。它所产生的是痛苦的感觉和厌恶的情绪。"人的尊严和情感决定人不能长期地忍受这种强迫关系。暴力可以使人臣服一时，却不能永远使人屈服。

强制是维系一个社会存在的必需,社会公共权威需要强制来确立和体现,社会的秩序需要强制来建立和维持。然而,一个社会也可能因为强制无度致使公共权威走向专制,因为强制泛滥而混乱无序。强制性权力无论出自何人或何种组织之手,亦无论是合理或不合理的,都会因其盛气凌人或霸气冲天而带给社会伤害。权力只有受到合理的节制才能成为自由、权益、安全、秩序的可靠保障。人类的生活经验和人的理性都能证明,人们更倾向于接受一种通过容许参与、讨论、选择、寻求合意等方式而进行的统治,而对那种强加于他们之上的压制性统治怀有抵制和不满。人都愿意成为社会的主体和自己的主宰,而不愿成为任人摆布的棋子。

人们憎恨警察,还因为警察权力运作中不时发生腐败。

伴随着警察的诞生也就出现了警察腐败的现象,腐败是警察活动中历史渊源最久和最顽固的问题。从某种意义上说,警察历史就是警察腐化丑行重复出现的历史。

警察腐败与警察拥有广泛而强大的权力直接相关。警察权力具有主动性、强制性、扩张性、裁量性和侵略性等属性,这决定了警察权力容易走向腐败。两千多年前古希腊哲学家亚里士多德曾说过:"一切有权力的人都容易滥用权力,这是万古不易的一条经验,有权力的人使用权力直到遇到有界限的地方才休止。"英国历史学家艾克顿公爵早在19世纪也曾说过一句极为有名的话:"权力总是趋向腐败,绝对的权力产生绝对腐败。"

权力本身并不意味着必然的腐败,当权力特性与人性的弱点相结合时难免不发生腐败。人性是一种非常复杂的现象。尽管人性中有"善"的一面,但也存在"恶"的因素,人性中包含有很多"贪婪""权欲""色欲"等成分在内。人人都有自私的天然倾向,当权力属性与人性中的自私相结合便使得腐败自然而然发生了。曾任美国总统的詹姆斯·麦迪逊在谈到人性的弱点和腐败的关系时就说道:"如果人们都是天使,或者由天使统治人们,我们没有必要成立政府,也无需担心政府的行为。"

同时,警察权力的运作环境也增加了腐败的机会。尽管环境本身不会导致腐败,但为腐败的发生创造着条件。警察职业的特殊性决定了他们经常与各种违法犯罪分子打交道,普通警察,尤其是大中城市的警察,目睹人类最黑暗的一面,天天遇到坏人坏事,见惯了人们尔虞我诈的手段。在这种充满诱惑的环境中,人性的弱点被放大,大大增加了警察腐败的机会。另外,警察活动自决权限过大、透明度较差,而且在实施后又很难得到及时制止和查处,更加剧了警察腐败的发生。我国台湾地区"**中央警**

察大学"犯防所警监教官王宽弘博士在其著作中指出:"警察是领有执照之地痞——警察常在与民互动的社会行为中,运用其裁量权,以换取执法的弹性或若干便利与利益;就相对之人民而言,则因凛其威权及职务之权力,而愿与之作若干的交易,以谋共存、互利之空间。"这也许就是为什么许多本来自身素质良好的人一旦加入警察队伍便走上了腐败道路的原因。

人们憎恨警察,也因为警察在过去乃至今天常常是政治镇压的工具,以及警察权力具有偏私、任性和专横的习惯与传统。

警察权力的演变与国家的演变直接互相映射。警察权力发展的历史,就是政治发展的历史,也是国家发展在历史幕布上的投影。警察是国家展现暴力的工具,是国家维护统治的装置和技术。根据政治斗争的需要,警察常常是镇压的工具,往往被政客利用以消灭政敌,扮演了不光彩的角色,对于敌对阶级"它是压迫工具,它是暴力,并不是什么'仁慈'的东西"。

有人依据一个国家的法治水平和文明程度,将国家由低到高依次分为警察国、法治国和福利国。与法治国主要仰仗法律的权威和力量来治理国家不同,与福利国主要是为了给民众谋取福利不同,警察国主要依靠警察的强制力来维护其统治。在警察国,警察权力渗透至国家最基层、最隐蔽的角落,涉及所有的生活领域,在其巨大的权力探头或者探照灯下,个人的权利毫无藏身之处。在现代社会中,还时常能找到警察国的影子。

即使是在现代国家权力体系中,警察权力仍是非常独特的一种,它对人们生活的影响最广泛、最直接,一个人从"摇篮"到"坟墓"无时无刻不受到警察权力的干预。在我国,由于官本位、特权思想根深蒂固,人权意识没有普及到位,公权力的强势生长与私权利的发育不良引起的权力滥用与权力专横普遍存在。所有这些更加剧了警察权力运作中的偏私、任性和专横现象。也许为此之故,当代著名刑法学家陈兴良教授表达了这样的看法:警察权在一个社会中的实际运作状态,在相当程度上标志着这个社会文明的发展水平。因为,警察权力与公民权利在一定条件下成反比例关系,即警察权的扩大意味着公民权的缩小,警察权的滥用往往使公民权化为乌有。由此可见,这里有一个警察权的悖论,一定限度内的警察权是为保障公民权必需的,而超出这种限度的警察权,则有侵夺公民权之虞。

三、爱的深化和恨的消减

警察具有限制和保护的双重功用,犹如一把双刃剑,如果认识偏颇和用之不当,则国家和公民均受其害。警察的限制是警察代表国家对社会成员不当活动进行的规制、规范、约束直至惩罚,这时展现的是警察的统治性、暴力性;警察的保护体现着国家对社会成员正当性权利和自由主张的支持、肯定、帮助和服务,这时展示出的是警察的公共性、服务性。

如何辩证地看待警察现象的双面性?如何客观地面对人们对警察的爱恨?法治给我们提供了可资参照的理论体系和思想方法。法治是人类政治文明的重要成果,也是架构现代社会的基石。随着市场经济、民主政治、人类理性的深入发展,法应当具有的人本精神正由古代法的异化逐步实现复归。一切从人出发,把人作为一切观念、行为与制度的主体,尊重人的价值和尊严,实现人的解放和全面发展,保障所有人的平等、自由与人权,提高所有人的物质生活和精神生活水准,已经和正在成为现代法律的终极关怀,成为现代法治文明的重要标志。

权力既给人类带来过福利,也造成过灾难,以保障人权和以拘束权力为核心的制度是法治的两大支撑制度。尽管大到国家的政体,小到个人的言行,都必须在法治的框架中运作,然而,就法治的重心来说还在于依法治权。之所以在公民权利和国家权力这一政治生活的基本关系中,法治主要是针对国家权力而来的,其主要原因在于人类历史的集体记忆和政治生活的教训都反复证明,为了保障公民的自由,国家权力必须受到法治的制约。

在现代文明社会中,警察权力既需要法治来保障,更需要法治来规范。警察存在的主要目标在于创造有序的社会生活。社会实践证明,社会生活的规范有序,首先在于管理社会的权力本身规范有序。自进入文明社会以来,通过法治来规范权力一直是人们为维护其权益孜孜以求的努力方向和坚定不移的奋斗目标,一直被反复地作为人类在面对现实的或想象的政治生活难题的"良药"。警察法治是一国法治的重要组成部分,以法治来规范警察权力的设置和运行,就是为了保证警察权力的正当功用得以有效实现和防止警察权力的负面功能在生活中出现。

具体来说,警察法治是以法律来规范和约束警察权力设置和运行的工作理念、运行机制、活动方式和秩序状态。警察法治首先要求警察机关及其工作人员必须牢固树立严格依法办事的观念、法律面前人人平等的观念以及尊重和保障人权的观念。警察法治也是一种要求警察机关及其工作人员在日常生活中自觉尊重法律的权威、严格依法办事的行动方式。警察法治强调通过法治将各种警务要素有机结合在一起从而形成一种既职责明晰又协同和谐的警务运行机制。同时,警察法治又是一种通过法治建立起来的警察权力运作的有秩序状态。警察法治建立的秩序状态,既是一种通过对普通社会主体的限制、禁止和控制建立起来的社会连续稳定的状态,更是一种通过对警察机关及其工作人员的限制、禁止和控制建立起来的警察权力运行的符合合理期待的状态。

为了对付违法犯罪,为了维护国家安全和社会秩序的正常运转,强制性警察权力的存在有其必要性。然而在现实社会中,警察的权威性不能仅仅依赖其权力的强制性,更应依赖其合法性和正当性,应当建立在公民普遍认同的基础之上。警察的合法性不仅在于其权力的享有来自于国家法律的授权,更在于在实际运行过程中的行为和决策能充分体现和表达社会"公"意,更在于警察和民众之间多渠道、多方面和多层次双向沟通机制的建立。人类生活的经验证明,人们更倾向于接受一种通过容许人们参与、讨论、选择、寻求合意等方式而进行的统治,而对那种强加于他们之上的压制性统治怀有抵制和不满。虽然警察使用强制权力控制冲突、维护社会秩序是出于社会成员共同利益的需要,但单纯依靠强制的力量来获得的社会秩序,也完全把自己置于社会对立的情景之中了。强制力运用不当,不仅不能起到缓和、控制冲突的功效,反而会进一步激化社会矛盾、孕育着新的社会冲突。

人们宁愿选择合作性权力运作模式,是因为它将人当做人来对待,承认每个人都是具有个体尊严和独立价值的平等道德主体。禁止警察执法中的刑讯逼供,除了通过刑讯逼供获得的证据可能是不可靠的原因之外,更重要的是刑讯逼供就其本身而言就是不可接受的,它是一种不人道的、残忍的、野蛮的方式。现代文明社会中权力运作不仅禁止不人道的方式,也禁止损害个人尊严的方式。人们反抗奴役、政治压迫的主要原因,并不是因为它们一定会产生坏的结果,而是因为它们本质上就是与人类的尊严不相容的,即便它们可能产生有效的结果。

警察的产生是因为社会阶层对立、社会剧烈冲突和社会利益纷争需要暴力的手段进行平息,但并不意味着警察就等同于暴力。当代美国政治学家罗伯特·W.杰克曼在其所著的《不需暴力的权力——民族国家的政治能力》一书中指出:"我并不是要否认暴力威胁是权力的一个组成部分。我也不想去否认借助暴力的广泛使用可以使任何政权维持相当长的一段时间的统治。我只是说,不能无限期地使用暴力,强大的暴力机器也不足以证明政治权力或政治力量的同等强大。"

警察权力还具有另外一种双重属性,既具有国家强制权力的性质,又具有知识权力的性质。虽然警察运用强制权力可以凭借国家力量予以压服而不予解释,但是,通过文明而理性地执法,通过商谈或者交流达到警察执法的目的仍是警察职业主义的一项重要内容,这必须借助于知识权力来实现。权力与社会知识、权力与人文主义以及权力与人性的结合是警察职业发展的趋势。在现代文明社会中,警察权力运行过程中软性的同化权力和硬性的命令权力同等重要。如果警察权力在其作用对象的眼中是合法的,它实现愿望的过程将会遭受较少抵制和更多的支持。英国学者肯尼思·E.博尔丁将权力分为威胁权力、经济权力和整合权力(或可称为大棒、胡萝卜和拥抱)三种类型,与威胁权力是通过"威逼"和经济权力通过"利诱"不同,整合权力是通过尊敬、合作和合法性等实现其目标的。警察权力构成中的知识性权力、软性的同化权力和整合性权力在根本上是一致的,都是构成新型警察权力内容的必不可少的要素。

进一步来说,警察权力中的知识性特征、同化性功能和整合性属性,只有通过与民合作和为民服务才能体现出来。为了使公民与警方之间的合作更加顺畅,必须走向"服务型的警务模式",强调向公民提供服务,关注公民的内心需求,改进警察活动中与社会交互作用的管理工具和技术,发展更符合现代民主要求的警察治理方式,并通过"以民众为中心的治理"(即善治)理念和工作方式实现警察的全面改造。

需要特别强调的是,在和平建设时期对国家利益关系和行为方式有不同于革命时代的价值判断,国家与公民具有利益关系的一致性与行为关系上的合作性。合作不仅意味着利益上的互利互惠,更意味着人与人之间的相互尊重和平等相处。国家的警察权力因人民而存在、为人民而存在。警察组织及其人员只有真正树立起权力来源于权利、权力服务于权利、权力应以权利为限和权力必须由法律制约的法治观念,并实现由"管制理念"向"服务理念"转变、由"权威理念"向"民主理念"转变、由"人治理念"向"法治理念"转变,也才能真正深化人们对警察的爱,化解人们对警察的恨。

卢建军
2017年5月14日于兰州左家湾

目 录

第一章 中国警察权的历史发展轨迹 …………………………………… 001
第一节 中国古代警察权的历史演进 …………………………… 002
一、中国古代警察权产生与发展 ………………………………… 002
二、中国古代警察权的特征 ……………………………………… 004
第二节 中国近代警察权的形成及发展 ………………………… 007
一、清末警察权设立和运行制度改革 …………………………… 008
二、北洋政府警察权力制度设计及其运行 ……………………… 009
三、南京国民政府时期警察权力制度设计及其运行 …………… 010
第三节 新中国人民警察权力的形成与发展 …………………… 011
一、新中国成立前人民警察权力的产生及其运作 ……………… 011
二、新中国警察权的发展及完善 ………………………………… 019
第三节 台湾地区警察权的形成、发展及其基本制度 ………… 029
一、台湾地区现代警察制度的形成及发展 ……………………… 030
二、台湾地区警察的组织管理 …………………………………… 031
三、台湾地区警察的职责职权 …………………………………… 034

第二章 发达国家的警察职权运作 …………………………………… 038
第一节 英国警察职权的历史、理念及其运行 ………………… 038
一、英国警察制度的历史发展 …………………………………… 038
二、英国现代警察制度的创立 …………………………………… 041
三、英国警察的组织管理及其职责分工 ………………………… 043
四、英国警察权力的设置与运作 ………………………………… 046
第二节 美国警察系统的构成及其职权行使 …………………… 050
一、美国警察制度的形成与发展过程 …………………………… 051
二、美国警察系统的构成及其基本职责 ………………………… 053

三、美国警察的职能与权限 …………………………………… 055
四、美国警察执法权的行使 …………………………………… 056
第三节 法国警察的组织管理及其职权配置 …………………… 057
一、法国现代警察制度的形成 ………………………………… 058
二、法国警察体系的构成及其组织管理 ……………………… 060
三、法国警察权力的设置及其运作 …………………………… 064
第四节 德国警察机构的设置和职权运作 ……………………… 067
一、德国警察体系的组织构成及其基本职能 ………………… 068
二、德国警察系统的法治化和规范化运作 …………………… 069
三、德国高度分化的警察职责 ………………………………… 070
四、德国对警察权力的严格控制 ……………………………… 071
第五节 日本的警察职权配置及其运行 ………………………… 072
一、日本警察制度的发展历程 ………………………………… 072
二、日本警察的管理体制和组织结构 ………………………… 075
三、日本警察职权的配置及其行使 …………………………… 077

第三章 警察职权范围及其运行的明晰化 …………………… 079
第一节 警察权限范围的明确界定 ……………………………… 079
一、确立警察权限范围的主要凭据与基本路径 ……………… 079
二、警察权力与公民权利边界的勘定 ………………………… 081
三、警察权力与其他政府权力边界的明晰 …………………… 082
四、警察延伸职权的范围界定 ………………………………… 084
第二节 警察职权内容与运行的明晰化 ………………………… 086
一、厘清中央和地方警察机关警察职权的具体内容 ………… 086
二、明确不同层级地方警察机关的职权内容及其相互关系 … 090
三、明细开列具体警察职权的运行"路线图" ……………… 092
第三节 以比例原则指导强制性警察权力的合理运用 ………… 094
一、根据警务行为性质采用不同强制的警察职权 …………… 095
二、根据危害程度和危险程度使用不同强制的警察职权 …… 097
三、根据抵抗程度使用不同强度的警察武力 ………………… 098
四、根据紧急状态不同行使不同强制的警察职权 …………… 100
五、对警察职权行使过程中极端强制的特别限制 …………… 101

六、多元化、多层次强制性警察职权的功能承继 …………… 102

第四章　警察职权配置的合理化 ………………………………… 106
第一节　警察职权的社会化改造 ………………………………… 107
　　一、社会力量参与警察权力运作的理论依据与实践根据 …… 107
　　二、警察职权配置和运行中的社会合作 ……………………… 110
　　三、非核心警察职权的社会化剥离 …………………………… 112
第二节　强制处分性警察职权的司法化改造 …………………… 114
　　一、警察职权接受司法化改造的法理根据及国际经验 ……… 114
　　二、我国强制处分性警察职权运作合理化的实现路径 ……… 122
　　三、强制处分性警察职权的司法化改造 ……………………… 127
第三节　结构性警察职权和功能性警察职权的优化配置 ……… 141
　　一、警察职权结构和功能的内涵及其价值 …………………… 142
　　二、警察职权结构的优化配置 ………………………………… 145
　　三、警察职权功能的优化配置 ………………………………… 163

第五章　适应国家治理现代化要求的警察职权关系建构 ……… 175
第一节　建构新警察职权关系的价值 …………………………… 175
　　一、以权力关系的视角解析警察职权的必要性 ……………… 175
　　二、对权力关系片面认识的反思 ……………………………… 177
　　三、以新的权力关系理念指导警察职权的设置与运行 ……… 179
第二节　新型警察职权关系的建构 ……………………………… 180
　　一、警察职权来源中的关系 …………………………………… 180
　　二、警察职权配置中的关系 …………………………………… 182
　　三、警察职权运作中的关系 …………………………………… 184
　　四、警察职权制约中的关系 …………………………………… 184
　　五、警察职权问责中的关系 …………………………………… 186

后　记 ………………………………………………………………… 189

第一章
中国警察权的历史发展轨迹

列宁曾指出,在进行科学研究时,"最可靠、最必要、最重要的就是不要忘记基本的历史联系,考察每个问题都要看某种现象在历史上是怎样产生,在发展中经过了哪些阶段,并根据它的这种发展去考察这一事物现在是怎样的"。①

美国警学专家塞缪尔·沃克也指出,历史分析揭示了警务中历史延续的因素,使我们可以评价以往改革的成就,预测未来的发展。他在研究美国警察时进一步指出:"要了解今天的警察,就有必要考察美国警察工作的历史。在很大程度上,今天的警察受到历史的制约。日复一日的实践受到根深蒂固的传统、市民对警察的态度和警民关系的影响","对警察历史的研究可以指导现在的工作,并有助于我们了解过去的问题、改革和变化之间复杂的相互作用,研究历史可以对当代的警务规划和决策产生直接的作用"。②

---

① 《列宁全集》(第4卷),人民出版社1990年版,第43页。
② 〔美〕塞缪尔·沃克:《美国警察》,公共安全研究所外警研究室译,群众出版社1989年版,第1页。

第一节　中国古代警察权的历史演进

一、中国古代警察权①产生与发展

中国古代警察权应当萌芽于国家形成时期。国家产生时也就同步产生了警察权力。对此，恩格斯曾论述道："国家的本质特征，是和人民大众分离的公共权力……这种公共权力起初不过当做警察来使用，警察是和国家一样古老的……国家是不能没有警察的。"②

据民国时期学者胡存忠、李士珍等考证，尧舜时期，中央即设行使一定警察权力的司空、司徒等官职，地方设置的州牧伯等职位也行使一定程度的警察职权。只是此时警察尚在萌芽阶段，警察权由中央和地方共享，其作用对象等侧重于天然而非人为危害。③

夏商时代，应当只是对已经产生的警察权力根据统治的需要做过一些简单的调整，在内容和形式上略微丰富了一些，应该没有突破性的发展。

周代是我国历史上比较特殊的一个时代，孕育出了中国传统文化的基本基因，也奠定了中国传统警察制度的基础。根据相关史书记载，周代执行警察职能或行使警察权力的官职主要有：司徒，通过管理和教化来创造符合统治者要求的社会秩序；司马，掌管兵役与军事，但当时军警不分，在某些方面也行使着警察职权；司寇，主管刑狱，承担着大部分的警察职

---

① 为了保证论述的内容和使用的概念符合逻辑性要求，在此对书中涉及的警察权力、警察权、警察职权、警察机关和公安机关等几个基本概念作出明确的界定：警察权力是对警察权与警察职权的概括性表述，在对警察权与警察职权进行笼统表述时一般使用警察权力。警察权是一种抽象的国家权力，是所有警察机关及其警察人员进行警务活动的权力，是各种警察职权的集合体。警察职权是警察权的具体配置和转化形式，是对抽象的警察权的具体化和明确化，是根据不同警察机关的层级地位、职责任务赋予具体的警察机关实施警务活动的资格和权能。（参见卢建军：《警察法治化的思辨与实证》，中国人民公安大学出版社2012年版，第5—6页）尽管依照我国现行的警察法规定，人民警察包括公安机关、国家安全机关、监狱机关的人民警察和人民法院、人民检察院的司法警察。警察机关也包括公安机关、国家安全机关和监狱机关。但由于公安机关是其中最典型、最基本的警察机关，我国最主要的、最普遍的警察权力由公安机关行使，书中出现的警察机关除历史上的警察机关和境外警察机关外主要指公安机关。为了行文方便，书中论述的我国当代警察机关和公安机关在同一内涵上使用；除历史上的警察和境外警察外，对我国当代警察的论述也主要指公安机关的警察。

② 《马克思恩格斯选集》（第4卷），人民出版社1995年版，第116页。

③ 参见孟庆超：《中国警察近代化》，中国人民公安大学出版社2006年版，第58—59页。

能。除此之外，还有其他官吏和人员承担着不同的警察职能，行使着不同程度的警察权力。① 如司民、司稽等也是行使类似于警察权力的官职。

春秋战国时代，尚无高度统一强大的中央集权，警察权力也由不同诸侯国自行行使，主要使命是维护社会秩序和服务争霸图存的需要。

公元前221年，嬴政统一中国，建立了中央集权统治，设立中央司法机关廷尉府，设置最高司法长官廷尉。地方建立郡县制，司法长官由郡守和县令兼任。在乡里创建了最早的基层治安机构——亭。

如果说先秦时代因王权不够强大，不得不分邦建国，致各路诸侯专理地方一切行政，而作为地方政务重要组成部分的警察自无集权中央之理，故可称为警察的分权时代（应为警察权的零星和分散发展阶段），那么，秦并六国，一天下，废封建（侯国），置郡县，君主专制从此肇端，中国传统警察便也进入集权时代。"集权"是指全国的警察权，均统一于朝廷（中央政府），或者说，各类警察组织行使警察权均代表、体现着中央的意志，并非只有中央政府或中央政府的某一机构方可行使警察权。从秦汉以后的情况看，君主专制的中央集权呈逐渐强化之势，警察组织也日趋复杂、规范、普遍，总体而言，在首都一般设有专官，在地方，则责之兼管行政、司法之长官，而乡村警察又常以自治组织担任。②

秦汉时期奠定了中国君主专制时代国家管理的基本格局和模式，历代帝王统治的手段和方式大体与秦汉一致。不同的时代只是在其基本格局下做了一些调整。到隋唐时期，中国古代司法制度基本成熟。隋唐时期的中央司法机关主要有三个：大理寺、刑部和御史台。其中大理寺的职责是审判，刑部的职责是司法行政，御史台的职责是监察。但是刑部的权限很大，可以干预审判，而且复核大理寺审判的徒、流以上的案件。此后的格局大同小异。当然统治者还会根据当时的社会现实和自身的需要设置一些特殊的警察权力以实现其特殊的目的，例如在明代就曾设置过行使特殊警察权力的机构——锦衣卫，执掌"直驾、侍卫、巡察、捕缉等事……而任遇渐加，视诸卫独重焉"。③ 它除了服从服务于皇帝外，还担任京师乃至外省的侦

---

① 参见朱绍侯主编：《中国古代治安制度史》，河南大学出版社1994年版；胡存忠：《中国警察史》，载中国人民公安大学图书馆收藏之(旧)中央警官学校警政高等研究班《讲演汇集》（第1集）；胡承禄：《各国警察概要》，沈阳1931年版(中国人民公安大学图书馆藏)。
② 参见孟庆超：《中国警察近代化》，中国人民公安大学出版社2006年版，第62页。
③ 《明会典·上二十二卫》，转引自孟庆超：《中国警察近代化》，中国人民公安大学出版社2006年版，第63页。

察缉捕,直接向皇帝请示汇报,是典型的"御用"特务机构。除此之外,还有"东厂"和"西厂"等。①

君主专制社会警察权的内容和表现形式在中央与地方有所不同,地方警察权的内容和表现形式在首都和其他地区也有所不同。在中央职责有分工,在地方司法与行政合一。在首都由于具有保护帝王和官僚贵族安全的主要职责,不仅警察组织繁多而且行使的权力内容也最复杂、手段也最严厉。当然也承担着维护都城社会治安之责,防止社会秩序的混乱影响其统治。在地方上,自秦汉以来历代地方行政长官集行政司法各项权力于一身,当然享有诸项警察权力。在国家权力辐射不到的乡村,一般社会治安由当地居民自行维护,普通矛盾纠纷由村民中有威望者调解处理,重大案件由当事人或乡村自治组织负责人报地方官员处理。

如果说专业化、组织化、纪律化和武装化为近现代警察的形式特征,则中国古代就已经具备了。自先秦开始在中国比较大的城市中,特别是帝王之都,就具有这类有组织、有纪律、受过一定程度的训练、着制式化服装并具有军事色彩的治安秩序维护者,譬如明清时期的锦衣卫、五城兵马指挥司、步军营、巡捕五营的官办性、组织性、专业性和军事性更是极为明显了。②

二、中国古代警察权的特征

第一,以服务皇权、服务专制主义君主集权为根本目的。

警察的本质是由国家的本质决定的,因而真正意义上的警察权是在国家产生后出现的。中国传统社会是一种单极化的政治秩序,所有的一切都是为了维护以皇权为代表的统治集团的利益,尽管通过警察权力来维护的社会稳定和社会秩序在客观上也给普通民众的生活和生产带来便利、安全,但在根本上由于统治者与普通大众利益的根本对立性决定了普通大众是不会完全顺从警察权力的安排的。

在中国古代,从夏商阶级社会的确立到唐宋传统社会的高度发展再到明清传统社会的覆灭,历代王朝的更替基本是通过暴力争取和战争掠夺实现的。这种权力角逐的结果是,胜方往往要建立起更为专制的、镇压和监视型的国家机器(警察),以稳固其统治,保护其既得利益,尽管现实

---

① 参见安政:《中国警察制度研究》,中国检察出版社2009年版,第3页。
② See Alison Dray-Novey, Spatial Order and Police in Imperial Beijing, *The Journal of Asian Studies* 52, No. 4(November 1993): 885–922. By the Association for Asian Studies, Inc. 1993.

可能是事与愿违。

当然社会生活的复杂性和镇压成本的高昂性决定了统治者还用其他手段作为警察权力的补充,共同创造其统治秩序、维护其统治利益。除了在极端情况下以军事的手段实现警察权力的目的外,在平时主要是通过"软权力"的形式辅助警察权力的实施,具体为"礼以道其志,乐以和其声,政以一其行,刑以防其奸,礼、乐、刑、政,其极一也,所以同民心而出治道也"。[1] 从阶级社会出现到专制社会的覆灭,历代统治者维护其统治的手段在根本上和大的方面几乎如出一辙,都是以伦理枷锁引导和警察权力强迫并附之以军事权力最终保障维护其秩序和统治。

第二,警察权力与军事权力、普通行政权力及其司法权力混为一体,彼此渗透。

受生产力发展水平的制约,当时的社会生活和社会组织形式都比较简单,国家职能相对单一,国家权力也没有做具体区别和专业化分工。"对付外部的敌人和内部的不正义的臣民,要用同一且唯一的剑。因为正义与战争之剑都只是同一柄剑。"[2]早期的警察与军人的功能的确非常相似,警察逐步发展成为一个独特的专业领域是20世纪初的事情。[3]

现代国家的最基本职能是"外御强辱,内维治安"。"外御强辱"有赖于军队,军队是对外作战的,是抵御外来侵略的工具;"内维治安"有赖于警察,警察是对内的,是国家维持国内基本社会秩序的工具。[4]

在传统社会中,"警察行为尚未能集中于一个统一的专门机关,而是由军队、审判机关和行政机关所共同行使"。[5] 随着社会的进步和发展,社会管理呈现复杂化趋势,为适应管理需要国家权力也做了不同的区分,将警察权与军事权区分开,同时也将警察权与普通行政权和司法权做了区分。

第三,行使警察权的主体呈现多元化,甚至私人也在不同程度地行使

---

[1] 《礼记·乐记》,转引自张晋藩:《中华法制文明的演进》,中国政法大学出版社1999年版,第44页。

[2] 〔英〕M. J. C. 维尔:《宪政与分权》,苏力译,生活·读书·新知三联书店1997年版,第38页。

[3] 参见〔美〕罗伯特·兰沃西等:《什么是警察:美国的经验》,群众出版社2004年版,第94页。

[4] 例外的情况是,国内发生了武装叛乱,由于叛乱者是军队,当然只能用军队去平叛,因为警察的警力不足以控制军队。也只有在这个意义上国家才可以为了维护国内基本的社会秩序而动用军队。参见马岭:《军事权与警察权之区别》,载《云南大学学报》(法学版)2011年第5期。

[5] 《公安学基础理论教程》编写组:《公安学基础理论教程》,中国人民公安大学出版社1995年版,第6页。

着警察权力。

与现代文明和法治社会的警察权力由国家统一享有、由国家专门机关专门行使不同,在中国传统社会警察权力的设立与行使主要考虑的是对统治者地位的巩固,而非警察权设立的正当性和行使的合理性。奴隶主、地主、宗教领导人、宗族头人有权使用私刑,"有权使用私刑者成为古代警察制度的阶级基础和补充力量"。①

第四,警察权成为维护伦理道德和宗法统治的工具。

维护中国传统社会秩序的手段主要有礼与刑两种。前者最初由祭祀崇拜和宗教禁忌等礼仪规则及伦理道德习惯改造而成,后者是从复仇惩戒或军事征讨等暴力手段及其行为规范发展而来。中国早期社会规范从一产生时起,就具有注重宗法伦理、宣扬道德教化、强调礼刑并用等鲜明特色,始终以维护家族、宗族、国家和政权的根本利益为宗旨,形成了重公权轻私权、重义务轻权利、重集体轻个体等基本性质,从而对中国传统法律制度及社会发展产生了深远的影响。中国早期法律制度兼有国法和宗法的双重性质,既适用于各支宗族内部,又适用于整个国家,致使"国家政权及象征国家政权的王权与族权及代表族权的父权、夫权形成高度统一"。② 在中国古代社会,宗法家族是皇权的基础,宗法意识是皇权意识的支柱。皇权庇护家族,家族拱卫皇权。宗法意识渗透一切、支配一切,左右着社会生活的各个方面。宗法组织、自然经济和皇权政治三位一体牢固地结合在一起。

在中国传统社会中伦理道德和宗法统治的核心在于维护皇权等级统治,对现实生活中伦理道德标准和宗法规范的僭越必然会最终危及皇权统治。因此,在不同的时期都不惜用警察权的代价来维护传统的伦理道德和宗法制度。

第五,警察权行使方式极端野蛮。

由于传统的警察权是以维护私人或特定集团利益为目标,与普通大众的根本利益相对立,常受到群众的反抗。为此,传统的警察权常常通过恫吓、恐吓的方式来实现其目的,刑讯逼供具有合法性,肉刑常常是警察职能部门采用的基本手段。

---

① 《公安学基础理论教程》编写组:《公安学基础理论教程》,中国人民公安大学出版社1995年版,第7页。

② 张晋藩主编:《中国法制史》,高等教育出版社2005年版,第16页。

中国古代刑罚比较严苛和残酷,在国家形成的早期——夏、商、周三代,"重刑"的特点就已经十分显著,现记于各种典籍有关商朝的刑罚都反映出极端的野蛮和残酷。从春秋战国到秦朝的建立,刑罚的严厉性并没有根本的改变,特别是秦国奉行法家的"重刑主义"思想,其刑罚的严酷与严密都是空前的。据《汉书·刑法志》记载,古代的刑具与兵器不分:"大刑用甲兵,其次用斧钺,中刑用刀锯,其次用钻凿,薄刑用鞭扑。"① 尽管后来的历代统治者吸取秦朝的教训,推行"礼法并用""德主刑辅",但"外儒内法"的实质并没有从根本上改变统治阶级为了维护自身统治而采取的严刑酷法的本性。

中国传统社会每个朝代取得政权基本都是通过严酷的战争实现的,"一个王朝建立以后的政治思维习惯及其行政行为的方式是:对于一切有碍于国家政权和社会安定的犯罪,都要以残酷的刑罚来惩戒"。② 外国有学者分析认为:"东方的专制主义的统治者相信,只有刑罚才能使整个世界秩序井然,刑罚是……主宰。"③ 而刑罚不论是"奴隶制时代"的"五刑"即墨、劓、刖、宫、大辟,还是"封建时代"的"五刑"即笞、杖、徒、流、死,都具有极端的残酷性。

第二节 中国近代警察权的形成及发展

在清末之前,除租界以外,中国各城市都没有正式的警察,只是由驻防军队和衙门中的捕役担任维持"治安"的任务。随着西方列强通过坚船利炮的入侵和清政府的节节败退,传统制度维系下的统治秩序产生了根本性的动摇,变法救亡的现实被迫提上议事日程,"而欲收变法之效,行宪之基,又非厉行警察不为功"。④ 清末重臣、著名政治家岑春煊在奏折中写道:"中国今日求善外交,必先内治;求善内治,必先警务。"⑤

---

① 宋杰:《"伏剑"与"欧刀"——东周秦汉"隐戮"行刑方式的演变》,载《中国史研究》2013年第2期。
② 梁若然:《中国古代法律"重刑轻民"现象之探讨》,载《中共宁波市委党校学报》2008年第4期。
③ 〔美〕卡尔·A.魏特夫:《东方专制主义——关于极权力量的比较研究》,中国社会科学出版社1989年版,第136页。
④ 郭宗弗编著:《中国警察法》(上册),(重庆)警学编译社1947年版,第4页。
⑤ 岑春煊奏折,中国第一历史档案馆馆藏档案。转引自杨玉环:《试论中国近代警察制度的特点》,载《齐鲁学刊》2007年第2期。

一、清末警察权设立和运行制度改革

（一）清末警察权力设立和运行制度形成过程

1. 近代警察权力设立和运行序幕的拉开

维新变法最活跃的省份之一——湖南首先拉开了中国近代警察的序幕。时任湖南按察使的黄遵宪指出："警察一署,为凡百新政之根柢,若根柢不立,则无奉行之人,而新政皆成空言。"①在湖南巡抚陈宝箴的支持下,参照日本警视厅和上海等地租界巡捕制度,1898年黄遵宪在长沙创设了湖南保卫局。无论从职能界定还是从组织结构上讲,湖南保卫局都有别于旧式的保甲组织,初步形成了一套专门化的组织系统、明确化的职责权限,还具有一批专职人员和必要的章程制度,尽管湖南保卫局从创办到裁撤仅仅只有3个月,但却是中国近代警察制度的萌芽。

2. 国家警察权力设立和运行制度发展

近代中国警察制度的正式建立应当是从清末京师建立的"善后协巡营"开始的。八国联军侵占北京期间,为了维持其占领区域的社会秩序,镇压人民的反抗,建立了"安民公所",雇用中国人充当巡捕。与八国联军议和之后,清廷为了应付社会危机,镇压人民的反抗,赢得列强支持,决定在全国设置警察,并把其作为实施"新政"和预备立宪的主要措施。八国联军退出北京后,设立了"善后协巡营",不久又改称"工巡总局",维护京师的社会治安。工巡总局除掌理京师警察事务外还兼管工程设施,不是职能专一的警察事务机构,承担着警察和市政管理的职能,还兼理一些司法事务。1905年9月,革命党人在北京火车站用炸弹袭击了即将出洋考察的五大臣,这一震惊朝野的事件促进了清政府建立独立和统一的警察系统。10月设立了巡警部,从而产生了真正意义上的中央警察机关。巡警部设警政、警法、警保、警学、警务五司,是全国专营警察事务的最高指挥和监督机关。1906年9月,清政府实行官制改革,设立民政部,将原巡警部事务、户部掌管的事务和工部掌管的事务全部划归民政部管理,警务只是民政部的诸多事项之一,警察事务成为内务行政的一个部分。随着中央巡警部和民政部的建立,原京师的工巡总局也改组为京师内、外城巡警总厅,并对其管理体制做了调

---

① 梁启超:《戊戌政变记》附录二"湖南广东情形",中华书局1954年版,第143页。

整。内、外城巡警总厅不再是警务、市政和司法的综合机构,而是由中央警察机关直接指挥的掌管京城警政的专门机关。

3. 地方警察权力设立和运行制度发展

1902年时任直隶总督的袁世凯奏请朝廷批准在天津设立巡警局。根据清政府筹建地方警察机构的通令,各省及上海、青岛等市也相继废除原来的保甲组织,于省城和市政要地设立警察机构,随后又推广至各州县。各省市设立警察机构虽然执行清廷法令并参照直隶基本做法,但为兼顾本地的情形和各地的不同需求"机构设置不一,系统分歧,办法各异"。① 1907年以后,清政府为统一地方警察机构设置了巡警道,作为一省警政的主管机关,直接受地方督抚节制并受中央民政部的监督,随后,地方警察机构渐趋大体统一。

(二) 清末警察权力设立和运行制度的评价

(1) 早期改良主义思想家们首先对传统警察制度进行了系统的批判,并对近代警察的性质、功能、意义进行了初步的探索,提出了具体的建警方案,成为后来维新派对警察进行改制的参照。尽管改良派已注意到军队与警察的功能不同,但在思想深处仍有军警不分的意识,且将"民捐"和"罚款"当做警察经费的重要来源,从而对清末、民国的警察建设产生了不良影响,非但恶化了警察与民众的关系,也成为警察腐败的温床。②

(2) 清末警察的改革具有两重性:既有向近代警察制度靠拢的进步倾向,但也始终未摆脱传统与落后的束缚,造成"因陋就简,有名无实","形体虽具,精神尚虚"的结局。

二、北洋政府警察权力制度设计及其运行

1912年中华民国成立,南京临时政府虽然建立了初步的警察制度,但因很快进入北洋军阀统治时期没有来得及深入推行。北洋统治时期的警察系统,是对清末警察机构在新的历史条件下的变革和发展,在中央以内务部总揽全国警政;在京城设立警察厅、各省设立警务处,并在省会及商埠设置警察厅,各县设置警察所。其主要特点是:

(1) 警察权力的运作具有强烈的军事特征,往往与军事镇压相联系,

---

① 常兆儒、俞鹿年:《中国警察制度史初探》,载《学习与探索》1983年第2期。
② 参见孟庆超:《中国警察近代化》,中国人民公安大学出版社2006年版,第132页。

主要职能是服务北洋军阀的独裁统治。

(2)警察机构是扼杀民主和镇压革命的工具,警察权力不仅公开禁止人民群众集会、结社、讲演、游行,而且连集体游戏、张贴文书画图也要严加取缔。

(3)极力维护帝国主义列强在华的利益和殖民统治,大肆迫害反帝爱国进步人士。

(4)违背法制规范,背离法定程序,擅自处决"人犯"。

袁世凯死后,北洋各派军阀为争夺中央政权和扩充势力范围,不仅直接利用军队争夺,也借助于警察手段达到其目的,警察制度开始倒退。

三、南京国民政府时期警察权力制度设计及其运行

随着南京国民党政权的建立,出现了一个规模庞大和组织严密的警察系统。与清末和北洋政府的警察系统不同,"这个警察系统,不但以维护帝国主义和封建买办阶级的利益为己任,而且是推行新式的法西斯独裁统治的重要工具"。① 在中央,内政部专设警政司管理全国警察事宜,除拥有警察的一般职权外,还拥有管理各种特务、外事活动登记、检查电影和报纸杂志等出版物、保卫团编练以及"剿匪清乡"等各种反动职权。在地方,各省民政厅警务处总辖一省警政,首都设立警察厅,省会及市县设立警察局及其分支机构,另有设置名目繁多的特别警察,将触角伸向了社会的各个角落。这一时期的警察权力的设立和运作有三个显著特征:一是从建立警察机构之日起就将矛头指向共产党;二是警察、宪兵和特务三位一体,相互结合,形成一种法西斯恐怖势力;三是警察与保甲制度密切结合,并依靠保甲组织在基层实行严密的法西斯统治。

总体来说,近代中国警察权力的设立和行使已有明显的进步,主要表现在:一是警察权与军事权力逐渐剥离,并逐步向统一化、专业化方向发展。传统社会中行使警察权的主体是多元的。军队、村落、行会、家族都负有维护社会公共秩序的责任,而享有相应的警察权。近代警察权的一个很明显的特点就是权力主体的专业化与统一化。军队与民间社会的警察权越来越向专业的警察机关靠拢。二是民间社会警察权向专业警察机关的集中。受近代国家权力统一化、行政法治化、警察职业化的影响,近代中国警政当局不仅表现出否定军队行使警察权的倾向,也对传统社会

---

① 常兆儒、俞鹿年:《中国警察制度史初探》,载《学习与探索》1983年第2期。

各种民间团体既有的警察权力表示了警惕,并采取多种举措,清除这一现象。①

第三节　新中国人民警察权力的形成与发展

一、新中国成立前人民警察权力的产生及其运作

当代中国警察权直接承继于新中国成立前工农民主政权保卫组织行使的权力、抗日民主政权保卫组织行使的权力和解放区公安机构行使的权力。当时人民警察的权力来自历史使命的赋予,其产生和运作不仅保卫了以中国共产党为代表的革命力量的安全,有效粉碎了反动分子或侵略者的破坏活动,也为建国后公安机关警察权力的规范设置和有效行使贮备了宝贵的力量和积累了丰富的经验。以警察权为切入点从历史角度来认识和分析新中国成立前警察现象不仅可以使我们更加清楚深入地认识当下中国警务建设和发展情况,也可以使我们更加全面深刻地把握中国未来警务的发展趋势。

(一) 人民警察权力的产生以保卫中国共产党组织的安全为根本目标

新中国人民警察权力的产生及其运行一直是在中国共产党的领导下进行的,并与保卫中国共产党的安全密切相关。人民警察权力的历史可以追溯到建党之初,几乎与党的历史一样长。在中国共产党成立后,就立即面临着在反动派统治之下如何确保自身安全,并保证其长期存在以及得以发展的问题。这在客观上促成了人民警察权力的产生。

在创建初期以及在北伐战争时期,由于中国共产党的影响力还很弱,并未引起更多的关注,外在的敌对势力对党的破坏也不十分突出,人民警察权力作用的发挥也很弱小。1927 年国民党发动了反革命政变,以期取缔和消灭中国共产党。此后,国民党特务的大肆破坏和党内叛徒的出卖,使共产党的安全面临着生死存亡的重大威胁。为了保卫党中央的安全和保护有生的革命力量,1927 年 9 月,中共中央政治局在上海成立了中央"特别委员会";11 月,在负责中央军委工作的周恩来的直接领导下又在特务工作处的基础上筹建了中央特科。中央"特别委员会"

---

① 参见孟庆超:《中国警察近代化》,中国人民公安大学出版社 2006 年版,第 170—181 页。

和中央特科的使命就是保卫党中央、革命同志和地下工作者的安全,镇压叛徒特务。

南昌起义拉开了我党武装反抗国民党反动统治的序幕。秋收起义后,我党建立了革命根据地,并在党的领导下建立了行使警察权力的肃反委员会,用以打击、镇压土豪劣绅的破坏活动,清除叛徒,防止特务分子渗透,保卫和巩固革命政权。1931年11月,在江西瑞金成立的中华苏维埃共和国临时中央政府还设立了行使人民警察权力的国家政治保卫局,负责侦查处理反革命案件,维护苏维埃共和国的社会治安秩序。

在抗日战争时期,为了加强抗日民主根据地的保卫工作和铲除奸细的破坏活动,党中央要求将反奸细斗争作为各地党组织在政治上、组织上的重要任务,并要求加强党对保卫部门工作的领导,要把保卫部门工作视为党的工作不可分离的重要组成部分。为了保证党对锄奸保卫工作的领导,中共中央在党的高级组织成立社会部的同时,还决定:"从中央局到地委成立保卫委员会,由党的书记、组织部长、社会部长或专门负特别工作的人员组织之,在有政权军队的地方(如陕甘宁、晋察冀等地),由党政军及保卫部门的负责同志组织之。"①

为了避免重犯肃反扩大化的错误,纠正曾实行过的"垂直领导"的错误体制和延安整风审干过程中犯过的错误,1939年党中央在发布的《关于反奸细斗争的决议》中特别强调,各地党委应加强对保卫部门工作的领导,并要求将保卫部门工作"视为党的工作不可分割的组成部分",确立了党委对行使人民警察权力的公安保卫机关的领导关系,同时明确了同级党委和政府对锄奸保卫机关的双重领导关系,以便纠正过去那种保卫工作离开党的领导独立成立系统开展活动的错误做法。各级锄奸保卫机关隶属于各级抗日民主政府,锄奸保卫机关在向党委和上级锄奸保卫机关报告工作的同时,也向同级政府报告工作,正确处理了锄奸保卫机关与各级党委、政府的关系。

随着解放战争的节节胜利,越来越多的城市和农村获得解放,党的领导任务越来越繁多重大。党对人民警察权力行使的领导已无法顾及具体事务,党的领导主要体现在政策和组织等宏观领导上,具体事务分别由军管会设置的公安处和地方政权机关设立的公安机关开展。在新解放的地

---

① 中共中央书记处:《六大以来——党内秘密文件》(下册),人民出版社1981年版,第377—378页。

方,在城市军管会的领导下,配合解放军对城市进行军事管制,开展肃清国民党暗藏特务的斗争,进行社会秩序整顿,开展城市社会治安管理工作,建立了新的生产、生活秩序。在解放任务完成并建立了人民政权的地方,设置公安机构作为政权的组成部分,以维护地方社会治安。为了适应形势需要,加强组织建设,提高队伍素质,各解放区对所属的行使人民警察权力的公安机构做了调整和改组,从而统一了机构设置和政令。其中,东北、华北解放区对公安工作性质、任务、机构设置、从警条件、纪律守则等方面的认识和实践,为新中国成立后全国范围内统一的警政建设提供了许多宝贵的经验。①

(二) 警察权力的表现形态和运行方式因使命不同而变化

人民警察机构及其警察权力在建立之初的目标是单一的,就是保卫党的安全。1927年成立的中央"特别委员会"和中央特科的主要职责是采取有效手段充分、及时了解敌情,防止敌特分子的破坏,营救被捕同志和镇压叛徒、特务。

随着革命根据地的建立,警察权力一方面承担起保障党安全的任务,另一方面也开始承担起维护地方治安的职责。肃反委员会是革命根据地最早建立的具有警察属性的工作机构,其权力内容涉及的范围包括打击镇压土豪劣绅的破坏活动,清除叛徒,防止特务分子渗透,缉捕匪盗,清查户口,保卫和巩固革命政权。由于革命政权在局部地区刚刚建立,警察权力行使机构的设置和运行还无法规范进行,各地肃反委员会的名称不一(有的称肃反委员会,有的称惩治反革命委员会,有的称裁判委员会),组织大都比较简单,任务主要是"肃清反动派,巩固政权"。"肃反委员会是革命根据地工农民主政权初创时期专政机关的组织形式,兼有公安和司法两方面的职能。这是为适应当时骤风暴雨式的革命斗争的需要而建立的一种临时性的公安保卫组织。"②

到1931年中华苏维埃共和国成立后,肃反委员会由国家政治保卫局取代。国家政治保卫局及其下设的各分局和下派的特派员,有权代表苏维埃政权开展侦查、接受与处理一切反革命案件的活动。依照《中华苏维埃共和国国家政治保卫局组织纲要》的规定,"在临时中央政府人民委员会管辖之下执行侦查、压制和消灭政治上、经济上一切反革命组织活动、

---

① 参见于燕京:《公安学基础理论》,群众出版社2012年版,第31—32页。
② 杨开贵等:《公安学基础理论新编》,中国人民公安大学出版社2004年版,第46—47页。

侦察及盗匪等任务""经常的系统的执行抵抗、检举和消灭一切公开的尤其是秘密的暗藏的反革命组织和行动,以保卫和巩固苏维埃政权"。国家政治保卫局在革命根据地不仅担负着侦查处理反革命的一切重大刑事案件的工作,而且担负了诸如入境检查、水路交通检查等治安行政管理方面的工作。尽管在当时的苏维埃共和国内务人民委员部下设立了民警厅和刑事侦探局,由于民警厅和刑事侦探局未能普遍建立和健全,许多地方的缉捕匪盗、清查户口等工作,实际上由国家政治保卫局负责。

在抗日战争期间,为了对付日本特务和汉奸,防止国民党特务的破坏活动,锄奸工作成为抗日民主政权中警察机构的首要任务。与此同时,也承担着维护抗日根据地的日常社会秩序的维护工作。1937年底延安市成立公安局。1938年5月延安市又组建了延安市警察队,具体承担维护市区治安和交通秩序的职能,并负责党政机关和集会的警卫工作。由于敌特对抗日根据地的渗透和破坏,迫使警察机关加强了侦查、情报、预审、治安等警察权力的行使,同时也强化了对敌区的情报、派遣、策反等行使秘密警察权力活动的开展。

解放战争时期,在军事斗争公开化并空前剧烈残酷开展的同时,行使人民警察权力机关开展的巩固后方、支援前线、开辟新区以及接管城市等或公开或隐蔽的斗争也变得更加繁重和艰巨。解放战争时期,威胁人民民主政权和影响解放区安全形势的因素很多,其中最主要的是国民党的情报、骚扰和破坏活动。为了窃取解放区的情报,策应其军事行动,国民党招募、培训了大批特务,以各种办法潜入解放区和革命队伍内部,进行破坏活动和军事谍报活动。在进行军事进攻的同时,国民党还网罗流氓、地主、恶霸,组织"还乡团""清乡团"等各种各样的反动武装和"谍报""突击队"或"反宣传工作队"等组织,对解放区进行情报、骚扰和破坏活动。也由于国民党政府的反动统治和长期战乱,新收复的城市经济崩溃,民不聊生,匪盗四起,黄毒泛滥,大批散兵游勇、流民乞丐到处流浪,露宿街头,有的则强讨强要,结伙偷盗扒窃,扰乱治安秩序,治安形势极其严峻。解放区民主政权的警察权力在防止其破坏活动,确保党的事业顺利进行的同时,也加强了对解放区社会治安秩序的维护。随着解放区的不断扩大,各地新建立的警察机关(公安机关)在新生人民民主政权的直接领导下,配合人民军队有力地开展了夺取革命最后胜利的斗争。特别是在广大农村地区,新成立的行使人民警察权力的机关支持贫苦农民开展土地改革活动和进行清匪反霸斗争,巩固了新生的人民政权,保卫了胜利成果。

(三)服务服从于军事斗争的需要是警察权力设置和运行的突出特征

新中国警察机关及其所行使人民警察权力的历史,与中国共产党领导人民通过武装斗争夺取政权的革命斗争是紧密关联的。国民党发动反革命政变后,中国共产党被迫走上了武装反抗的道路。1927年8月1日爆发了南昌起义,标志着中国共产党独立建立武装力量的开始,开始以武装斗争形式反抗国民党的统治。"八七会议"的召开反思了党中央所犯的一个重要错误就是没有认识到军队的极端重要性,进一步明确了"政权是由枪杆子取得的",强调"要以我们的军队来发展土地革命",正式确立了实行土地革命和武装起义的方针。参加秋收起义的工农武装到达井冈山后,采取了武装斗争、土地革命和建立革命政权相结合的革命策略,创建了革命根据地,并在根据地政权中建立起了相应的警察机构,配合军事斗争,以打击镇压土豪劣绅的破坏活动,清除叛徒,防止特务分子渗透,缉捕匪盗,清查户口,保卫和巩固革命政权,维护革命根据地的社会治安。

中华苏维埃共和国临时中央政府成立后便设立了国家政治保卫局,用以保卫苏区革命政权和军队安全并负责社会治安等。国家政治保卫局先后在各根据地苏维埃政权和红军中设立分局。为了保障其职能的充分实现,苏维埃政权还赋予国家政治保卫局侦查、逮捕、预审反革命和其他刑事犯罪活动的权力。[①] 国家政治保卫局不仅有力地维护了苏区的社会治安和革命秩序,也有力地配合了反"围剿"军事斗争,保卫了党、革命政权和人民军队的安全。

抗日战争时期,抗日民主政权的警察机构与中国共产党的各级社会部以及人民武装的锄奸保卫部门,被通称为锄奸保卫机关。通过铲除奸细和维护社会治安秩序,保卫了大后方的安全,有力地保障和促进了前方军事斗争的顺利进行。

解放战争时期,在城市军管会的领导下,人民警察机关配合解放军对城市进行军事管制,开展肃清国民党暗藏特务的斗争。随着越来越多的城市获得解放,革命重心开始由农村向城市转移,警察机关也将工作重心转移到城市。在城市军管会的统一领导下,警察机关配合解放军对城市进行军事管制。通过专门工作与群众路线相结合,破获了一批潜伏的敌特组织,缴获了许多电台,剿灭了土匪武装,有力地配合了全国的解放战

[①] 参见《公安学基础理论教程》编写组:《公安学基础理论教程》,中国人民公安大学出版社1995年版,第62页。

争。当时,"新政权的政府组织建设正处于过渡期,许多地方还处在战争状态,地方公安部门很不健全,因此对社会秩序主要以军事管制为主,各地的军管会起着维护社会治安的主要作用。军事管制的特点是以战争状态来对待社会治安问题,采取严厉打击的措施维护社会治安秩序"。① 直到 1949 年 11 月公安部从中央军委独立出来隶属于政务院,警察机关的组织形式和工作内容才与军队脱离。

(四)警察权力的使命更多的是以秘密方式收集情报和反间谍特务

为了适应复杂的社会环境,"八七会议"讨论通过的《党的组织问题决议案》明确指出,现时党在组织上的主要任务,就是自上而下一些党部都应"造成坚固的能奋斗的秘密机关"。决议强调了秘密工作的重要性,要求上下级党组织之间必须建立极秘密的联系,遵守严格的秘密规定。1927 年中共中央政治局在上海决定成立中央"特别委员会"和在特务工作处的基础上筹建的中央特科,工作内容和工作方式基本都是秘密的。中央特科先后成立了四个科,其中第二科就是情报科,主要是为搜集情报、掌握敌情和对付敌人侦探机关进攻而设置的。② "中央特科的历史表明,我党从一开始就将保卫工作置于中央直接领导之下,注重培养隐蔽斗争干部,对以后公安保卫工作的发展起了重大历史作用。"③中央特科的建立及其卓有成效的工作,"开创了隐蔽斗争的成功范例"。中央特科从成立开始,就把侦查情报工作摆在了保卫工作的重要位置。采取"打进去""拉出来"的策略,将自己的侦查力量深入到敌人的心脏,获取核心机密情报,从而取得了斗争的主动权。④

在根据地成立的苏维埃政府的警察机构,尽管在维护正常社会秩序

---

① 王焱:《转型与发展:社会治安防控体系研究》,天津社会科学院出版社 2014 年版,第 19 页。

② 中央特科的其他三个科分别是:第一科(总务科),主要任务为管财务、租房子、找铺保、租家具、设立机关、布置会场、营救被捕领导人、照顾其家属等。第三科(行动科),俗称"打狗队",专门镇压罪大恶极的叛徒特务,并且保护和营救中央负责同志,保障中央机关和中央会议的安全。第四科(通讯科),负责筹建地下无线电台和培训报务员。为了加强对中央特科的领导,1928 年中央成立了"特别工作委员会"(简称"特委")。特委是决策机关,特科是具体执行任务的机构。在上海受到破坏后,于 1933 年迁往中央苏区。中央特科所形成的一整套工作方法、工作制度和工作纪律,对我党的公安保卫工作特别是情报工作产生了极其深远的影响。

③ 《公安学基础理论教程》编写组:《公安学基础理论教程》,中国人民公安大学出版社 1995 年版,第 62 页。

④ 参见张兆端:《警察哲学——哲学视阈中的警察学原理》,中国人民公安大学出版社 2008 年版,第 172 页。

方面的工作内容和工作方式是公开的,但在预防反革命分子的破坏活动和搜集有关情报信息方面的工作还是秘密进行。

1939年以前,由于社会形势的变化和工作经验的有限,中国共产党的情报、保卫系统机构常常变动,工作机构和人员比较分散,致使情报与保卫之间、苏区与国民党统治区之间以及中央与地方之间,一直没有形成完整统一的警察权力运行系统。抗日战争开始后,一批奸细和敌探混入我党组织、军队和政权内部进行破坏。为此,1939年2月在延安成立中共中央社会部,以防止汉奸敌探混入我党我军内部并加强对敌人内部的情报工作,对群众进行锄奸教育和培养锄奸工作干部。自此,中央社会部开始统一领导各抗日根据地的锄奸保卫工作和敌区情报工作。党中央的重视和中央社会部的建立,推动了党政军各系统、各抗日根据地锄奸保卫工作的开展。中央社会部建立后,各中央局、中央分局和地方党委也先后建立了社会部。中央社会部成为当时特定历史条件下开展全党、全军和各抗日根据地保卫工作的最高领导机构,其主要目标是防止敌伪特务奸细混入我党政军内部,纯洁我党领导的抗日根据地组织机构,保障党的政治、军事任务的顺利完成,开展对敌情报工作,进行锄奸宣传和培养锄奸骨干。与此同时,在军队中也设立了锄奸部,负责军队和尚未建立民主政权的新开辟根据地的锄奸保卫工作。由于中央和地方各级社会部的建立,理顺了情报和保卫工作各机构、各方面、各层次之间的关系,实现了情报工作的系统化、统一化和效能化开展。

解放战争时期,威胁人民民主政权和影响解放区治安形势的因素很多,其中最主要的是国民党的情报、骚扰和破坏活动。为了窃取解放区的情报,策应其军事行动,国民党招募、培训了大批特务,以各种办法潜入解放区和革命队伍内部,进行破坏活动和军事谍报活动。收集敌特情报和反间谍特务更是成了此时警察权力最重要的使命。

(五)人民警察权力在纠正错误的过程中不断发展进步

由于受特殊历史环境的影响以及保卫组织工作人员素质、觉悟和认识水平的制约,在人民警察权力的形成和运作过程中犯了一些错误,有些错误甚至十分严重,在纠正错误的过程中,警察权力的内容和运作方式得到了发展和进步。

中华苏维埃共和国成立后,苏维埃临时政府盲目照搬苏联的"格伯乌"(国家政治保卫局)模式,建立了国家政治保卫局并实行"垂直领导",致使侦察工作神秘化，在预审工作中存在严重的刑讯逼供问题。加之相当一部分苏维埃政府工作人员法制观念不强，有法不依，导致了肃反中乱捕乱杀现象的发生，给革命活动的顺利开展造成了很大的负面影响。按照当时《中华苏维埃共和国国家政治保卫局组织纲要》的相关规定，国家政治保卫局的领导管理体制采用"完全集权"的方式，国家政治保卫局的上级对下级实行唯一领导和垂直领导，下级无条件服从上级的命令。国家政治保卫局还在地方政权机关、红军部队设有派出机构或特派员，分局长和特派员只由上级保卫局任命，有侦察、逮捕、拘留直至审讯、制裁的一切权力。地方政府和红军指挥机关无权改变和停止国家保卫局的命令。在当地的苏维埃政权建立后，肃反委员会成为国家政治保卫局的下级组织。在新发生地方暴动的地区和红军新占领的地方，一般都要经过肃反委员会工作阶段。由于错误估计形势，保卫部门夸大了敌人的力量，在肃反工作中大量采用了肉刑逼供的手段，甚至"专凭口供，大捕嫌疑犯，尤其是乱捕工农分子，乃至苦打成招，以杀人为儿戏，最严重的是党内因此发生恐慌，同志间相互猜疑不安，甚至影响到指导机关……这是最严重的错误"。①

1941年5月至1945年4月，党中央为了统一全党思想，争取抗日战争的胜利，进行了整风运动（史称"延安整风运动"）。在整风期间，曾错误地发动了"抢救失足者运动"。1943年4月发布的《关于继续开展整风运动的决定》要求，在全面整顿党风的同时，还要对全党干部开展认真细致的组织审查，以防止敌特分子的渗入和破坏。然而，这个决定过于严重地估计了国民党特务分子的渗入，导致在后来的工作中产生了一大批冤假错案。

在《关于继续开展整风运动的决定》中指出："自抗日民族统一战线成立与我党大量发展党员以来，日寇与国民党大规模地施行其特务政策，我党各地党政军民学机关中，已被他们打入大批内奸分子，其方法非常巧妙，其数量至足惊人。"该决定也指出："整风的主要斗争目标，是纠正干部中的非无产阶级思想（封建阶级思想、资产阶级思想、小资产阶级思想）与肃清党内暗藏的反革命分子。"为了动员开展大规模的反特斗争，还在延安召开有2万多人参加的中央直属单位大会，中央社会部部长康生在延安干部会上作了动员报告。《关于继续开展整风运动的决定》发布后，特别是反特斗争动员大会召开后，原来仅在少数机关、学校开展的审查干部工作，变成延安所有机关、学校、部队的大规模群众性反特斗争。

---

① 中央档案馆：《中共中央文件选集》（第8集），中共中央党校出版社1987年版，第18页。

由此掀起了所谓"抢救失足者运动"的高潮,开始大搞"逼、供、信",从而造成了一大批冤假错案。从客观来看,在当时确实有敌伪和国民党派遣特务打入根据地进行破坏活动的情况,通过认真审查干部来清查敌特分子也是必要的。但由于正常的审查干部活动被康生等人极端化、扩大化,在"抢救失足者运动"中,把王明进行过的肃反扩大化错误搬到了边区,造成了极其严重的不良影响。在干部审查和"抢救运动"中,不仅把对付敌人和犯罪分子的侦察措施使用于党内同志,还"把大批无辜同志打成'特务'、'叛徒'、'反革命',实行残酷斗争,无情打击,以逼供信的方式制造了大批冤假错案,造成了严重的恶果"。①

为了避免重犯土地革命时期根据地肃反扩大化的错误,彻底纠正土地革命时期实行的不正确的国家政治保卫局"垂直领导"体制,纠正在延安整风审干过程中出现的把侦察手段用于党内,脱离党的领导的错误倾向,党中央在强调党对警察工作领导的同时,确立了同级党委和政府对锄奸保卫机关(警察机关)的双重领导体制。在党和政府的双重领导下,抗日民主政权的警政建设取得了巨大成绩,锄奸反特工作成效显著,肃清了大批汉奸特务,保卫了抗日民主根据地。同时,在组织建设和侦察、情报、治安、预审、看守等各项业务建设上都有所加强。抗日战争时期,中国共产党关于"反对逼供信"政策的一再重申,关于"严禁随意捕人"的决定,关于镇压与宽大相结合等政策的制定,以及在延安整风时期审干工作中关于防奸工作的"九条方针"②的提出,标志着我党建警的政策逐步趋向理性与成熟,警察权力运作逐步规范有序。

二、新中国警察权的发展及完善

新中国是在彻底推翻旧政权的基础上建立的国家,其国家属性及国

---

① 崔敏:《三次大规模逼供信的回顾与反思》,载陈光中主编:《刑事司法论坛》(第3辑),中国人民公安大学出版社2010年版。

② 为了汲取历史上肃反扩大化的教训,纠正康生在审干运动中的错误做法,1943年7月1日毛泽东亲自写信给当时的中央社会部部长康生,提出了锄奸保卫工作的正确路线,即"九条方针":(1)首长负责;(2)自己动手;(3)领导骨干与广大群众相结合;(4)一般号召与个别指导相结合;(5)调查研究;(6)分清是非轻重;(7)争取失足者;(8)培养干部;(9)教育群众。"九条方针"是抗日民主根据地锄奸工作的重要指导方针。参见于燕京主编:《公安学基础理论》,群众出版社2012年版,第30—31页。1943年7月30日,毛泽东又给时任中共中央北方局代理书记、八路军副总司令的彭德怀写信,重申了这九条审查干部的方针。参见毛泽东:《关于审干的九条方针和在敌后的八项政策》,载中共中央文献研究室编:《毛泽东文集》(第3卷),人民出版社1996年版。1943年8月15日,中共中央在《关于审查干部的决定》中又强调了"九条方针"。

家权力的特征与以往根本不同。新中国警察权的设置和运行与新中国的国家性质和国家权力特征相适应,在不断的探索中逐步得到发展与完善。

(一) 属性日趋明确,设置逐步规范

新中国公安机关的前身是土地革命战争时期的中央特科、国家政治保卫局,抗日战争时期中共中央社会部、延安市公安局、延安市警察队以及解放战争时期各解放区人民政权的公安机关。由于当时特定的历史时期,这些具有警察属性机构的任务主要是保卫党的安全,同时也维持所在地区的社会治安秩序。由于当时党的中心任务是武装夺取政权,主要使命是与国民党政权及其军队进行斗争,因而当时行使的警察权也主要是配合军事斗争。后来随着国家政权的全面取得,警察权才按其本性逐步得到发展和完善。

1. 与军事权分离,逐步按其属性进行运作

尽管军事权与警察权都是具有暴力属性的国家权力,但二者在本质上还是有很大的差异①,将二者作严格的区分并将二者相分离是现代文明的必然,也是现代法治的要求。然而新中国的警察权力在一开始却和军事权力有着千丝万缕的联系,直到新中国成立后经过一段时间才逐步得到分离。

在战争年代,国家职能部门和管理机构还未完全建立,客观条件决定了当时根据地、解放区的社会治安主要是由军队按照军事的手段或方式进行管理。"随着解放战争的节节胜利和各级人民政权的相继建立,人民公安武装力量也相应地得到扩大和发展。在解放后的北平、天津、上海等大城市,相继建立了由人民解放军直接担负治安任务的警备部队,或以人民解放军为骨干的公安总队、公安大队、纠察总队,等等。当时这些公安武装一部分属于各级政府公安机关建制领导,一部分作为解放军的组成部分,行使人民警察的权力。"②

---

① 在历史上曾有人认为它们是属于同一性质的权力,认为对付内部骚乱和外部入侵"这两方面的执行权都应当由一人掌握。'对付外部的敌人和内部的不正义的臣民,要用同一且唯一的剑'"。参见〔英〕M. J. C. 维尔:《宪政与分权》,苏力译,生活·读书·新知三联书店1997年版,第52页。尽管它们有一些相似性,但在根本上还是不同的,二者在基本任务、作用对象、根本目的、运作时间和行动后果等方面具有显著的差异。参见马岭:《军事权与警察权之区别》,载《云南大学学报》(法学版)2011年第5期。

② 王光等:《从我国警察队伍的历史变迁看公安编制管理改革的发展趋势》,载《公安教育》2013年第6期。

在战争状态结束后,国家权力的运作和社会秩序的维护必然要从战争状态中的军事管制转入和平时期的依法治理。新中国成立初期,稳固政权是政府的中心任务,在全国的战争形势刚刚结束的状况下,客观现实要求必须采取军事管制型的社会管理模式。各地的军管会在不同程度地行使着警察的权力、履行着警察的职能,军队起着维护社会治安的作用。但是军事管制对于一个政权来说只能是一种临时性的措施,不可能成为一种长期依赖,也不可能成为一种常态。① 1949 年 7 月,中央军委决定下设公安部,统辖各地公安机关的工作。10 月,中央人民政府公安部正式成立,中央军委公安部随即撤销。此后,尽管公安部队及其武装警察部队仍然按照军事化的方式进行管理,但其职责还是警察性的,各地公安机关基本上从部队独立出来,并基本按照警察权的属性进行运作。

2. 将其他机关和企业享有及行使的警察权收归公安机关,为警察权的规范化设置与行使奠定了基础

改革开放后,随着经济和社会发展,我国机动车数量开始大幅度增加。为适应道路交通安全管理的需要和提高道路交通管理效率,1986 年国务院专门发文②将原来分别由公安、交通、农业(农机)等多个部门行使道路交通安全管理警察职权的交通管理体制改为由公安机关统一负责全国城乡道路交通管理的体制,在公安机关建立全国统一的交通管理机构,专门行使道路交通安全管理职权,克服了政出多门、职权重叠和互相扯皮的弊端,也规范了道路交通管理警察权力的行使。

新中国建设初期以及以后较长的一段时期内,在我国普遍存在政企不分的现象。铁路、民航、交通、林业部门设立了警察机关行使警察权力,甚至一些重要的国有大型企业也设立有行使警察权力的公安机构。企业行使警察权力是我国计划经济体制的产物,是对国家权力性质的扭曲,是对国家警察权性质认识不清、职能定位不准的具体体现。随着国家行政管理体制改革的逐步推进和政府与市场、政府与社会关系的逐步理顺,从 2009 年起铁路公安机构从铁路运输企业中全部分离出来,纳入到国家机构管理体系,所需经费由各级财政全面保障,工作人员全部以人民警察身份转为国家公务员,并按照相应的法律规定行

---

① 参见王焱:《转型与发展:社会治安防控体系研究》,天津社会科学院出版社 2014 年版,第 34 页。

② 参见国务院《关于改革道路交通管理体制的通知》(国发〔1986〕94 号)。

使国家警察职权。在此之前，国务院、民航总局和公安部也曾发文①要求民航机场的公安机关也进行类似的改革，将民航机场公安机关移交地方实行属地管理，理顺了管理体制，明确了职责权限。在此期间，党中央也专门发布文件②明确要求要完善公安机关的机构设置、职权划分和组织管理制度，文件还进一步强调要"改革现行铁路、交通、民航、林业、石油、农垦、矿山等部门、企业管理公安机关、人民检察院、人民法院的体制，纳入国家司法管理体系"。自此，国家对企业设立的公安机关进行逐步改革，企业公安机关的体制逐步得到理顺。一些大型国有企业中设立的公安机构被剥离出来，正式纳入国家机构序列的警察管理方式。

3. 明确界定警察权行使者的主体资格③，实现警察权享有和实施主体的规范化

"警察权行使的前提是警察执法主体资格的界定，无论是行政执法还是刑事执法，均需要通过制定并完善警察组织法，规范警察主体的设置、编制、职权、职责，并对各警察主体的法定职权作明确划分和界定。"④然而，对警察权力特殊性的认识一开始并不很清楚，警察权行使者的主体资格限制随着人们认识的逐步深入被提了出来。

为了弥补警力的不足，1985 年在获得公安部批准后各地陆续招收了一批合同制警察。这些合同制警察在事实上不同程度地行使着警察权力，暴露出一些问题。1990 年公安部又发出了《关于停止招收合同民警的通知》，要求对已招收的合同制警察进行清退，到 1996 年年底合同制警察基本清理完毕。

随着我国市场经济体制的建立和快速发展，人员、物资、资金、信息在全社会开始进行大范围、全时空的流动。加之我国正处于改革的攻坚阶

---

① 参见国务院《关于印发民航体制改革方案的通知》（国发〔2002〕6 号）和中国民用航空总局、公安部《关于印发〈民用机场公安机构改革方案〉的通知》（民航政法发〔2003〕138 号）。

② 参见中共中央《关于进一步加强和改进公安工作的决定》（中发〔2003〕13 号）和中共中央《转发〈中央司法体制改革领导小组关于司法体制和工作机制改革的初步意见〉的通知》（中发〔2004〕21 号）。

③ 对此不同的国家采取不同的做法，英美的社会管理理论认为，社会治安应该由政府和民间共同承担，辅助警察作为官方警察的助手和后备力量，也是警察，只不过是一种特殊的警察或曰辅助警察，在执行勤务时也可行使正式的警察权。参见政工言:《建设正规化辅警队伍若干问题探讨》，载《公安研究》2008 年第 1 期。但这种权力也受到一定程度的限制，特别是对一些强制程度较大的警察权力（如逮捕等），通常只由专职的正式警察来行使。参见王萌:《英国辅警制度及对我国的启示》，载《江西公安专科学校学报》2009 年第 2 期。

④ 张洪波:《辅警的主体地位及规范》，载《法学》2011 年第 9 期。

段和发展的关键时期,一些深层次社会矛盾不断显现,刑事犯罪活动大量滋生,群体性事件、突发性事件频繁爆发,互联网影响社会稳定的问题日益突出。警力不足已成为制约公安工作效果的瓶颈问题。为了缓解警力严重不足和编制紧缺的矛盾,各地公安机关开始招收辅警、协警或文职人员。① 为了明确这些新招录人员在公安机关中的身份和法律地位,2000年公安部专门发文件要求"各地公安机关要对本地区的执法队伍进行清理整顿,凡有合同工、临时工、联防队员、保安人员等非人民警察从事公安行政执法任务的,必须一律停止,并根据有关规定进行清理和整顿。对有违法违纪行为的人员,要严肃查处,及时清退"。② 为了贯彻落实公安部的规定,一些地方在实践中的具体做法是这些人员"不得进入重要的涉密岗位、行政执法和刑事执法岗位、刑事技术等岗位,严禁从事执法以及其他法律、法规、规章规定必须由人民警察担任的工作"。③

警衔制的实施又将警察权力规范化行使与警察权力享有者和行使者主体资格的管理推进了一大步。④ 从表面看警衔只是表明警察身份和区分警察等级的称号和标志,但在根本上警衔却是国家对赋予警察权力者的身份确认和赋予警察职权大小的显示。授予人民警察警衔意味着国家赋予了其一定的警察权力,授予不同等级的警衔意味着国家赋予了其警察权力的大小不同。在1992年我国初次授予警衔的时候曾有人提出对于企事业单位设立的公安机构工作人员也要授衔,"部党委经过认真研究,坚持依法行政的法制原则,不赞成给予授衔。这对于人民警察队伍的正规化建设,清理整顿队伍,对于维护警衔制的严肃性和权威性,坚决制

---

① 据有关统计资料反映各地公安机关的情况是:警察与辅警的人数比例通常为1∶3,有的地方这一比例甚至为1∶10。参见杨旭春:《治安辅警身份与执法权限的法理分析》,载《上海公安高等专科学校学报》2010年第6期。

② 2000年2月23日公安部《关于贯彻落实〈国务院关于全面推进依法行政的决定〉的通知》(公通字〔2000〕11号)。

③ 江苏省公安厅《关于进一步规范治安辅助人员管理的通知》(苏公厅〔2009〕493号)。

④ 国家实行警衔制度至少是出于以下四个方面的考虑:一是可以使人民警察职务等级明朗化,隶属关系规范化,有利于指挥战斗和执行任务;二是可以使人民警察人事管理科学化、规范化,有利于提高队伍的整体素质;三是对人民警察委以责任、授予荣誉,有利于调动人民警察的积极性;四是人民警察队伍走向正规化的重要象征,有利于在对外开放社会中执行职务和进行国际交往。参见陈丙雷:《警衔制与正规化建设》,载《河南公安学刊》1992年第2期。而这四个方面的内容对于警察权力的规范化运作和警察权力享有者、行使者主体资格的限定有着或直接或间接的关系。

止乱建公安机构、乱着警服等现象,有着至关重要的作用"。① 自此以后,以国家对于警察编制的规范化管理为措施,以警衔制度的落实为标志,以依法行政和从严治警为要求,逐步把警察权力的设置和运行纳入到规范化的渠道。

(二) 由中央集中管理走向分散管理,管理方式更趋合理

警察权力的管理受国家整个行政管理体制的制约。"新中国行政体制的创建,是适应产品经济和高度集权需要的产物,其结构、功能和运行关系都与计划经济体制相适应,并深受马克思主义政府体制理论、苏联行政体制模式和中国传统政治文化的影响。"②一开始实行的是中央高度集权的管理模式。随着社会发展,这种管理模式逐步暴露出弊端。为克服这种与生俱来的局限必须进行改革。在国家行政管理体制改革过程中,警察权的管理方式也发生了变化,使警察权力的管理由中央集中管理走向分散管理,使得管理方式更趋合理。

1. 在纵向上将中央与地方管理警察等的权限进行了更合理的划分

新中国成立之初,公安系统的编制实行垂直管理,适应了新生政权的需求。但我国地域广阔,各地情况复杂,全国用一个模式或一种办法管理,容易脱离实际。在1958年第九次全国公安工作会议上,将全国公安工作的管理改为在中央统一领导下,地方公安工作以地方党委领导为主。在编制管理上实施中央集中管理与地方分权管理相结合的原则。将原来由公安部直接管理全国公安系统编制的状况,交由地方各级编制委员会统一管理,并规定对省级公安机关及其较大的省属市公安机关的机构设置、业务分工的重大变动,由公安机关请示地方党委决定,同时报公安部备案,必要时公安部可提出建议。

在1965年召开的第十四次全国公安工作会议上又指出,把人民警察的编制从国家行政编制中划出来由省、自治区或直辖市统一管理,调整人民警察编制时,要向公安部备案,并明确将公安行政编制中的民警编制单列。1978年在第十七次全国公安工作会议上,进一步明确了全国人民警察编制单列,招收新民警纳入国家计划。根据中共中央的决定,1984年

---

① 刘静:《警衔制蕴含的深意》,载《人民公安》2002年第13期。
② 周志忍:《我国行政体制改革的回顾与前瞻》,载《新视野》1996年第4期。

中央政法委员会、中央组织部、劳动人事部、财政部联合发文规定①,政法部门的编制,实行统一领导,中央和省、市、区分级管理。当年,公安编制管理正式收归中央统一掌握,实施分级管理。公安编制管理自此正式开始实行中央统一掌握,实施分级管理的模式。

2. 在横向上将监狱机关执行刑罚的权力、劳动教养机关执行劳动教养决定的权力和维护国家安全警察权力从公安机关剥离,独立设立和行使

基于中央和地方事权合理划分和分权制衡的需要,在纵向理顺中央与地方警察管理权限的同时,对横向的警察权力也进行了新的调整。将在本质上属于司法行政权力②的监狱机关执行刑罚的权力和劳动教养机关执行劳动教养委员会决定的权力③从公安机关中分离出,移交司法行政部门管理和行使。为了加强劳改、劳教工作的领导,按照党和国家领导机构适当分权的精神,根据中央统一部署,1983年6月,公安部与司法部联合发文将劳改劳教工作移交司法行政部门管理。④

为了突出维护国家安全工作的特殊性和专门化,加强保卫国家安全工作的专业化建设,将原中共中央调查部整体、公安部政治保卫局以及中央统战部部分单位、国防科工委部分单位合并组建了国家安全部,在各

---

① 参见中央政法委员会、中央组织部、劳动人事部、财政部《关于公安、检察、法院、司法行政系统编制和经费若干问题的联合通知》。

② 关于司法行政权的内涵,人们有不同的看法,比较有代表性的观点为:司法行政权是基于"分权制衡"的理论,以辅助司法权为目的,对司法行政事务行使的相关权力;是源于、服务于和辅助法院裁决权的行政权力。司法行政权具体表现为对司法领域的行政事务的管理权和法律事务的执法权,其基本内涵是代表政府行使与司法相关的行政事务的管理权或执行权,或基于分权制衡理论不宜由有关司法部门行使的权力。参见孙业群:《论司法行政权》(上)、(下),载《中国司法》2005年第10、11期。

③ 十八届三中全会中共中央《关于全面深化改革若干重大问题的决定》提出,"废止劳动教养制度,完善对违法犯罪行为的惩治和矫正法律,健全社区矫正制度"。2013年12月28日全国人民代表大会常务委员会通过了《关于废止有关劳动教养法律规定的决定》,决定自2013年12月28日公布之日起施行。根据决定,劳动教养制度废止前,依法作出的劳动教养决定有效;在劳动教养制度废止后,对正在被依法执行劳动教养的人员,解除劳动教养,剩余期限不再执行。

④ 参见公安部、司法部《关于贯彻执行中央将劳改、劳教工作移交给司法行政部门管理的若干规定》[〔1983〕公发(劳)66号]。事实上,司法部曾经是监狱工作的主管机构。1949年10月30日中央人民政府成立了司法部,并主管监狱管理工作。1954年根据宪法规定改为中华人民共和国司法部,全国各省、自治区、直辖市相应成立了司法厅(局)。1950年10月10日,中共中央发布了《关于镇压反革命活动的指示》,决定为了适应"镇反"斗争形势,加强领导力量,将监所管理由司法部转交公安部领导。后来,公安部增设劳动改造管理局,各省、自治区、直辖市先后设立了劳改局。1959年司法行政机关被撤销直到1979年被恢复重建。1983年监狱机关的管理权限被重新移交司法行政机关。

省、自治区、直辖市组建了国家安全局,将反间谍保卫国家安全的权力也从公安机关中分离出来,交由国家安全机关行使。1983年7月1日,国家安全部正式成立,随后各地的国家安全体系逐步建立起来。

（三）根据社会需要对警察权力内容的配置和行使方式进行合理改进

改革开放基本政策实行后,国家对公安机关的管理制度和工作方式也进行了相应的调整。公安机关的工作从过去的主要为政治运动服务转向服务现代化建设、服务经济建设。"公安机关在保持国家专制性权力的同时,开始逐步关注基础性权力的建设问题。"①警察权力内容的设置和行使方式的发展变化与国家和社会的发展变化相适应。新中国建立之初以及以后的相当一段时间内,由于实行的是高度集权的计划经济体制,社会治安问题并不十分突出。警察权力只是按照传统的内容和简单的方式便能满足国家维护社会治安秩序的需要。

1992年开始建立社会主义市场经济体制之后,中国的社会现实和治理方式发生了很大的变化,我国警察权的内容和方式也发生了相应的转变。面对人口越来越剧烈的大规模流动及其由此带来的日益增多的社会问题,"逐步建立适应动态社会发展的公共安全治理技术,包括在社会治安综合治理工作中,开展群防群治、建立防范网络、设置安全小区、实行治安承包等;在控制动态环境下社会治安方面,建立大中城市人民警察巡逻体制,并使之与指挥中心、110报警台建设相配套,实行静态与动态相结合的管理方法等;在与刑事犯罪的斗争中,实行区域防范、地区协作、整体作战的体制和方式,开展专项斗争,'严打'斗争等;在户籍管理工作中,推出了身份证管理、暂(寄)住证管理、'绿本'、'蓝本'等适应人口流动的管理方式以及计算机管理方法;在公安机关内部管理中,实行了人民警察考试聘任制、上岗培训制、警衔晋升培训制、警长制、探长制、目标管理、岗位责任制等制度和方法"。②

现在人类正进入信息社会。在信息时代,社会的产业结构、生产活动

---

① 朱旭东、于子建:《新中国警察制度现代化进程述评》,载《中国人民公安大学学报》(社会科学版)2011年第4期。

② 中国人民公安大学科研处主编:《崇高的使命——"贯彻十六大、全面奔小康、公安怎么办"大讨论征文选集》,中国人民公安大学出版社2003年版,第259页。转引自朱旭东、于子建:《新中国警察制度现代化进程述评》,载《中国人民公安大学学报》(社会科学版)2011年第4期。

方式、全球经济格局、组织结构、管理决策等诸方面将会产生深刻的历史性变化。现代科学技术手段被充分利用到警察权力的行使过程中,特别是"金盾"工程(即公安通信网络与计算机信息系统建设工程)的实施和公安信息化建设的全面发展,使警察权力行使活动的统一指挥、快速反应、协调作战得到了显著提升。在市场经济社会中,人、财、物的流转速度逐步加快,犯罪分子和犯罪活动也随即发生流动。为适应社会治安管理静态管理逐步走向动态管理的需要,警察权力运行开始注意建立协作机制。① 随着警务合作将成为警察机关为了适应社会犯罪形态变化,科学地分配时间与地域的警力,在地理布局上实现警力有机组合。在这种条件下,区域警务合作就成为形成公安机关整体战斗力的必然要求;成为应对公安工作新形势、新任务与维稳新情况、新问题的必然选择;成为服务于区域经济发展的现实要求;成为解决区域治安共性问题的重要路径。②

(四) 由政治职能为主逐渐过渡到政治职能与社会职能并重

警察权属于内政性质的国家权力。国家的对内职能既有政治统治职能,又有社会管理职能。恩格斯曾精辟地阐述了这两种职能之间的关系:"在这里,问题在于确定这样的事实:政治统治到处都以执行某种社会职能为基础,而且政治统治只有在它执行了它的这种社会职能时才能持续下去。"③国家对内职能的双重性决定了警察职能的双重性和警察职权的双重性,即警察(警察权)既有维护国家统治的职能,也有进行社会管理的职能。新中国成立至今,警察权力的这两种职能,在不同历史阶段因国家重点任务不同,它们的关系及其表现也不同。新中国成立之初,全国各地公安机关为了巩固人民民主专政的国家政权,广泛开展了肃特、剿匪和反霸斗争。1950 年朝鲜战争爆发后,国内残余反动势力乘机进行疯狂地

---

① 2010 年 9 月 26 日,北京、天津、河北、山西、内蒙古、辽宁、山东七省区市在京签署了《环首都七省区市区域警务合作机制框架协议》;2010 年 9 月 26 日,在上海签署了《苏浙皖沪三省一市公安侦查区域警务合作框架协议》。2010 年 9 月 10 日,黑龙江、吉林、辽宁和内蒙古四省区跨区域警务合作正式建立。2010 年 10 月 15 日,西北地区警务协作机制建立并签订《西北地区(陕甘青宁新兵团)警务协作机制》。2010 年 11 月 21 日,泛西南(重庆、四川、云南、西藏、贵州)警务合作联席会首届会议在重庆召开,共同商议泛西南警务合作的相关事宜。2011 年 5 月 9 日,泛珠三角(福建、江西、湖南、广东、广西、海南、四川、贵州、云南)警务合作机制正式启动,标志着覆盖全国的七大区域警务合作机制全面建成。

② 参见汪勇:《中国区域警务合作研究》,载《中国人民公安大学学报》(社会科学版)2013 年第 5 期。

③ 《马克思恩格斯选集》(第 3 卷),人民出版社 1995 年版,第 219 页。

捣乱和破坏,妄图颠覆新生的人民民主政权。1950年10月10日,中共中央发出《关于镇压反革命活动的指示》,1951年2月21日,中央人民政府公布《中华人民共和国惩治反革命条例》,公安机关积极开展了镇压反革命活动,彻底肃清了土匪、特务、恶霸、反动党团骨干和反动会道门头子等反革命分子,有效打击和制止了敌人的颠覆破坏活动和严重危害社会治安的犯罪活动。"在社会主义改造基本完成以后,公安工作在较长时期中没有摆脱'以阶级斗争为纲'的影响,出现某些夸大敌情、扩大打击面的错误,在城乡的社会主义教育运动中把一些干部的作风和经营管理方面的问题看成是阶级斗争加以处理和打击,在意识形态领域把知识分子中不同学术观点、不同艺术流派间的正常讨论、争论和认识问题当做政治问题做了不适当的处理,出现一批冤假错案。"①这一时期,警察权力的主要目的是服务国家政治职能需要。

十一届三中全会后,党和国家冲破了长期"左"倾错误的束缚,否定了"以阶级斗争为纲"的指导思想,把工作重心转移到社会主义现代化建设和改革开放的重大战略决策上,加上此时,国家政治较为稳定,而社会转型带来的维护社会秩序的任务需要通过加强和服务社会实现,警察权力的主要任务体现在社会管理和服务职能上。警察权力的职能由政治职能过渡到政治职能与社会职能并重。

(五) 警察权的设置和运行逐步走上法治化轨道

新中国成立后不久也曾制定过一些规范警察权力运作的法律制度,很多警务活动也是按照法律的要求进行的。②"但是在当时的公安实际工作过程中,由于受当时的政治环境的影响……没有将解决人民内部矛盾的手段法律化。"③当时警察权力的运行建立在计划经济的社会基础

---

① 公安部教材编审委员会编:《公安学概论》,中国人民公安大学出版社1999年版,第36页。
② 1954年12月20日第一届全国人民代表大会常务委员会第三次会议通过公布了《中华人民共和国逮捕拘留条例》;1954年12月31日第一届全国人民代表大会常务委员会第四次会议通过了《公安派出所组织条例》;1957年6月25日第一届全国人民代表大会常务委员会第七十六次会议通过公布了《中华人民共和国人民警察条例》;1957年10月22日第一届全国人民代表大会常务委员会第八十一次会议通过了《中华人民共和国治安管理处罚条例》;1958年1月9日第一届全国人民代表大会常务委员会第九十一次会议通过公布了《中华人民共和国户口登记条例》。参见郝赤勇:《完善我国人民警察制度的重大举措》,载《人民公安》1995年第7期。
③ 朱旭东、于子建:《新中国警察制度现代化进程述评》,载《中国人民公安大学学报》(社会科学版)2011年第4期。

上，并以"以阶级斗争为纲"为理论依据和指导思想，具体活动以党的政策为指导原则和制度依据，致使其内容和运行方式只能是非法治的。特别是在"文化大革命"中，公安机关的警察权力更是要么被错误地随意使用，要么被虚置。1967年1月13日，中共中央、国务院颁布的《关于无产阶级文化大革命中加强公安工作的若干规定》(又称"公安六条")将公安机关的权力随意化使用发挥到了极致。在"公检法"被砸烂后，公安部也被部队接管，地方公安机关的警察权力事实上也被剥夺，取代公安机关在实际行使警察权力的是各级"革委会"。①

在反思过去因忽视法治给国家、民族和人民带来深重灾难后，我国开始注重加强社会主义法治建设，警察权力运行开始逐步进入法治的框架和轨道。公安机关在保持国家政治性权力的同时，开始逐步关注基础性权力的建设问题，警察制度现代化建设进入新的历史时期。特别是在1992年提出建设社会主义市场经济体制后，"从全国人大、国务院、公安部到各地方的立法机关都大力加强了警察立法力度，为警察工作纳入法制轨道创造了良好的环境。经过不懈努力，一个由国家法律、法规、部门规章、地方性法规、规章组成的，以公安刑事法规、治安保卫法规、公安行政管理法规、公安组织人事法规、警务保障法规、监督法规、国际警务合作法规等为主要分类的公安法规体系已基本形成。基本上做到了有法可依。各级公安机关的执法监督体系也基本形成，普遍建立了法制审核把关、行政复议、执法监督评议、警务督察和纪律监察、岗位责任、执法过错追究等制度，有效改善了执法活动"。②

第三节 台湾地区警察权的形成、发展及其基本制度

一直以来，我国台湾地区的经济社会发展和政治社会制度深受大陆的影响。三国时期台湾被称为"夷洲"，在那时就有大陆居民到台湾。隋唐时

---

① 正如有人指出的，"在公、检、法被砸烂的'文化大革命'中，有什么权力各级'革委会'不能行使、不敢行使的？"参见李龙主编：《新中国法制建设的回顾与反思》，中国社会科学出版社2004年版，第178页。

② 朱旭东、于子建：《新中国警察制度现代化进程述评》，载《中国人民公安大学学报》（社会科学版）2011年第4期。

期台湾被称为"琉球",接受当时中央政府的管理,也有大量的大陆移民移居台湾。宋元时期中央政府进一步加强了对台湾的管理。元明两朝的政府还在澎湖设巡检司,负责巡逻、查缉罪犯。17世纪台湾沦为荷兰的殖民地,对台湾实现强制性的剥削统治。1662年郑成功成功收复台湾。后来清政府设立台湾府隶属于福建省。1885年清政府将台湾设为单一行省。

一、台湾地区现代警察制度的形成及发展

台湾地区现代警察制度的形成是受多种政治和历史因素影响的结果。除受到大陆警察制度近现代化过程中的一般因素影响外,日本对台湾地区半个世纪统治期间的警务活动方式和观念[1]以及国民党政府败退台湾初期实施的全台湾地区戒严、"宪兵"和军队加入维护社会治安行列等也是非常重要的关键性因素。

从甲午战争失败台湾被迫割让给日本,直到第二次世界大战日本战败后台湾收回,日本对台湾地区进行统治达半个世纪,期间最主要的统治力量便是警政。日本占据时代的台湾地区警察历史可以分为三个时期:初期(1895—1920年)为警察权力的建立与警察力量的扩展时期,也是日本实行军政(即宪兵的警政)时期。1896年颁布实施《警察规程》以后,警察逐步摆脱军宪附庸的角色。1897年开始推行"三段警备制",以军宪管理治安情形最严重之一等地,以警、宪并管须警戒之二等地,以警察维持平静之三等地的治安。在"三段警备制"废止后,又开始实施"保甲制度"。在组织管理上,1895年至1901年期间以地方管理为主,1901年至1920年以"中央"组织为主。中期(1921—1937年)是日警在台机构组织最充实之时期。"中央"警察权下移至各市郡,警察事务之执行,由郡守与警察署长掌理。末期(1938—1945年)正值第二次世界大战时期,台湾地区警察体制被纳入战时体制。警察权极度扩展,凡刑事、兵事、防空、经济等都纳入警察管辖,同时警察机构与人员也得到了大大地增加。[2]

---

[1] 日本实行现代警察制度早于中国,在明治维新时期,日本就曾派代表团视察欧洲警察建设情况,进而开展了警察改革,奠定了日本现代警察制度的基础。事实上,无论是在中国警察现代化初期的清末还是在中国的台湾地区,日本对我国警察历史的发展都有着十分重要的影响。1898年,清政府聘日本人川岛浪速来我国协助培育现代警务人才和建立现代警务制度。就在同一时期,台湾被割让给日本,开始了日本对台湾地区长达半个世纪的统治。期间台湾的警察运作方式和警察观念有形无形地影响了后来警察制度的建立。

[2] 参见陈明传等编著:《警察行政》,台湾空中大学发行,2008年修订再版,第41—42页。

纵观日本对台湾地区的50年统治,对后来警察制度产生重要影响的主要有两大方面,即"以警代军"和"保甲制度"。在日据台湾期间,最早使用的是兵力,后来实行的是军警并治,最后才全部使用警察作为治安主力,乃至于将警察职权扩充至一切行政所需。除了利用警察统治之外,日本在台湾的统治还充分利用了清朝统治时期维护地方治安的保甲制度。这种制度以十户为一甲,十甲为一保,通过连带责任执行警察、户籍和税收的责任,其中以警察责任最为重要。这种深入民间的治安制度,是警察事务地方自治的基础和手段。

光复之初,台湾地区承继了日据时期的警察制度。1949年国民党败退台湾后,在全台湾地区实施戒严,"宪兵"和军队加入维护社会治安的行列。后来因台湾地区"警政署长"孔令晟倡导并推行的"改进警政工作方案"①得以实施,致使台湾地区警察制度向现代化方面迈进了一大步。此后伴随着戒严的解除和政党轮流执政的出现,台湾地区的警务革新持续推行。1985年至1995年推出"五年警政建设方案"及"后续警政建设方案"。2001年以后推出了"治安维护力专案""警政精进方案"和"全民拼治安"等。通过这些改革使得台湾地区的警察由"维持秩序"的功能转向"抗制犯罪"的角色。

二、台湾地区警察的组织管理

"警察组织之良窳,直接影响到警察任务的达成,尤以今日社会经济结构的改变,犯罪技巧的层出不穷,科技的日益发达,道德观念的日趋淡薄。使警察组织健全成长,适应时代环境需要,乃成为国家治安良窳最主要的关键。"②

台湾地区现代警察制度的创立,初期效仿德、奥、日等国家,继而学习英国等国家。加之台湾地区政治制度处于变动不定的状态,警察管理体系也处于不确定的状态。直到1953年6月15日台湾地区"警察法"公布施行后,才确定了警察组织体系为"均权体制"。③ 具体来说,台湾地区的

---

① "改进警政工作方案"是孔令晟先生警政现代化的具体规划,该方案于1978年经台湾地区"行政院"核定,分三个阶段实施。改革的实际成果有:成立勤务指挥中心系统、基层警力的机动化、建立自动化报案系统、确立集中制与散在制并用的勤务制度以及积极推动警校改制警专,等等。参见陈明传等编著:《警察行政》,台湾空中大学发行,2008年修订再版,第43页。
② 邱华君:《警察学通论》,台湾编译馆1991年版,第67页。
③ 同上书,第96页。

警察组织体系由"中央警察机关组织"、省市警察机关、直辖市政府警察机关组织和县市警察机关等组成。

台湾地区警察事务隶属于"内政部"领导。根据台湾地区"内政部组织法"的规定,"内政部"设"警政署",执行全台湾地区警察行政事务,统一指挥、监督警察机关,执行警察任务。台湾地区"警察法"还明确规定了"警政署"所掌理的全台湾地区警察业务的具体内容。"警政署"除设立组室等内设机构掌管有关事项外,还设有刑事警察局、航空警察局、公路警察局、空中警察队、公园警察队和保安警察总队等下属机关及其相关单位。因执行警察业务需要,"警政署"有权对各级警察机关发布命令或指示。

虽然依照台湾地区"警察法"和"警察法施行细则"的规定,省政府设立警政厅(处科),但是台湾地区仍然沿袭旧制,在省政府设立警务处,依法执行全省警察行政事务,掌理全省性警察业务,指导监督各县市警务工作的实施。警务处除设有分掌各项行政及业务之规划、督导和考核等事项的科、室或中心等内设机构外,还设有刑事警察大队、铁路警察局、公路警察大队、基隆等港口的港务警察所和保安警察总队等下属机关。

台湾地区现有台北、高雄两个"直辖市"。依照台湾地区"警察法"的规定,"直辖市"政府要设立市警察局,因而台湾地区设有台北市政府警察局和高雄市政府警察局分别掌理各市的警察行政及业务。市警察局内设科室作为分工开展内部事务管理的内设机构,还设有保安警察大队、刑事警察大队、消防警察大队、交通警察大队、少年警察队、女子警察队和民防管制中心等机构执行各种警察任务和民防管制事项。除上述内设机构外,市警察局还下设分局的机关,分局又下设了派出所,在未设分局的区设立分驻所。派出所(分驻所)为勤务机构,以警察勤务区为基本单位开展勤务活动。

依照台湾地区"警察法"的规定,台湾地区县市政府设立警察局(科)①,掌理各县市辖区警察、警卫、民防和动员等事项及业务,并受省政府警务处的指挥监督。警察局除设立课、室和中心等内设机构外,还设立保安警察队、刑事警察队、消防警察队、交通警察队、船舶大队和民防管制中心,以执行各种警察业务。根据治安状况县市警察局还可以设立分局。县分局区分甲、乙两种编制;市分局及县甲种分局设五组办事,县乙种分

---

① 依照台湾地区"警察法施行细则"的规定,县市政府以设立警察局为主,如果全县、市人口未满4万人,警察人员不满80人,县属乡镇不满8万人,市辖区不满4个的,设立警察科。

局设四组办事,山地地区之分局设三组办事;沿海之分局增设一组办事;分局设勤务指挥中心及警备队。分局以下设派出所(分驻所),并依法划分警察勤务区。

台湾地区警察人数占总人口数的比例较高,而且大部分集中在基层公安机关,警察人数约占总人数的0.3%,大部分力量被充实到一线单位,派出所警察人数占总警力的70%,一线警力可达到总警力的近90%。台湾地区警察实行垂直的管理体制,最高领导机关是隶属于"行政院内政部"的"警政署",警察事务统一由"内政部"下设的"警政署"管理和指挥,下辖台北、新北、台中、台南、高雄5个"直辖市政府"的警察局和桃园县、基隆市等17个县市政府的警察局。尽管台湾地区警察的职权范围较为广泛,内部的机构设置却很简单,通常情况下,警察分局只设局长一名、副局长一名,业务由行政管理、督查兼内部管理、保安保防业务、交通管理四个组承担,另外还设置了勤务指挥中心、侦查队等机构,大量的警务工作由下设的若干派出所承担。台湾地区警察按照工作性质分为制服警察和非制服警察两种,制服警察主要包括承担治安、交通和民航等管理职能警察,非制服警察主要是刑事警察。台湾地区警察勤务主要由分驻所(设于无警察分局之乡镇市区)和派出所执行,派出所主要承担犯罪预防、交通管理、保安警备和便民服务等综合性警务。

台湾地区对警察工作绩效的管理采用量化记分的办法。对每项日常工作完成情况按照既有的规定进行评分量化,进而得出每个警察的累计积分。在职务升迁及工作调动时依据积分排名顺序进行,排名在前的优先考虑。对于警务人员工作绩效的具体考核做法是,警察机关严格遵循"公务员考绩法"的相关规定,按照不同警察承担职务的具体情况,分别制定考核的细目或标准进行量化考核,考绩等次从高到低分为甲、乙、丙、丁四级,以客观考核警察工作实绩,并将日常考评结果与警察业绩、晋升直接挂钩。台湾地区警察的晋级升迁制度严格规范,升迁者既应具备法定的最低条件,又严格按职务顺序循序递升。如,警佐以下人员晋升依资绩计分(包括学历、考试、年资、考绩、奖惩等方面),由主管机关遴选报升。同时,台湾地区警察的晋升十分注重不同单位、岗位的历练,规定必须轮岗任职期满后才可晋升。①

---

① 参见梁冬祥:《台湾警方精细化规范化管理的启示与做法》,载《福建警察学院学报》2012年第1期。

三、台湾地区警察的职责职权

台湾地区警察的职责范围较为宽泛,除了刑案侦查、治安管理、户籍管理、交通管理、出入境管理等职责外,还承担火灾的预防消灭、自然灾难的救助、市容市貌整治、取缔色情和地下钱庄广告以及防空避难设备管理维护等职责。

警察权限范围的大小本质上取决于法律对维护社会秩序与保障公民权利之间寻求平衡或倾向程度。随着社会步入风险社会,台湾地区警察的任务逐渐从防止危害到危险预防发展。[1] 在传统警务活动中,警察的主要任务是制止违法犯罪活动避免社会危害的发生和抓捕已经实施了违法犯罪活动的人。现代社会已步入风险社会,出现了许多潜在的、不确定的风险,诸如恐怖主义、精神异常等高危群体的异常行为、交通、卫生等重大灾害事故等都会对社会造成极大危害,及早预防,极为关键。为实现这一目的,法律又逐步授予警察众多"前沿权限"(即在危险发生尚未有迹象时警察就可以进行干预,监控系统、盘查权等皆属于此类)。[2]

按照行政法的基本原理,以及从警察组织法和警察作用法之间的关系和各自的功能来看,组织法中授予的权限和规定的任务并不等同于作用法上的授权,不能直接作为执法或权力使用的依据。因为"在法律保留的要求下,行政机关(含警察机关,引者注)必须在组织法之规定外(管辖、权限、任务),还要有行为法的授权(职权、权能之行使)才可以对人民采取一定的措施。因此法律保留原则的范围系扩及组织法的领域,但非谓本来就属于其范围之行为法部分,因此可以不需要法律授权"。[3] 根据传统的行政法治原理,"警察为达成法令所赋予的任务,除在组织法上揭示其权限或管辖外,尚依职权法授予具体职权"。[4] 警察的职权行为必须有法律授权才能采取行动,由法律明确规定职权行使的法律实体要件应成为警察权行使的常态。

台湾地区警察权力设置和运行的法治化程度较高,警察行政职权和

---

[1] 参见林明锵:《警察法学研究》,新学林出版股份有限公司2011年版,第11—38页。
[2] 同上书,第15页。
[3] 蔡庭榕等:《警察职权行使法逐条释论》,台北五南图书出版公司2005年版,第23—24页。
[4] 同上书,第461页。

警察刑事职权分别由警察行政法和警察刑事法规范。台湾地区"警察法"①(1953年颁布,经历几次修改,最近一次修改是在2002年),是警察组织法,原则性地规定了警察的任务、职权和建制等。在"警察法"中明确罗列出警察可以行使的8项职权:①发布警察命令;②违警处分;③协助侦查犯罪;④执行搜索、扣押、拘提及逮捕;⑤行政执行;⑥使用警械;⑦有关警察业务之保安、正俗、交通、卫生、消防、救灾、营业建筑、市容整理、户口查察、外事处理等事项;⑧其他应执行法令事项。这些警察职权从属性上区分,可以分为警察刑事职权和警察行政职权两大类。警察刑事职权的行使依据是刑事诉讼法律制度。警察行政职权的行使依据包括"社会秩序维护法""警察勤务条例""警械使用条例"和"道路交通管理处罚条例"等。其中,1991年6月29日制定的"社会秩序维护法"是台湾地区警察行使行政职权最主要法律依据之一,是在原执行的"违警罚法"的基础上修订而来的。依照"违警罚法"的规定,台湾地区警察可以对违法行为人做出拘留和罚役②的处罚决定。因为"违警罚法"存在"违宪"的嫌疑③,在"司法院"两次司法解释④的推动下重新颁行了"社会秩序维护法"。依照该法的规定,对违反"社会秩序维护法"的行为人可以给予拘留、勒令歇业、停止营业、罚锾、没入和申诫6种处罚,但警察在调查后能直接做出的只有罚锾、没入和申诫3种处罚,对于拘留、勒令歇业和停止营业三类处罚,必须由法院简易庭审理后决定。台湾地区的侦查制度充分借鉴了大陆法系国家的侦查模式,由检察官主导侦查,司法警察只是侦查的辅助者。在这种"检主警辅"的侦查模式下,"检察官控制侦查进程,决定侦查的开始和终结,警察只在侦查的进行过程中实施调查活动,但在实际操作过程中,除少数具有秘密性、敏感性或者重大社会影响的案件,检察官自始介入侦查的情况极少,多数案件都由警察

---

① 为了有效执行"警察法",台湾地区"内务部"又在1956年颁布了"警察法实施细则"。
② 拘留的期限一般为7日以下,加重处罚时可以达到14日;罚役一般在2小时以上,加重处罚时可以达到16小时。
③ 台湾地区"宪法"第8条规定:人民身体之自由应予保障。除现行犯之逮捕由法律另定外,非经司法或警察机关依法定程序,不得逮捕拘禁。非由法院依法定程序,不得审问处罚。
④ 这两次司法解释分别为"司法院"第166号解释和第251号解释。第166号解释声明:"违警罚法"所定,由警察官署裁决之拘留、罚役,既系关于人民身体自由之处罚,即属法院职权之范围,自应由法院依法定程序为之……明确要求拘留、罚役由法院依法决定。第251号解释重申了对公民人身自由的处罚应由法院依法定程序作出之原则,并指出"违警罚法"与此相关的规定至1991年7月1日起失效,法律应当在此期限前作出修改。参见夏菲:《论台湾警察法的发展》,载《新疆警官高等专科学校学报》2013年第4期。

机关进行侦查"。①

　　为了进一步有效规范警察职权的行使,台湾地区还在2003年6月25日发布施行了"警察职权行使法"。② 该法不仅直接指明了警察职权的具体内容,还明确要求警察职权的行使必须符合比例原则。"警察职权行使法"中明确规定了:"警察职权系指警察为达成其法定任务,于执行职务时,依法采取查证身份、鉴识身份、搜集资料、通知、管束、驱离、直接强制、物之扣留、保管、变卖、拍卖、销毁、使用、处置、限制使用、进入住宅、建筑物、公共场所、公众得出入场所或其他必要之公权力之具体措施。"(第2条第2款)"警察行使职权,不得逾越所欲达成执行目的之必要限度,且应以对人民权益侵害最少之适当方法为之。警察行使职权已达成其目的,或依当时情形,认为目的无法达成时,应依职权或因义务人、利害关系人之申请终止执行。警察行使职权,不得以引诱、教唆人民犯罪或其他违法之手段为之。"(第3条第1、2、3款)与此同时,"警察职权行使法"还对警察在执法过程中需要实施的身份查证及资料搜集和即时强制措施分别作了具体的规定。对于身份查证及资料搜集方面,"警察职权行使法"就临检、盘查、摄像监控、长期跟踪、使用线人和治安顾虑人口定期查访等措施作了具体规定;对于即时强制方面,"警察职权行使法"就管束使用警铐或戒具、扣留、变卖、进入住宅、驱离或禁止进入、采取其他必要措施等作了具体规定。除此之外,还对警察职权作用相对人获得救济的途径和方式作了明确规定。相对于"社会秩序维护法"的制定主要是为了加强司法权对警察权的控制不同,"警察职权行使法"则是"扩充警察的相当权限"。③

　　同时,"警察职权行使法"还明确规定了警察权力促成其他权力机关职权得以顺利实施的前提和权限。"警察依前项规定,行使职权或采取措

---

① 程小白、曹云清:《台湾警察制度概要及启示——江西警察学院考察团赴台湾考察报告》,载《江西警察学院学报》2013年第6期。

② 该法是以1999年"警政署"委托警察法学专家李震山教授拟定的草案为蓝本制定而成的,李震山教授制定草案时充分吸收了德国警察法的经验。台湾地区警察法的发展和实践与台湾地区学者的努力密不可分。台湾地区学者对警察法的研究通常以任务为起点,由任务递进至完成任务所必需的权力。在法律体系上,有组织法、作用法和救济法之分。警察行使职权,不能仅依据原则性的组织法,还必须有内容明确、程序规范、救济合理的作用法、救济法为依据。这样的理论为建立完整、严密、逻辑合理的警察法体系提供了坚实的基础。参见夏菲:《论台湾警察法的发展》,载《新疆警官高等专科学校学报》2013年第4期。

③ 参见蔡震荣:《警察职权法之评析》,载《警察法学》2003年第2期。

施,以其他机关就该危害无法或不能实时制止或排除者为限"。该项规定即为警察辅助原则的法律化,也为概括授权条款所赋予职权予以了限制。根据台湾地区"强制执行法"的规定,"实施强制执行时,为防止抗拒或遇有其他必要之情形者,得请警察或有关机关协助"。但由于警察权力的暴力特性,并不适合于为推行其他机关的政策而积极地支持,从而影响警察的本质职能的履行。只有当危害达到相当的程度且对其排除具有不可迟延性时,警察才可以根据概括授权规定排除危害,除此之外不得主动介入。台湾地区"行政程序法"第19条也明确规定,其他行政机关请求协助的行为不是其权限范围或依法不得为之时,被请求行政机关可以明确拒绝。"警察辅助原则既尊重了其他机关的法定权限,也尊重警察机关的主要任务所在,即尽可能由其他负有法定义务的机关对危害予以防止,而只有当其他机关无法或不能即时制止或排除时警察才需出动。"[1]

---

[1] 翟金鹏、史全增:《大陆与台湾地区警察武力使用法律规范比较研究》,载《中国人民公安大学学报》(社会科学版)2014年第5期。

第二章
发达国家的警察职权运作

第一节 英国警察职权的历史、理念及其运行

一、英国警察制度的历史发展

公元 8 世纪时，不列颠就建立了太兴制（Tything），即十户人家组成一组，由十户长管理，人人参与维护当地的社会治安秩序。1066 年诺曼人入侵后，建立了"十户联保制"（Frankpledge），要求十户区内的所有户主负责防止本区内犯罪的发生，并抓获罪犯送交法官审判，否则所有户主都要连带抵罪。后来，"十户联保制"被"教区治安官制"所代替。这是一种典型的民众自治警察制度，其机构完全由本地民众组成，采用的手段也完全体现了当地民意或本地风俗习惯。

中世纪时，随着城市的出现和城市人口的不断增加，犯罪问题日趋严重，英王爱德华一世于 1285 年颁布了《温彻斯特法令》，试图通过建立三种制度来防范犯罪和维护秩序：一是巡夜看守制。在城镇设立看守，从日落到日出在每个城墙门口站岗，拘捕陌生人。二是恢复了大喊大叫制度。居民在发现和追捕罪犯时，都必须发出并保持大声呼喊。听到的人必须停止手中的工作，加入追捕，否则被视为支持逃犯而被逮捕。三是武器保有法令。要求每个年龄在 15—60 岁的男性公民必须在家中保有武器，并有专人每半年检查一次，查看武器是否到位。与此同时，还创设了警务官（由百户区的居民推举出两名守法居民作为警务官），带领居民和巡夜看守维护本地区的法律和治安。1361 年国王爱德华三世颁布了《治安法令》，规定英格兰每个郡任命一位爵士和三四名郡内知名人士为治安法官，并让一些熟知法律的人协助他们。治安法官指挥并监督巡夜看守和

警务官的工作。这种制度一直延续到1829年职业警察组织的诞生,在少数地方一直到维多利亚中期才销声匿迹。

最初创立警务官的目的仅仅是为了协助巡夜看守防止违法事件的发生,工作没有报酬。在教区警务官受到治安法官的监督以后,只有富裕和受人尊敬的男子才能担任警务官。后来逐步发展为不太高贵、不太受人尊敬和不太富裕的人也可被推荐担任这个职位,并开始收费。18世纪时,被推荐为警务官的人可以雇用他人来代替其位置,这种制度的有效性完全依赖于被挑选来代替被推荐人的人员的能力和意愿。大多数自愿服务这个岗位的人报酬都很低,没有什么技能、素质和能力。不仅如此,不少警务官还开始利用职务之便谋取不正当利益。"警务官成为腐败、骗取奖赏和挪用费用的代名词。"①由于警务官数量与质量的下降,导致犯罪不仅频繁发生还可轻易逃脱惩罚。这种地方自治传统下的旧式警务已不能适应社会发展需要。而且在18世纪,英国工业革命引起的社会经济的快速发展也给社会秩序与安全带来了新的问题和挑战。迅速而空前发展的大城市秩序混乱,成为犯罪的发源地。犯罪猖獗与社会秩序的混乱,致使国家迫切需要构建新型高效的、能迅速打击犯罪和预防犯罪发生,能保证正常维护社会秩序和安全的近代警察制度。

从18世纪中叶开始后的很长一段时间,英国警察制度的改革者们一直在为建立一支全新的警察队伍而努力。由于英国政治制度的特殊性决定了改革的任务只能由贵族组成的议会担当。虽然那些议员们早就了解到了城市秩序的混乱,但崇尚自由的他们担心强化警察权力会使法国的间谍制度降临在英格兰。因此,对于改革的争论进行了很长时间仍然没有结果,直到城市中产阶级的出现。随着中产阶级势力的不断壮大,他们逐步成为城市的主体。由于社会秩序的混乱对其经济活动及其收益影响更为剧烈,他们对良好社会秩序的要求更为迫切,在中产阶级的推动下改革开始在小范围内进行。

早期对警察制度的改革主要集中在伦敦地区。1740年托尼斯·戴维法官在考文特花园的舰队街建立了一所法院,处理和打击违法行为。1748年亨利·菲尔丁到舰队街当法官。1750年他邀请几位曾做过警察工作的正直公民,建立了伦敦第一家侦查机构——"舰队街侦缉队"。

---

① 〔英〕罗伯特·雷纳:《警察与政治》,易继苍、朱俊瑞译,知识产权出版社2008年版,第19页。

1754 年亨利退休后,其异母兄弟约翰·菲尔丁成为舰队街的首席地方法官。1763 年,约翰组成了一支 10 人骑兵巡逻队,在伦敦郊区附近巡逻。巡逻队在侦查和预防犯罪方面取得了极好的效果。

人们对于安宁社会秩序的需求是警察制度得以产生的根本原因之一。18 世纪的英国,骚乱持续不断发生。1780 年爆发的"戈登骚乱"①致使社会秩序一片混乱,造成百人被杀、无数财产受损。后来因为动用军队才把为期一周的骚乱镇压下去。事后,人们在谴责非军事力量维护社会秩序效果不佳的同时,也注意到政府使用军队进行镇压骚乱的不合理性,这也暴露出缺乏训练有素的专职警察的严重后果和国家设立职业警务人员的紧迫性。1785 年小威廉·皮特出任首相,1792 年皮特进行了地方法官制度的改革,他的议案被批准通过成为法令。依照这个法令,除了原有的舰队街法院之外,又建立了 7 个治安法院,每个法院中允许有 3 名带薪的地方法官,每个法院可配备具有逮捕嫌疑犯等有限权力的警察 6 名。后来,舰队街治安法院的模式被推广到整个伦敦地区。

菲尔丁兄弟之后对改革警察制度做出卓越贡献的是帕特里克·科奎豪恩。② 由于英国工业革命的快速发展,当时的泰晤士河及其码头是世界上最繁忙的码头,但也是犯罪的滋生地。科奎豪恩主张建立一个预防码头犯罪的新警察机构,受到英国政府的支持,并于 1799 年成立了由 90 人组成的泰晤士警察局。在警察局成立的头 8 个月中,因盗窃造成的货物损失就减少了 95%。这使得专职的训练有素的警察在预防犯罪方面

---

① 1778 年英国出台了《天主教解放法令》(Roman Catholic Relief Bill),部分取消了对于天主教徒开设学校、购买和继承土地财产的限制。当议会将之推广到苏格兰时,却引发了动荡。1779 年苏格兰出现了抗罗宗同盟(Protestant Association),反对任何改善苏格兰天主教徒地位的举动,接连在大城市中引发反天主教骚乱。不久,伦敦也出现了类似的抗罗宗联盟。同年 11 月,苏格兰裔的戈登勋爵成为该联盟的主席。1780 年 5 月联盟决定向议会提交联名请愿书,要求取消这一法案。1780 年 6 月 2 日,约有 6 万人汇聚于议院,要求议会取消《天主教解放法令》,随后便出现针对议员的人身攻击行为。伦敦治安法官出面进行干预,逮捕了部分骚乱者并送交至监狱。此后几日,人群不仅攻击、摧毁了位于上层天主教徒聚居区的弥撒屋及邻近民宅,还冲击了治安法官的私宅,并围攻议会。期间,军队曾向骚乱者开火,但未能有效控制局势。6 月 7 日,骚乱到达顶点,破坏开始大规模蔓延。骚乱者试图攻占英格兰银行,此时伦敦各区委员会开始组织起来保卫银行,而伦敦军事协会协同常备军在皇家交易所与骚乱者展开对垒,造成严重死伤。8 日骚乱零星继续发作,不过此时警力干预加强,骚乱至此偃旗息鼓,军队已完全占领了伦敦各大街道。参见吕富渊:《1780 年英国戈登骚乱探微》,载《吕梁学院学报》2013 年第 8 期。

② 1795 年,帕特里克·科奎豪恩出版了《论伦敦警察》一书,指出警察的职能在于侦破犯罪以及建立一个与良好程序和安逸的市民社会有关的内政管理。1800 年,他又出版了《泰晤士河上的贸易和警察》一书,主要讲述一位警察如何成功地预防犯罪的故事。

的显著效果得到社会和政府的认可。1800年英国政府将这项计划作为一种整体公共治安责任制度予以推广。尽管菲尔丁、科奎豪恩实行的警察改革只对所属地区的社会治安产生了积极影响，但全国其他地方的社会治安问题仍然很突出。

二、英国现代警察制度的创立

虽然英国现代警察制度的创立有其必然性，原因也十分复杂，但其最直接的诱因却是1819年8月"彼得卢事件"①的发生。18世纪末19世纪初，英国政治、宗教、劳资矛盾尖锐，社会骚乱此起彼伏，犯罪活动日益严重。所有这些使得人们想到通过建立"职业警察"来控制暴乱和维护秩序的方法，其中就包括首相惠灵顿公爵要求内阁尽快建立有组织的警察部队，然而因担心英国人的自由因此受到影响又被搁置下来。②

1822年内政大臣罗伯特·皮尔开始进行初步探索，创建了一支由27人组成的日间巡逻队，主要预防白天伦敦市的道路抢劫。皮尔还打算建立一支新型的文职警察部队，并任命了一个委员会考虑警察改革问题，但该委员会的工作没有取得预期的结果。1828年，皮尔又任命了一个专门委员会，负责调查伦敦市区犯罪率居高不下的问题，并研究建立新型的警察队伍。该委员会在当年7月向国会提交了一份应当对英国旧式警察制度进行彻底改革的报告。这份报告很快得到国会议员们的普遍认可。以这份报告为基础形成的法案——《大都市警察法》，也在1829年6月获得议会的全票通过。当年9月，罗伯特·皮尔根据《大都市警察法》建立了

---

① 这是1819年8月16日在英国曼彻斯特圣彼得广场上发生的一起流血惨案。由于镇压这次集会的军队有的曾参加过滑铁卢战役，群众乃讥称这次流血惨案为"彼得卢屠杀"。1815年对法战争结束后，英国国内经济凋敝，导致人民强烈不满。激进派鼓吹民主改革，8月16日在圣彼得广场举行8万人大会，要求改革选举制度，废除谷物法和取消禁止工人结社法。大会组织者邀请英国激进的政治改革家H.亨特讲话。曼彻斯特市政长官命令军警逮捕亨特，遭到群众反对。事先已聚集在会场上的军警和骑兵立即出动，肆意砍杀和践踏手无寸铁的群众。当场有11人死亡（其中有两名妇女），400余人受伤。彼得卢事件是英国资产阶级政治制度现代化改革过程中的一起重大事件，也是法国大革命后英国激进派与保守派之间矛盾日益加深的结果。参见毛杰：《试论彼得卢屠杀发生的原因》，载《历史教学》2013年第12期。
② 人们反对的原因主要有两个：一个是个人自由的重要性，人们认为新警察部队的建立会对人的权利和自由造成损害，个人的权利和自由在资产阶级的价值观念中是神圣不可侵犯的，而警察的本质在他们看来正是政府用来限制和约束个人的权利和自由的工具。另一个是地方自治的传统，人们担心新警察部队的建立会加强中央政府对地方的干预，从而损害地方政府自治的传统。

大伦敦警察厅。这是英国历史上第一支着装的、享受国家薪俸的正规职业警察部队。

为了确保新警察顺利完成任务,大伦敦警察厅在初建时就发布了一份《警察训令》(Police Instruction)。① 《警察训令》所确定的礼貌、克制、最小武力、公平执法、公众满意以及预防犯罪为本等警察行为准则和警务原则,至今仍为英国乃至西方警界所谨守并奉为座右铭。在新警察部队建立之后短短几个月的时间里,就取得了令人注目的成就。1834年下议院特别调查委员会在一份报告中指出,因抢劫和盗窃而造成的财产损失,从每年90万英镑下降到2万英镑。

1829年英国《大都市警察法》的通过以及紧接其后新招募的伦敦大都市警察开始上街巡逻,在宣告英国现代职业警察诞生的同时,也拉开了世界现代警察的序幕。从19世纪30年代到50年代,政府通过颁布了相应的法律,如1835年的《市镇自治机关法》、1839年的《郡县警察法》和1856年的《郡市警察法》,逐渐把这种新的治安管理制度推广到

---

① 1829年由警察厅长查尔斯·罗恩和理查德·梅尼起草,罗伯特·皮尔审定。这是世界警察史上第一个专项警察法令,《警察训令》作为英国同时也是世界历史上第一部有关警察行为准则和警务活动原则的经典文件,虽然从法律属性上看,它不具有国会立法的性质,也不属于行政法规的范畴,而仅仅是警察机关的一个内部行为准则。但是因其具有的正当性和合理性赢得了社会的广泛认同,并奠定了英国警察预防犯罪、服务性和最少使用武力三个基本特征。《警察训令》规定了立警和警察立法的12项原则。在"建警12项原则"的基础上,罗伯特·皮尔又提出了"9项警务原则",统称"皮尔原则"。皮尔原则的最核心思想——"警察即公众,公众即警察"。这句话体现的也就是"全民皆警"的思想。警察应该把自己作为社区的一部分,通过社区公众共同抵御犯罪,警察逐渐向"让权于民""还权于民"的方向发展。这成为现代警察警政思想的基本指导原则。罗伯特·皮尔的"9项警务原则"是一个完整的警察理论体系,其具体内容为:(1)警察的基本使命是预防犯罪和无序,而不是用军事力量和严厉的法律惩罚来镇压犯罪和骚乱。(2)警察履行其职责的能力,有赖于公众对警察的存在、行为以及获得并保持公众尊重能力的认可。(3)警察必须获得公众心甘情愿的合作,他们必须自愿地遵守法律,才能得到和保持公众的尊重。(4)警察得到公众配合的程度高低,与为实现警察目标所需要使用的武力与强制的多少成反比。(5)警察不靠迎合公众的意见,而是靠展示他们对法律绝对公正的忠诚来寻求和保持公众的喜爱,他们靠乐于不分种族与社会地位地为所有的社会成员提供个人服务与友谊,靠礼貌和友谊的良好脾气,靠乐于牺牲个人以捍卫和保护生命来获得公众的喜欢。(6)警察只有在说服、建议和警告都不足以实现警察的目标的情况下才能使用需要程度的武力以确保法律得到遵守和秩序得到恢复。并且,警察应该在任何情况下都仅仅使用最低限度的武力以实现警察目的。(7)任何时候警察都应该和公众保持这样一种关系,以实现警察是公众和公众是警察的历史传统。警察仅仅是这样一种公众,他们专职就社区的福利向每个市民负责并由此获得报酬。(8)警察应该一直为实现其功能而行动,而绝不用为个人和国家报仇或武断地审判犯罪和惩罚罪犯的方式篡夺审判权。(9)警察效率的判断标准是没有犯罪和骚乱,而不是警察为对付他们而采取的行动的那些看得见的证据。参见〔英〕罗伯特·雷纳:《警察与政治》,易继苍、朱俊瑞译,知识产权出版社2008年版,第22页。

全国各地区。到 19 世纪中叶,英国总共建立了 180 支独立的地方警察队伍,中央和地方政府也在提供警察服务上形成了良好的默契和行之有效的制度。

当然,英国现代警察制度的形成并非是一蹴而就的,1829 年《大都市警察法》的通过也仅仅代表着英国现代警察制度在形式上和法律上的确立。社会普遍接受现代警察和现代警察功能的充分实现还依赖于警察的现实活动表现。英国新警察产生后真正得到社会认可还在于其在英国宪章运动和大英博览会事件中的积极表现。"当其他欧洲国家被 1848 年革命风暴席卷之时,伦敦发生的宪章运动相对而言却鲜有骚乱和暴动发生。当 1851 年成千上万的参观者涌进伦敦市观看大英博览会的时候,在新警察监控下的伦敦没有发生骚乱和恶性犯罪事件,伦敦新警察有效地阻止了犯罪,以至于全市只有 8 起扒窃和 10 起盗抢案件发生,而且所有被盗财产都得以物归原主。"①

从事实来看,1829 年英国内政大臣罗伯特·比尔在伦敦创建的大都市警察并非是世界的甚至欧洲的第一个职业的专门以应对犯罪和维护秩序为目标的警察队伍。在中国,建立于 907 年的辽代就曾在京师设立"警巡院","掌夺理狱讼、警察别部、总判院事",不仅职能统一于专门的机构,而且有专门的制服,工作也是全日制的。后来的金、元两个朝代也曾沿袭了辽代的警察管理和运作方式。② 法国路易十四也曾于 1667 年下令建立警察代替军队来维护社会治安和巩固其王权统治。资产阶级革命发生后,取得政权的资产阶级中央政府创立了警务部,在巴黎等大城市设立了警察中心局。在法国国家警察发展的同时,其军事警察(宪兵队)也在同步发展壮大,逐步发展成为其警察系统中的重要力量。然而,"法国警察因其浓烈的军事和政治色彩而不被认为是现代警察制度的起源。英国警察则因其警察成员的平民身份、警察行为对法律负责等更符合现代民主国家法治理念的特征而被视为现代职业警察的发轫。"③

三、英国警察的组织管理及其职责分工

正是由于最早实行了地方自治性的警察管理和运行方式,英国成为

---

① 李甜甜:《中英现代警察制度创建过程之比较》,载《中国人民公安大学学报》(社会科学版)2013 年第 3 期。
② 参见王大伟:《外国警察科学》,中国人民公安大学出版社 2012 年版,第 291 页。
③ 夏菲:《论英国警察权的变迁》,法律出版社 2011 年版,第 2 页。

分散地方自治型警察体制模式的鼻祖。正是受到英国的影响，美国、加拿大等国现在仍然实行着分散自治的警察体制。然而，英国现在实行的却是地方自治和中央相对集中相结合的警察体制。

英国在52个郡设立了警察局，其中英格兰和威尔士43个，苏格兰8个，北爱尔兰1个。伦敦地区的警务由伦敦警察厅和金融城警察局管理。此外，英国还设有4个特别警察局，分别为大不列颠交通警察、国防部警察、民用核能警察和苏格兰犯罪与毒品管制局。伦敦警察厅的人员在全英格兰和威尔士境内都有管辖权，拥有自己特警队的地区（如国防部及其他地区的地方警察部门）也包含在内。地方警察机构的最高层由警察局长、联席会议、财务机构组成一个相对制约的三角组织体系。内部机构主要为法务部、财务部、人力资源部（文职警察组成）和指挥部、行动部、刑事犯罪调查部及社区部等，最基层的为巡警、社区警察。英国警察分为正规警察、社区警察、文职警察三种，各占1/3左右。正规警察负责行动处置和犯罪调查，具有逮捕权、搜查权、没收财产权、监视权、阻留权及视情况使用警械、武器的权力。负责社区工作的警察，主要职责是负责收集信息、防范安抚、救助服务、现场保护、劝导处置违反环境、烟酒、交通、毒品管理的行为，有一定的当场罚款权。如发生罪案的，通知正式警官到场，不具有真正意义上的执法权。文职警察负责警察内部的信息、文秘、财务、人事、媒体、技术鉴定等事宜。

尽管在1829年英国现代警察制度诞生之初就有人提出，没有全国统一的警察领导机关，警察组织各自独立和分散自治会影响警察效能，应当建立起全国统一指挥和运作的警察组织，但是没有获得成功。这主要是因为抑制警察权力是信奉自由至上的英国议会和公众普遍拥有的一种理念。尽管如此，警察组织数目在客观上不断减少，警察组织由于合并而规模逐渐扩大。面对居高不下犯罪率的严峻治安情况，要求强化警察效能的呼声更加高涨，终于促成了英国警察体制向集中方向转化。1964年制定的《警察法》就是在这方面取得的突破。这部警察法强化了中央对警察的控制和干预，使得内政大臣对地方警察当局的控制加强，同时还强化了警察局长的权力。

虽然警察权力是最主要的国家权力，但在英国属于地方拥有。英国虽然有中央的警察法但没有中央的警察机关。① 英国的警察体制是警察事务属地方事务，但不完全是典型的地方服务，并且要受中央政府的监控，内政大臣对于地方警察政策和活动有广泛的监督权。1994年的《警察与治安法院法》给予内政大臣一系列权力，使其在实际上可以影响警察当局的人事问题。英国的警察力量有向中央集中的趋势，主要是集中到内政部手中。

现在，英国警察的领导制度呈三角形，即由内政部、地方警察当局和警察局长分权领导。这三种权力主体在警察管理的整体活动中所发挥的作用不同，他们之间既是一种合作关系，同时又相互制约，构成了英国警察的基本管理模式。内政大臣有权在征求地方警察当局及警察局长代表的意见之后发布内政大臣令来决定地方警察当局的政策目标，并可指导地方警察当局制定相应的具体目标来落实内政部的政策目标。内政大臣还拥有非常广泛的自由裁量权，可以对各个地方警察当局发出指示，并可以根据具体情况对它们提出不同的要求。

每一警务区内都设有一个警察当局（其性质为社团法人，并非警察组织），地方警察当局的任命权由内政部间接控制，人员由三个部分组成：地方议员、内政部推荐的人员以及本地的治安法官，专门负责接受民众对于警察的投诉和指导、监督、协调本地方的警察事务。地方警察当局的职责主要有：任命警察局长、任命助理局长、对警察局长进行监督、负责地方警务的开支、确定警察的年度目标和拟定年度警察规划等。

警察局长是地方警察队伍的直接领导者，通常由地方警察当局任命，受地方警察当局的监督。② 警察局长为警察当局制定年度目标和年度警察规划提供意见，管理本地的具体警务，并负责具体案件中警察力量的部署。除了有内政部、地方警察当局和警察局长的领导之外，英国的警察还要受议会以及法院的监督。

综上所述，英国现代的警察制度是地方管理为主，中央控制为辅，但中央的控制日渐加强；内政部、地方警察当局、警察局长三者权力互相交

---

① 1962年一个皇家咨询委员会曾经就警察的宪法地位进行过调查研究，报告的结论是建立一支国家一级的警察力量并不会导致极权主义警察国家，因为国家一级的警察力量将会受到法律及议会的控制。但是，警察不应当由中央政府直接控制，而是应当在明确中央政府的职责以及中央的控制的基础上，与地方政府直接联系。这一报告导致了1964年《警察法》的出台。参见张越：《英国行政法》，中国政法大学出版社2004年版。转引自金薇：《英国现代警察制度——读张越著〈英国行政法〉》，载《法制与社会》2007年第7期。

② 大都会警察局的最高长官是大都会警察专员，由英王根据内政大臣的建议而任命；伦敦城警察局的首长则是由作为伦敦城警察当局的公共委员会任命，并由内政大臣认可的。

织,共同管理警察事务;议会和法院监督限制警察权的滥用。

其中,地方自治是英国现代警察制度的最基本特征。① 英国警察首要的一个特点是:除了伦敦以外(伦敦都市警察建立于1829年,当时归英国内政部管辖,这种体系一直延续到今天),其他地方的警察都不直接受制于中央政府,而是由地方政权负责组织和管理。中央政府通过提供财政上的支持,包括诸如工资、服装、津贴以及其他办公必需的条件,实现警察工作在全国的统一。但是中央政府无权直接对地方警察发号施令,各地方的首席警官在很大程度上享有独立于任何政党的权力。

首席警官及警察在工作中只对法律负责。英国的首席警官在法律上具有相当大的独立性,法律授予首席警官以特殊的权力,他有权命令和指挥他的部队,但是却没有人有权力命令和指挥他。在警察日常行为活动和做出法律决定的过程中,警察既独立于中央政府,同时也独立于地方警察委员会。换言之,警察既不受命于中央政府,也不受命于地方警察委员会,警察的公共社会地位体现在:他只负责维护社会安宁,无须屈从于警察以外的任何一项行政权力。警察所接受的最高命令来源于首席警官,除了法律规定的中央和地方政府分享的各项警察权力以外的所有权力,例如是否决定拘留或起诉某人等,完全由警方自行决定。当然首席警官在执法中的错误决定也由其承担责任。

四、英国警察权力的设置与运作

1984年制定的《警察与刑事证据法》,第一次对警察的执法权限及其行使条件和程序作了系统、全面而又明晰的规定。《警察与刑事证据法》不仅是英国警察执法的主要依据,也改变了英国警察按习惯办事的传统,

---

① 英国警察的地方化在很大程度上限制了中央政府对于地方事物的干涉,是一种政治民主的表现,但是这种体制也不是完美的,它的缺点在于使警察的管理权分散在无数的小城镇当局,不利于提高工作效率,同时也容易滋生地方保护主义。英国人意识到了地方警察制度的这些不利因素,进行了较大的改革,解决的方案就是把各个小的市镇警察并入"国家警力",这一过程在1964年基本上完成。根据1964年《警察法》,鉴于伦敦以外的以乡村和城镇为基础的警察,由于本身太小,无法维持有效的警务活动,所以规定了一种受制于内政部的自愿与义务相结合的体制,由此形成了一些大的综合性的警察部队,取代了原来的小的市镇警察。到1972年,《地方政府法》出台,根据该法,警察又被并入各地方政权之中,使得地方政权组织得以扩大。目前英格兰和威尔士的警察机构由1961年的123个减少为43个,苏格兰则更是只保留了8个警察局。但是英国人仍然十分强调警察的地方独立性,绝不承认在英国存在一个统一的中央集权的警察部门。参见李温:《英国现代警察制度的产生、发展及其现行体制》,载《北京人民警察学院学报》2006年第2期。

克服了警察自由裁量权过大的问题。其后出台的《犯罪起诉法》《警察和治安法庭法》《刑事上诉法》《刑事诉讼和侦查法》《反恐怖法》等，进一步明确和规范了警察行使执法职权的程序和要求。

在英国的传统中，对于权力有一种警惕性很高的看法和态度。英国人崇尚自由和平等，在普通法的观念中，任何人都不能拥有超出他人的特殊权利，警察也不例外。警察之所以可以在特定情况下动用武力以剥夺或限制他人的权力，并非只是出于法律的授权，其根本在于民众的同意或支持，即所谓"公众同意而治"（Policing by Consent）。对于警察权力的这种态度是英国警察不同于欧洲大陆警察的一个重要表现。"在英国，无论从法律规定看还是从传统习惯看，警察与任何一个普通的公民组织都是一样的，他们没有任何特权。……事实上，警察的权力并不比一个普通市民更多。"[①]正是基于这种理念，无论是在1829年《大都市警察法》，还是在1856年《郡市警察法》，以至于1964年制定的《警察法》中，都没有关于警察权力的明确规定。长期以来，法律对于英国警察的权力基本上没有超出对于普通公民权利的规定。虽然法律规定警察享有实施逮捕的权力，但其在根本上却是来源于普通法赋予每一个公民的逮捕权，警察对罪犯提出起诉权则来源于普通法的私人起诉权。英国警察对犯罪行为的侦查和起诉活动均以警察个人的名义进行，而犯罪嫌疑人接受警察的讯问以及其他调查活动则是出于"自愿的原则"。警察在这样做的时候并没有依据任何作为警察的特殊权力，因此，他实际上仍然是在行使作为一个公民的个人权利。

然而，毕竟警察侦查犯罪活动及其缉捕罪犯有其特殊的性质，警察在发现和抓获罪犯的过程中也常常不得不动用一些特殊的方法和手段，如盘问、检查、搜查、逮捕、拘留和审讯等。这些专门的方法和手段不是普通公民随意可以实施的。为了满足对付犯罪的实际需要，同时也为了弥补普通法在警察权力方面规定的空缺，一些成文法开始赋予警察可以在特定场合实施普通法之外的一些权力。然而对此作出规定的法律只是散见于不同的法律制度中。这种权力规定的零星分散状态，不仅给警察的执法活动带来不便，使警察经常处于权力不明确的法律真空状态，同时也不利于保护当事人的利益。由于各地警察在执法水平和执法观念上的差

---

① 转引自叶秋华、李温：《论1984年英国〈警察与刑事证据法〉的立法背景及其法律价值》，载《河南省政法管理干部学院学报》2008年第6期。

异,常常会出现执法标准的不统一,使当事人的权益不能得到正常维护,其结果是来自两个方面的抱怨:"一方面,投诉警察的案件越来越多,公众们认为警察践踏了他们的权利;另一方面,警察认为他们维护法律与秩序的工作受到严重束缚,就如同被一只手卡住了脖子。"①

在这样的背景下,1984年英国制定了历史上第一部关于警察权力的成文法——《警察与刑事证据法》。这部法律不仅是现代英国警察权力的奠基之作,也是一部关于警察权力的"大宪章"。不仅为英国警察权力配置提供了基本的法律框架,同时也开启了刑事司法改革的闸门。② 在此之前,英国关于警察权力的法律规定主要体现在普通法的判例之中,后来随着一些成文法的制定,也有一些零星的法律规范规定了警察的权力。

这种根源于英国传统意识形态中的自由和民主思想自动生成的警察权力和自愿服从警察的义务,虽然在资本主义发展初期具有明显的反封建意义,但是随着现代社会中犯罪活动的日趋复杂化,原有的这种观念和做法越来越不能适应社会现实的需要。一方面是因为在打击有组织犯罪、恐怖主义犯罪和毒品犯罪等新型犯罪活动的过程中,警察需要拥有更多的强制力;而另一方面也是因为原有法律中关于警察权力的规定不仅在形式上零星分散,在内容上模糊不清,导致的直接后果就是,要么是警察被不明确的权力所困扰无法有力打击犯罪分子,要么是警察以规定不明为由而将法律玩弄于股掌之中,既不能很好地起到打击防范犯罪的作用,也没有很好地发挥保护自由的目的。"虽然警察表面上是在执行'自愿地'接受讯问的原则,但是犯罪嫌疑人实际上根本没有离开的自由,甚至在被捕后也没有关于羁押的官方的时间限制……制度公正的实现几乎

---

① 〔英〕菲利浦·约翰·斯特德:《英国警察》,何家鸿、刘刚译,群众出版社1990年版,第153页。
② 1984年《警察与刑事证据法》在形式上十分独特,它采用了动态的立法形式,由一部原法(即1984年《警察与刑事证据法》)和若干实施细则(Codes of Practice)共同组成一个动态的法律体系。其中,《警察与刑事证据法》的性质为国会立法,实施细则的性质为行政规章,由内政部根据原法的授权而制定。之所以采取这样的立法方式,主要是考虑到实施细则的修改程序比国会立法简单,以实施细则的方式来指导原法的执行,能够比较灵活地适应实践中的各种变化。到目前为止,英国内政部一共制定了7个关于《警察与刑事证据法》的实施细则,分别称为实施细则A-H(Codes of Practice A-H)。自该法实施以后,英国便没有停止过刑事司法改革的步伐,先后颁布了《刑事司法与公共秩序法》(1994年)、《刑事司法法》(2003年)、《严重有组织犯罪和警察法》(2005年)以及《反恐怖法》(2006年)等重要法律。参见叶秋华、李温:《论1984年英国〈警察与刑事证据法〉的立法背景及其法律价值》,载《河南省政法管理干部学院学报》2008年第6期;李温:《权力和权利之间的妥协——1984年英国〈警察与刑事证据法〉基本内容评析》,载《北京人民警察学院学报》2008年第3期。

完全依靠警察们自觉地遵守这些法律的精神。"①

1984年《警察与刑事证据法》的最大贡献就是将原本分散的、零星的、不确定的法律规定变得相对集中、统一和明确,为警察权力建立了一个基本的法律框架,结束了以往普通法、国会立法以及地方附属性立法并用的混乱局面。这种变化为警察正确行使权力奠定了法律基础,对于从整体上提高英国警察的执法水平具有重要意义。

虽然在英国警察权主要是指警察在刑事侦查中所具有的权力,然而在实践中,警察的职能除了犯罪侦查外,还要维护日常的社会治安秩序。依据"警察对法律负责"的原则,警察在进行治安秩序维护时,遇到违法行为可以依据刑事法律对行为人采取措施。但在具体的执法活动中,情况极为复杂。警察对治安事件的处理,采用什么处置方法、是否使用武器、如何使用武器以及是否逮捕治安事件的参与者等,在很大程度上由警察自由裁量决定,特别是在群体性治安事件的处置中更是如此。"如果说,警察行使侦查权是警察权力与个体的犯罪行为人权利的冲突,那么,警察对群体性事件的处置则是警察权力与一个群体的权利的碰撞,一旦权力使用不当,不仅会直接损害相对人的权利,还会引发更大范围的社会无序状态的出现。因此,警察在处理治安事件方面的权力是警察权的一个重要组成部分。"②

英国警察制度发展的走向与特征,在很大程度上受到英国社会治安事件发展状况的影响。正是18世纪至19世纪初英国社会四处爆发的骚乱催生了英国现代职业警察。因为传统的、非职业的地方治安力量难以应对大规模的骚乱,动用军队往往造成伤亡而激化社会矛盾,职业警察成为更适宜而有效的替代者。现代职业警察建立后,治安事件的发生仍然接连不断,并在不同时期表现出不同的特点,警务也相应予以调整,以期达到最好的效果。因此,警察处置治安事件依据的法律、处置策略和方法等不断改变。英国警察对治安事件的处置随着社会的变化和警察组织本身的发展而发生转变,大致可以分为三个阶段:简单粗暴对抗阶段、"推挤"控制阶段和装备齐全的专业应对阶段。③

---

① 〔英〕麦高伟、杰弗里·威尔逊:《英国刑事司法程序》,姚永吉译,何家弘校,法律出版社2003年版,第83页。
② 夏菲:《论英国警察权的变迁》,法律出版社2011年版,第106页。
③ 同上书,第129—130页。

职业警察建立初期，面对治安事件，并没有明确的处置策略，只是一种本能的以暴制暴的反应，即用警棍打击和逮捕来控制、驱散人群。加上经常和军队一起行动，暴乱冲突和混乱的局面不可避免。而且因为当时的立法还不完善，警察在执法中大量使用自由裁量权。到了20世纪20年代至70年代，警察采取的处置措施变得相对平和。在处理工业纠纷时，警察主要是采取楔形队形和"推挤"这种人墙战术将人群控制在特定区域。在处置集会游行示威活动时，警察对参与者的态度在总体上也比较宽容。之所以会发生这种变化主要是因为，随着法治化程度的加深、公民自由民主观念的理性化和媒体力量的深入介入(媒体对事件的公开报道使得所有参与者的一举一动都处在公众的注视下)，无论是工业纠纷组织者还是警察都具有避免暴力发生的政治需求。因为他们都意识到了，暴力只能使他们自己失去社会公众的支持。另外，英国对警察的中央化控制日益加强，在一定程度上也减少了警察使用暴力的行为。20世纪80年代以后，警察处置治安事件的专业化特色更加突出鲜明：武器装备日益先进、完备，注重信息的收集与利用，强化了对治安事件处置专业化的培训学习，还出现了处置治安事件的专门力量，等等。与此同时，保守党执政后，特别强调法律与秩序，给予警察以很大的支持，法律也将原先模糊不清的警察权力予以明确。在法律、政党和装备为警察提供坚强后盾的前提下，警察对治安事件的处置也出现了较为明显的军事化色彩，突出了在事件处置中的武器和现代警用装备的使用(当然这种使用是在严格的法律程序控制下进行的)。警察不再是被动地以一种"表面输，实则赢"的方式处置治安事件，而是以一套标准化的处置模式力图积极控制局面做到"双赢"。尽管如此，处置治安事件的权力，仍然是警察权力体系中法律规定最原则、警察执行时自由裁量空间最大的一种权力。

第二节　美国警察系统的构成及其职权行使

美国是在原英属13个殖民地的基础上建立发展起来的，美国的法律制度也是在英格兰法律传统的基础上加以改进，使之适应美国的政治、社会和文化环境后逐步建立起来的。英格兰法律传统促使美国警察制度形成三个显著特征：一是限制警察机关权力；二是地方控制执法机构；三是执法机构的高度分权化。① 在美国,警察的权力和职责受到法律的严格规范。他们在坚守原英国强调自由的传统的前提下,很好地做到了与社会控制的兼顾。美国强调警察执法的地方管理,在全国有不少于两万个警察执法机构,致使警察权力极其分散。美国的警察职权由这些互不隶属的警察机构独立行使。

一、美国警察制度的形成与发展过程

由于美国的建国历史较短,美国警察制度形成至今也仅有一个半世纪的历史,但却经历了数次较大的变革。1776 年 7 月 4 日大陆会议发表《独立宣言》后,标志美国正式建国。在美国独立前,北美殖民地社会治安秩序的维持主要是按照其宗主国——英国的更夫(Watchman)和治安官(Constables)形式实现的。独立后,美国警察管理模式、警察权力的设置及其运行受多种因素的影响,表现出分散性和地方性的特征。在独立初期,维护社会秩序的工作主要是各地区自己的事务,其形式、组成人员、工作方式都是因地而异的,东部原属殖民地各州保留原有的治安维持模式,而西部的治安管理则主要是依靠私人的力量。②

到了 19 世纪,随着工业化和移民潮的发展,美国的城市迅速膨胀。由于城市的混乱加之管理的不到位更加剧了社会治安问题,有效应对治安问题的社会需要促成了美国现代警察制度的产生。1838 年,波士顿政府组建了美国第一支职业警察队伍。1845 年纽约警察局成立。1854 年费城警察局成立。到 19 世纪末,大部分城市组建了自己的专业警察队伍,由此开启了美国近现代警察的四个主要发展阶段:政治阶段(政治导向的社会服务)、执法时代(打击犯罪的专业化)、改革时代(专业打击犯罪模式的失败)和社区警务时代(服务和执法齐头并进)。③

---

① 参见王小海:《西方警察的角色与社区警务战略》,群众出版社 2014 年版,第 15 页。
② 参见夏菲:《论美国警政的发展与特点》,载《贵州警官职业学院学报——公安法治研究》2005 年第 2 期。
③ 参见王小海:《西方警察的角色与社区警务战略》,群众出版社 2014 年版,第 15—20 页。关于美国警务时代的划分,人们的观点并不一致。有人认为,1900 年之前为政治时代,1900—1970 年为专业时代或改革/科学管理时代,20 世纪晚期至今为社区警务时代。也有人认为,从 1840 年至 20 世纪早期为政治时代,从 20 世纪早期至 20 世纪 70 年代为改革时代,从 20 世纪 70 年代晚期或 80 年代早期到现在为社区问题解决时代。还有人将美国警务划分为早期时代(1607—1840 年)、政治时代(1840—1920 年)、改革时代(1920—1980 年)和社区警务时代(1980 至今)。参见曾忠恕:《美国警务热点研究》,中国人民公安大学出版社 2005 年版,第 2—9 页。

美国20世纪的前二三十年被认为是警察的"政治时代"。政治时代的美国警察部门属于一种为了帮助政客赢得选举而满足市民的各种要求和利益诉求为主要目标的社会服务机构。负责警务工作的政客深知为市民提供帮助能为他们拉到更多的选票。因此，在当时，警察服务市民远比控制犯罪重要。在政治时代，政客深深嵌入警察管理和警务运作之中。警察机构的执法权来源于地方领导，并可由其任意剥夺。政客帮助警察局长和一般警察保住工作，而警察机构则帮助政客保住政府职位。这种以"政治交易"为目的的警察权力设置及其运行必然导致腐败的产生和对本质工作的背离。

为了脱离政治干预①和防止警察腐败，美国警务进入了在犯罪控制、犯罪侦破和刑事逮捕中以新技术为支撑的专业警务模式阶段。在美国的禁酒令时期（20世纪20年代）和大萧条时期（20世纪30年代），美国警察的角色从服务提供者和秩序维护者转向执法者。由于日益猖獗的有组织犯罪活动，加之警察的无组织、训练无素和装备简陋等因素使得警察的执法效果不佳。1931年，美国国家守法与执法委员会（National Commission on Law Observance and Enforcement）提出了许多旨在提升警员素质、管理能力、技术水平和有效打击犯罪的对策。与此同时，一些警察管理者也希望通过管理警察勤务和控制自由裁量权来建立一个中立且无关政治的高效警察系统。他们反对将政治视为警务工作合法性的基础，而是试图通过制定警务工作的法律法规、实施科学的调查方法来实现警察打击罪犯的专业化。他们设法建立警务工作的专业打击犯罪模式，以一项新的警察职能（包括犯罪控制和刑事逮捕）取代以往政治导向的社会服务职能。将警察职能从原来的社会服务和维护秩序重新定义为执法和控制犯罪。警察不再致力于迁就广泛的社会服务需求，而是专注于处理犯罪。20世纪后期的美国警察对社会服务活动的参与度开始降低。与政治时代警察被视为地方政府的延伸不同，在这一时代警察则被视为刑事司法系统的组成部分。

20世纪60年代到70年代，美国社会动荡不安，民权运动和反越战活

---

① 这里所谓的警察脱离政治，指的是警察要成为一支执法专业力量，以执法为警察的基本职能，法律是警察行动的准绳，而不能因某一政党和官员的政治要求而改变警察的执法初衷。也就是说，通过警察脱离政治，使警察实现专业化，成为专门的执法机构，摆脱地方政策和官员个人的干预。这与马克思主义所谓的警察的政治属性和警察是维护阶级统治的工具等理论不是一回事。

动频繁发生,犯罪率上升,冲突、暴力和公众骚乱达到高潮。同时,随着美国法治化程度和对人权保障制度的不断深入,开始在司法活动中采用非法证据排除规则,要求警察按照更加严格的程序来执法。一些社会科学家通过实证研究得出结论,警察因过于强调打击犯罪和执法的职能而脱离了民众。虽然在这一时期警察专注于研制提高效率的警务策略,所使用的主要战略是预防性的巡逻和快速反应,在应付公众报警求助的过程中,严重依赖无线通讯、911报警系统、计算机辅助调度等新技术以及机械化巡逻等手段,但是警察承诺的快速灵活反应的优越性在处理犯罪方面的效果并不明显,专业打击犯罪模式的缺陷暴露了出来。

为了克服对技术和装备的过分依赖导致警察日益脱离其所服务市民的弊端,20世纪80年代,美国警务开始朝着社区警务的方向发展。进入社区警务时代后,警察的任务不仅包括执法,而且包括维持秩序、协调冲突、解决问题和提供服务。这时的警察模式是警察与社区形成合作关系,结成伙伴共同处理犯罪和其他影响社区生活质量的问题。在警务活动中,特别注重步行巡逻、定期巡逻、专门巡逻、信息收集、问题解决、被害人咨询和服务、社区咨询、教育、对紧急求助的快速反应等。

二、美国警察系统的构成及其基本职责

与美国崇尚联邦主义和地方自治的信仰一致,美国的警察制度也是适应地方的需要和要求发展起来的。美国实行自治管理模式,警察机构极为庞杂,联邦与地方警察机构之间各自为政,不相隶属,没有垂直的上下级关系。许多政府机构和地方部门设有自己的专门警察机构。各州警察建制不尽相同,大到有几万人,小到只有几个人,警种配置由各州自行决定。除联邦、州、市、县政府部门的警察之外,还有私人警察机构、行业警察和军事警察,每一类又包括数种职权不同、功能各异的警察机构。全国范围内的警察着装不统一,警察标志不统一,警察执法也不统一。

联邦警察是美国国家警察,直接受联邦政府领导;州警察,由州政府领导,向州长负责;城市警察和县警察被称之为地方警察,受各级市、县政府领导。联邦警察与州警察之间虽然没有领导与被领导的关系,但是有业务上的合作与指导关系。

(一)联邦警察

联邦警察是指美国联邦政府所辖的各个执法部门中的警察,主要分

散于联邦政府的 3 个部所属的 8 个单位中。其中,司法部下属 3 个警察机构,分别是联邦调查局、缉毒局和移民规划局。联邦调查局是最大的也是最重要的联邦警察机构。财政部的海关总署是美国第二大联邦警察机构,下辖 3 个警察机构:特工局、烟酒火器管理局和税收总局。邮政管理局下属的邮检处也是一个联邦警察机构。这些分属不同部门的联邦警察机构的最高协调单位是美国司法部。这些警察机构的规模不大,其雇员人数占美国警察总数的 10% 左右,主要职能是执行各项联邦法律,打击全国性的重大违法犯罪活动,还要与国际警察组织联系合作,打击跨国犯罪活动等。

美国联邦警察局成立于 1908 年,现有工作人员约 2 万人,便衣警察 8 000 人,在全国有 59 个地方分局,每个分局又下设若干个工作站,主要负责调查违反联邦法律的一切活动和全国范围内严重案件的侦破工作。

(二) 州警察

美国由 50 个州组成,每个州都有自己的警察。州警察机构属于一种自治体的警察,只对各自的州长负责。州警察的具体职能由各州法律具体规定。州警察的行动范围很小,主要在县、市警察不管的地区执行任务,负责州界公路上的巡逻和处理交通事故,侦查侵犯州财产的犯罪案件,在乡村地区进行预防犯罪的巡逻。

(三) 城市警察

城市警察是美国警察机构中最庞大和最重要的部分,其人数占美国警察总人数的 3/4。城市警察的工作要比县警察复杂繁重,执法的范围宽,服务的范围大。巡警是他们的主要队伍,每天 24 小时进行巡逻。城市警察除了要巡逻执勤、侦查破案外,还要对酗酒、吸毒、家庭纠纷等进行处理。美国城市警察局下设若干个区警察分局,分局局长由市局局长任命。

(四) 县警察

县警察是根据美国各州法律设立的,在美国警察机构中所占的数量最多,但规模却最小。县级警察机构有上万个,多数分布在乡村地区,每个机构的警员大多不超过 10 人。在大多数县里,县警察局长由选举产生,相比较而言拥有较多的自主权,集多种职能于一身。县警察局的警察在负责警务工作的同时,也是法庭上的一名官员,要像法警那样警卫法庭,还负责地方的监狱工作,有些警察局长兼任典狱长。随着城市的不断发展,县警察和城市警察的职能开始融合,城市警察逐步承担了一些县警察的法律职能。在大多数县里,打击刑事犯罪并不是县警察的主要任务,县警察处理的大多是交通事故、社会骚乱和家庭纠纷等问题。

三、美国警察的职能与权限

"美国警察是政府的——拥有必要时使用暴力的权力的——社会控制机构。""美国警察的三种主要职能——提供服务、执行法律以及维持秩序——反映了警察存在的目的:社会控制。"①因而,美国警察的存在价值是通过提供服务、执行法律和维持秩序三种主要职能实现的。尽管这三种职能通常互相联系,但它们表达着不同的警察职责功能。对警察工作做如此分类的依据是:①没有违法迹象,警察向民众提供援助的情况;②存在违法行为或者可能违法行为的情况。第一类工作是提供服务的职能,第二类工作则是包括执行法律(此时警察依法行事)和维持秩序(此时警察并不以法律作为行动的主要依据)。②

在美国的传统看法中,曾把警察的职能仅仅定位于对付犯罪。但在20世纪70年代以后,由于美国的犯罪率不断上升、警察同民众对立尖锐,人们开始质疑对警察的这一传统定位。美国政府系统中也有人曾指出:仅仅依靠警察是不能有效控制犯罪的,因为犯罪是社会现象,控制犯罪也应是全社会的责任。美国总统委员会在一份报告中指出:"只是依靠警察控制住犯罪是不可能的。犯罪是一种社会现象,控制犯罪是社会的责任。警察只是刑事司法系统的一部分,而刑事司法系统又是政府的一部分,而政府不过是社会的一部分。"③由此,人们对于警察的定位转换为"带枪的社会工作者",而对付犯罪仅仅是其中的一部分内容。

尽管警察是美国社会中的一个多功能机构,但其在美国刑事司法体

---

① 〔美〕罗伯特·兰沃西、劳伦斯·特拉维斯Ⅲ:《什么是警察——美国的经验》,尤小文译,群众出版社2004年版,第13页。

② Wilson, J. Q. (1968) Varieties of police behavior: The management of law and order in eight communities (Cambridge, MA: Harvard University Press). 美国警察基本上不分警种,只有内勤与外勤之分,其工作主要有两项:一是社会巡逻及对巡逻中遇到的有关问题作处理,这些工作由占警察总数70%的巡警来负责;二是刑事案件的侦破,由警察局内的侦探组负责。美国的警察不管户口,消防管理也独立于警察之外,职责范围比我国警察小了许多。相比较而言,中国警察承担了许多政府管理职能。美国警察则更倾向于严格执行法律,更注重为社会提供广泛周到而优质的服务,并发展了比较成熟的社区警务。

③ 宋万年等主编:《外国警察百科全书》,中国人民公安大学出版社2000年版,第328页。

系中的地位常常是理解警察职能的关键。警察执行法律的职能是警察可以在社会上使用暴力的能力基础。之所以要赋予警察使用暴力的权力，其根本原因就是为了使警察控制刑事犯罪。在刑事司法体系中，警察是守门人，负担侦查犯罪和逮捕罪犯的职责。在绝大部分刑事案件中，司法机关处理的是警察查明的案件。没有警察的活动，大部分案件无法进入司法程序。

美国警察提供服务、执行法律和维持秩序的职能常在警察的巡逻过程中体现。巡逻在美国警察警务工作中占到较大比重，不仅从事巡逻工作的警察人数居多，而且占用警务工作的时间也较长。巡逻警察是美国警察的窗口，也是民众眼中美国警察当局的标志。巡警在巡逻执勤过程中，既要防止危害治安的事件发生，还要临时处理案件现场的相关事务，也要管理交通秩序，而且在很多情况下还要帮助群众排忧解难。美国的巡逻警察训练有素、装备齐全、反应灵敏、服务态度热情，而且巡逻将警察对社会治安的管理由静态管理变为动态管理。美国巡逻警察的职责范围十分广泛，警察局的一切事务除必须由专业人员从事外，都由巡逻警察办理。巡逻警察在工作中承担的职责或履行的职权主要是对已经发生或者可能发生的事件进行预防和及时处置。具体来说就是，采取措施制止和预防危害社会治安的企图或事件的发生；对于已发生的事件，防止事态的扩大或恶化，在专业处理事件的警察到达以前，要承担起维护现场、调查访问、初步侦查乃至拘留和逮捕嫌疑犯；在处理事件的专业警察到达后，立即将案件移交给专业警察。

四、美国警察执法权的行使

在美国，除有联邦法律以外，每个州都有自己的法律和相对应的司法机制，警察执法所依据的法律要根据所属的地方或部门来确定。美国警察作为国家或地方法律执行者，其执法权威与自身合法权益受到法律和相关制度的有力保障。警察在执行公务时具有绝对的权威性，不受法律之外的任何干扰。美国社会的法治观念极强，公民具有高度自觉的遵纪守法意识，一般不会去挑战执法者的权威。民众普遍认为即便警察依法做出的结论是错误的，也只能选择接受法律的裁决，并严格依照法律规定的途径寻求救济。

美国警察具有严格依法办事的执法理念。虽然美国警察的执法运作模式呈现出多元化特点，各地、各警种警察执法有较大的区别，但其基本执法理念相同:严格依法办事。美国警察在入警时都要承诺严格遵守宪法、法律和警察机关的工作规范。美国警察机构强调保护好自己是完成任务的先决条件,特别注重警察的自我保护和安全防护,并要求警察在执法过程中既要按要求依法办案,又要讲究方法,不蛮干,不做无谓牺牲,反对无原则的个人英雄主义。

警察执法权的行使具有严格的规范标准和操作规程。为了规范警察的执法行为,美国警察机构都会为每一个执法单位提供标准操作规程。该规程缜密周详,内容科学,具备很强的操作性和实用性。各种警察机构都会依照国家和州的宪法、法律、法定执法规则和各警察局的内部执法细则规定,结合本地实际情况,对接警、出警、处置、立案、调查、侦查和办理案件、调取证据、证据保管、羁押嫌疑人、处理案件、执勤巡逻(含单警装备要求、巡逻交通工具装备要求、巡逻程序)、使用武器(警械)等执法行为制作详细的行为规范和标准化的操作规程。这样的规程确保了警察经常实行的常规操作标准化和任务职责明确化。警察执法过程中只要严格按照执法行为规范和标准化操作规程行使职权,一般情况下无须担心会产生不利的法律后果。详细科学的行为规范和标准化的操作规程运用,极大提高了美国警察执法的效率,也改进了执法效果。

警察权力行使的监督约束机制完善。美国警察执法中受到的法律限制和约束是十分苛刻的。美国的宪法为警察执法确立了程序规则,较好地规范了警察搜查、扣押、讯问等权力的行使。根据美国法律规定,司法部依据《暴力犯罪控制和执法法案》有权对侵犯公民权利的警察机构或警察采取起诉等行政干预措施,及时防止和纠正警察执法过程中违法或错误行为。除上述法律和行政监督外,美国警察执法行为还要受到来自内外部一系列监督,从而确保警察执法行为的廉洁、高效和规范。

第三节 法国警察的组织管理及其职权配置

法国是欧洲最早建立警察制度的国家之一,从有文字记载历史的初期,法国便拥有警察力量。古代罗马警察在法国得以继承,成为日后大陆派警察的主要发祥地。法国警察模式还是大陆警察体制模式最典型的代表,警察权力来自中央政府的授予,其管理为自上而下的中央集中制,是具有强烈武装性质的力量,担当着重要的政治和行政职能。①

一、法国现代警察制度的形成

法国警察具有相当悠久的历史。早在公元 6 世纪,巴黎地区就有一支常备的夜巡队,负责防范外人侵扰和维护社会治安。9 世纪法兰克王国形成之后,从军事官员的职能中逐渐分化出了专门负责警察事务的军官——警务官。11 世纪,警务官发展成为法国的五大军事长官之一,并握有一定的司法裁判权和骑兵统辖权。12 世纪,法国组建了由警务官领导的宪兵部队——骑警队,以维护王室领地内的治安,同时也在全国范围内执行军法任务。14 世纪,警务官的权力逐渐扩大,乃至到后来控制了法兰西军队的指挥权。后来由于失去国王的信任,警务官的权力被逐渐削减,到 17 世纪警务官的职务被取消。②

在法国,警察制度的产生和发展,固然取决于国内政局和治安状况的变化,更与统治集团加强中央集权和社会控制的愿望与能力息息相关。③在 16 世纪,伴随着法国中央集权体制制度的出现,法国近代警察制度也开始产生并逐步发展。这时不仅警察的职业化特色开始显现,而且在城市地区扩大了作为警察力量主体的治安监察员和执达吏的队伍,使得城市的治安完全处于王权的控制之下。在地域广阔的农村,骑警(法国宪兵制度的前身)制度初步形成。事实上,从 15 世纪末期开始,根据国王或领主的授权,骑警经常参与维持地方社会治安。由于其职能与城市中的治安官类似,而管辖的地界范围又相对较大,他们也往往被称为"省治安官",并逐渐成为惯例。④ 后来,随着对骑警授予警察权力的增加和骑警参与维持治安活动数量的增多,骑警逐步从军队中脱离出来成为相对独立的社会治安力量。

法国在发展军事警察的同时,普通警察队伍也逐渐发展起来。14 世纪,国王任命警察督监率领一支警察队伍来维护巴黎地区的社会治安。17 世纪,随着警察事务范围和警察机构的扩展,警察督监也升格为警察

---

① 参见唐松波等编译:《世界警察大全》,警官教育出版社 1992 年版,第 247 页。
② 1523 年,警务官查尔士·德·波旁谋反,自此后,国王警务官失去国王的信任,并使其权力逐渐减小。
③ 参见黄广凌:《16—18 世纪法国近代警察制度的形成和发展刍议》,载《湖北警官学院学报》2011 年第 4 期。
④ 同上注。

总监。17世纪,法国早期资本主义工商业的发展使得传统的地方贵族的地位受到挑战,王室强化中央集权的努力又对其权力进行了挤压,法国的中央王权和地方封建割据势力之间的矛盾变得突出,社会民众和政府统治之间的冲突也明显增多。与此同时,王国的战争也增加了社会民众的赋税,社会最底层的起义和暴乱此起彼伏。路易十四当政后,为了给其建立起绝对主义的君主政体创造稳定的秩序,便委托专门人员成立委员会改革警察制度。在组织方面,设立警务专员负责向国王报告国内的政治局势和治安状况,并直接领导巴黎的治安监察员;设立司法专员主持相关的司法审判工作,走出了警务与司法相分离的决定性一步。

1699年国王路易十四下令组建了全国性的警察队伍,警察总监不仅要负责巴黎的警察事务,还要领导各省的警察督监开展工作。此后,一些较大的城市开始建立起警察机构并任命了警察局长,由保安警察队协助执行任务。① 至此,法国警察开始成为一个独立的国家机器,不仅使中央政府对警察权力的掌控得到强化,还使警察犯罪预防的职能得以加强。

1789年爆发的大革命使得法国原有的警察机构和系统陷入瘫痪状态,巴黎警察局也被解散,由一支政治性的警察队代替。从那以后尽管进行了种种的实验和改革,但是都没有取得明显的成就。当拿破仑执掌政权后,不仅重建了法国的警察机构,还扩大了警察的规模。拿破仑扩充了法国的宪兵部队,赋予其既要参与对外作战又要在乡村地区或小城镇维护社会治安的职能,并使其成为帝国主要的政权支柱。与此同时,拿破仑还进一步完善了整个国家的警察系统,在中央设立警务工作机构——警务部(后被撤销,国家警察事务改由内政部领导);在地方由各省的省长或副省长兼任警察督监,由各市的市长兼任警察局长。由于巴黎市警察局地位的特殊性决定了其直接接受内政部的领导。

1884年的《法国城市法》在一定意义上推动了法国地方警察制度的发展和改革。自此,警察局长由专人担任。虽然地方行政长官不再兼任警察局长,但仍然享有组建和领导警察机构的职权。这种地方警察局长由市长任命的情况在事实上造成地方警察事务具有三层领导关系:在执行地方警察事务的总体问题上,警察局长受内政部长的领导;在执行犯罪侦查等司法警察职能时,受检察官或预审法官的领导;在执行维护社会治

---

① 这种体制在以后的资产阶级革命年代、执政期间、帝国时期以及复辟时期,都没有多少变化,成为今日法国国家警察的基础。

安、环境卫生和地方风俗等职能时,受地方行政当局的领导。①

在行使司法职权方面,法国的中央警察机构以内政部保安局为主,主要负责一些重大案件的调查,由于职权划分不明常与巴黎司法警察署方面发生冲突。1913年警察体制改革之后,内政部保安局与巴黎司法警察署的职权得到明确划分:巴黎司法警察署负责巴黎地区的犯罪侦查,保安局负责其他地区的犯罪侦查,具体包括协调地方警察机构的侦查工作和直接开展重大案件的侦查。到1966年内政部保安局和巴黎市警察局二者合并为国家警察局。

二、法国警察体系的构成及其组织管理

从拿破仑时代开始起,法国就是中央集权制的政权体制,这也决定了法国警察管理模式的独特性。法国警察体系的组织管理方式,被称为大陆警察体制模式,与英美警察体制很不相同。警察权高度集中在国家,警察权的行使和警员的配置完全由中央政府决定。② 法国警察中央集中制体制模式正好同中央集权制国家政权体制模式一致,这同美国分散为数万个警察单位,这些单位受制于地方立法机关和行政力量,各自独立,互不隶属,各自分治,各自为政,存在明显的区别。法国警察由国家警察、市政警察和国家宪兵组成,它们分别承担着不同的职能,也具有不同的管理和运作形式。

(一) 国家警察的职责权限

法国内政部是统一领导法国警察的最高司令部,内政部长全面负责国家的治安管理,法律明确授予内政部长在全国范围内拥有指挥警察力量和宪兵力量进行治安管理的权力。内政部下属的国家警察总局是法国警察全国统一的中央警察机关,统一管理全国的国家警察力量。国家警察局长受内政部长领导,并对其负责。国家警察总局可以直接对各级和各地警察机关作出决定或采取措施,他们也必须服从。虽然由于历史原因,在法国出现过由内政部领导国家警察和由国防部领导国家宪兵的状

---

① 参见何家弘:《法国的犯罪侦查制度》,载《中国人民公安大学学报》1995年第4期。
② 尽管法国警察实行这种高度集中管理的模式,但也在某些程度上向地方政府做出了一些让步。近年来虽然也产生了一些地方警察力量,但人数不多,权力极小,只限于维护地方卫生、治安之类的事务。尽管如此,仍然不能完全得到国家和社会的普遍认可,一直没有获得法律上的承认。

况,而且它们都分别管理着各自范围内的治安工作,但是所有涉及治安管理工作的条例、规章等却只由内政部负责起草和制定。国防部仅仅是领导国家宪兵发挥执行作用。这也充分体现了内政部在领导全国治安工作方面的主导作用,而且,宪兵的某些部队,例如共和国卫队、消防部队,还在内政部直接统辖之下。

具体来说,由内政部统辖的法国国家警察在保卫国家安全和维护社会治安秩序方面履行下列职责:确保国家领土的整体存在;起草、制定保证公民的公共自由(包括集体的和个人的)得到实现的条例,特别是通过选举和对团体的管理,使它们得到遵守;在中央向地方下放的权力的领域内注意使省政府、专区政府等地方行政机构的管辖权和地方自由得到尊重;保证共和制度的完整和人身及财产的安全;保护居民防御各种性质的危险和灾害及可能发生的冲突所带来的后果。由此可以看出,法国内务部的职权范围十分广泛:不仅要统辖国家警察,还要维护国家安全、对付外国势力的渗透和间谍活动的工作;不仅要管理全国警察法律的执行、实施,还要起草、制定有关公共自由、内容广泛的条例;不仅管理有关公民政治权利、政治活动的问题,而且也管理社会团体的有关问题(创立、权力范围、使用、协调等);不仅负责对地方行政机构日常工作的管理,而且负责国家的各种选举事宜;不仅负责使居民避免受到来自社会或自然的各种危害的工作,如预防、扑灭火灾、对自然灾害的预防、救助等,也负责民防工作。

(二) 市政警察的职责权限

虽然中央集权式的警察体制模式有着全国统一、指挥方便、互相配合顺畅以及可以形成比较强大的凌驾于社会之上的治安威慑力量等优越性,但是仍然难以彻底解决一个国家(特别是一个大国)复杂多样的社会治安问题。因而,法国还存在不属于国家警察序列的市政警察。在法国正规警察前需要加上"国家"二字,就是为了同地方市政警察相区别。尽管在法律上规定地方治安由国家宪兵和国家警察负责,但国家警察鞭长莫及。地方市政当局根据地方特点和需要,组织地方市政警察来开展地方治安管理,维持地方社会治安秩序,在根本上这也是源于地方社会治安形势和犯罪形势严峻的需要。

法国地方市政警察是法国地方市政当局从20世纪80年代纷纷建立起来的。地方市政警察人员由地方市政招募,经费也完全由地方市政当局负责,没有统一的装备和服装,没有统一的制度。市政警察的法律地位类似于一些国家的地方自治警察。需要特别强调的是,法国市政警察的设立、机构、组织和活动还没有法律明文给予规定。法国的市政警察并非是依法建立的,而是法国各地的市政当局和市长为了维护治安的需要而自行组织起来的。当然也不能据此就认为,法国的市政警察的产生完全没有正当的依据。法国法律规定市长负有保证市民拥有良好的公共秩序、卫生和安宁的生活工作环境的责任,维护社会治安秩序也是法国有关法律对市长的职责要求。由于法国的法律规定地方市政当局(市长)无权调动国家警察和宪兵,维护地方治安和管理公共卫生之类的特殊需求正是市政警察产生的客观必然性。

由于地方市政警察是各地地方当局自行设立的,因而不同地方的市政警察其工作内容也各不相同。总体来说,他们都是在执行各地地方市长发布的行政决定,维护本地的交通和卫生秩序。纵观法国各地地方市政警察的实际活动和工作内容,法国地方市政警察主要负责如下一些具体的工作:市长交给的日常市政工作中的行政调查工作(如对噪音问题进行调查等);协助在工作中遇到困难的市政当局官员开展工作;实施市政性质的地方决定;监护市政当局所在场所的安全(如在市政府大门站岗等);维护当地治安和公共场所的安宁;维护当地公共卫生;管理本地交通秩序。当然,市政警察的工作活动内容各地并不一致,多数地方市政警察只管其中的几项。各自具体工作范围由市政当局和市长作出决定。

(三) 宪兵部队的职责权限

从治安力量组成情况来看,法国还有一支强大的宪兵部队。① 法国宪兵是法国警察的一大特色。宪兵,通俗来说就是可以进行执法的军队。法国宪兵不仅在军队中执法②,也广泛涉足地方治安维护和法律执行事

---

① 虽然这支宪兵部队是军事建制,然而它实际上却是一支法国有效的治安力量。它们肩负着法国城市警察管辖范围以外的广大乡镇治安,即1万人口以下地区的治安,实际上是法国乡村警察,此外,还负责广泛的其他行政和管理任务。法国宪兵还有两个重要部门:一个是宪兵别动队,装备精良,作为快速反应部队应付突发事件。另一个是宪兵警卫队,参与首都治安工作,守卫总统府等。可以说,法国警察模式,除中央集权体制特点以外,以存在这支宪兵部队为最大特色。

② 法国宪兵受军方(国防部)领导,在海、陆、空三军中都有执法执纪的宪兵。尽管他们着军装,受军事化管理,但在履行职责方面与国家警察别无二致,而且在执法业务方面还常常听命于国家相关行政部门(主要是内政部)的指令。法国宪兵制度直接影响着意大利、德国和欧洲大陆众多国家,也直接或间接地影响过亚洲(如中国和日本)、美洲以及非洲的一些国家。法国宪兵的存在及其发挥的作用是欧洲大陆警察和治安力量同英、美国家警察力量之间最为鲜明的区别。法国以存在宪兵自诩,英国则以拥有一支平民化警察而自诩。

务。法国宪兵开展警察活动的范围主要是在广大的农村地区。概括来说,法国国家警察是城市警察,宪兵是乡村警察。法国宪兵承担着法国广大农村的社会治安管理、打击犯罪和行政执法任务。在这里军警完全一体了。宪兵负责分散广阔的农村治安,这是法国宪兵力量或者说警力分配最具特色也是最具效能之处。

法国宪兵诞生历史悠久,从 1792 年开始迄今已有两个多世纪的历史。它是由法国中世纪国王近卫骑警队演变而来的,在法国资产阶级革命胜利后,改为宪兵。法国国家宪兵是法国重要的治安力量,具有军事属性,拥有军事职权、军事建制,授予军衔,实行军事化管理。与一般军队不同的是,它是一支以执法为特征的部队。在执法职能上,同警察有许多共同特征,在军队中则是军事警察,执行军事法律,维护军纪,保卫军事设施的安全。但在本质上它确实是警察,承担警察性质的工作职能,担负着执行法律、预防和打击犯罪、维护社会治安秩序和保护公民人身财产安全等职能。法国宪兵同城市警察在行政执法方面的任务也是多方面交叉的,而且有一部分宪兵还要听命于警察机关的指挥(例如巴黎的宪兵队)。

法国宪兵在农村担任的农村警察角色最能表现法国宪兵体制的独特之处和独特作用。法国宪兵除了在城市担任警卫任务之外,在广大农村地区的宪兵平时集中在兵营里,执勤是分散到各个村镇岗位上既像军人又像警察一样巡逻,履行警察职责,维护社会治安。法国宪兵同法国国家警察的城乡分工,既避免了其中的弊端又发挥了其中的长处。对广大的农村治安来说,这种军事建制比警察建制有优越之处;对于繁华的城市来说,文质彬彬的警察比扛枪的战士更便于开展工作。

法国宪兵和警察之间的关系表现在既有分工又有合作上。在维持地方治安、社会秩序方面,警察管辖万人以上的城市,剩下的广大农村地区和小城镇都归宪兵负责。在刑事犯罪的处理上,在同一法院管辖范围内,宪兵和警察权力均等,同时也都听从检察部门的支配。对于案件性质而言,案情重大复杂的案件、专业性较强的案件,如经济犯罪、贩卖毒品、贩卖人口或伪造货币等案件,多由分工较细、专业性较强的警察去办,宪兵则主要办理一般案件,使得警察能集中更多的力量去打击那些恶性案件和专业性强的案件,从而提高办案效率。

三、法国警察权力的设置及其运作

（一）法国警察权力的设置理念

与英美国家认为维护社会治安秩序是公民和地方的义务或责任不同,法国的公众、政界和思想界都有着一致的观念:治安——警察所承担的主要任务,是一种国家行为,治安的责任,是国家的责任。[①] 在英国,自由的理念和传统较为浓厚,人们极其反对警察使用武力干涉公民自由,非常抵制警察使用枪支,力争使警察平民化,而不是军事化。而在法国,从拿破仑时代,或者更早的时代起,警察就同武装密切结合在一起,实行高度的中央集权制,警察法律、法规,概由中央统一制定,警察力量皆由国家统一指挥。从法国警察和治安力量权力来源上看,均来自于中央立法机关的立法和法律授权,而不受地方的干扰和干预。法国警察和宪兵都是自上而下设立的,执行国家活动的统一的维护治安、执法和打击犯罪的治安力量。

（二）法国警察权力的法治化规制

法国统一的中央集权式的管理模式,自然需要统一全国的法律来加以规范,这是从立法角度来讲。从执法角度来看,警察作为主要的执法者、社会治安和社会秩序的维护者,从中央到地方的统一,有利于严格地执行这些法律。法国在社会治安管理的各个领域,从上至下,法律统一。不论是国家治安力量的机构组织、工作任务,还是省长、市长所承担的治安职责和权限;不论是对各种违法犯罪行为的惩治,还是对犯罪的预防;不论是对涉及公民基本权利的治安事宜,还是对日常工作生活的治安管理,等等,都不例外。法国对所有的立法都有相应配套的机构和人员,在法国,警察实施治安管理中对某一项治安工作往往同时都有几个部门从不同角度享有管辖权,很少有法律规定了却无专人负责和监督执行的情况。这不仅增强了执法的严密性、严肃性和权威性,还有效地避免了有法不依或法律形同虚设的情况。与此同时,担负这种具体执法的各个部门之间,既有分工又有联系,配合默契,环环相接,很少出现漏洞。法国有关警察活动的法律制度较为完善,《国际人权公约》《欧共体人权公约》以及法国《宪法》、议会法令和政府部门的内部规定等,对警察行使权力的规定非常详细和

---

① 参见宋万年等主编:《外国警察百科全书》,中国人民公安大学出版社2000年版,第411页。

具体。1986年法国内政部还印制了规范警察行为的《警察工作手册》，不仅每个警察人手一册，而且是面向社会公开发行。这不仅有力地保障了警察执法活动的规范性，还为接受社会的广泛监督提供了方便。

为了保障警察权力在正确的轨道上运行，法国法律制度和执法实践都非常重视执法活动的程序性。如果违反了程序，则进行的一切调查行为和搜集的证据都是非法的，在法庭上不能作为证据使用。警察在侦办案件中对嫌犯采取什么样的强制措施相当慎重，必须要有检察官或者法官的认可，必须置于检察官、法官的领导之下，是不能自行决定的。警察在侦办案件中的身份是协助检察官调查，收集犯罪证据，调查结束后将案件移送到检察官手里，案件就进入司法程序，检察官提起公诉，交由法官判决。司法警察虽然享有拘留人的权力，但决定权不在自己手里，必须要经过检察官的批准才可以，没有检察官的命令，公民的权利和自由是不可侵犯、不能干涉的。在法国，对公民人身自由的限制，包括对公民住所的搜查，必须要有检察官的授权和命令，警察是没有这个权力的，并且这种权力只有司法警察才可以行使。

（三）治安警察和司法警察的职权运作

法国警察主要分为司法警察和治安警察两大警种。治安警察的主要任务是在相对固定的场所和区域的辖区和街面上巡逻，各个社区都有相对固定的治安警察负责。司法警察的主要职责是协助检察官办理犯罪案件，具体工作内容和方式为勘察现场和对现行案件进行调查取证。司法警察和治安警察是分工合作关系。如果治安警察管辖的社区内发生犯罪案件，首先到达现场的是正在巡逻的治安警察，此时他不仅要保护好现场、控制犯罪嫌疑人，还要及时通知司法警察到场。司法警察到达现场后案件即进入司法调查程序，司法警察不仅要对案件现场进行勘查和调查，还要及时向有管辖权的检察官报告。[①]

法国司法警察对于犯罪案件开展侦查活动的工作内容主要反映在以下三个方面：一是对案件进行的初步侦查。这必须在检察官接管案件之

[①] 法国的检察官对刑事侦查活动具有绝对的支配权。警察或其他人发现的犯罪，都必须向检察官报告。在一般情况下，由办理案件的警察向检察官进行书面报告。对于情况紧急的严重案件，也可以通过电话进行报告。一旦检察官接到案件报告则全面接管整个案件，此后，警察将根据检察官的指示采取相应的行动。参见华尔：《法国警察办理刑事案件的方法与程序》，载《人民公安》1998年第3期。

前完成,其主要目标是确定犯罪的基本事实情况。在初步侦查阶段,司法警察可以拘留嫌疑犯,采取强制监视措施。如果征得嫌疑人同意,还可以进行相关的搜查活动。二是处理现行犯罪。对于正在进行的犯罪活动,任何人均有权抓捕现行犯,但必须把其交给最近的司法警察,由司法警察决定是否进行强制监视。三是进行相应的"司法代理"活动。所谓"司法代理",就是警察作为检察官或预审法官的代表所从事的相关活动。司法警察凭检察官或预审法官发给的逮捕证等,进行搜查、查抄、逮捕犯罪嫌疑人和传唤证人;司法警察也可以凭他们发给的委托调查令,开展相应的调查询问活动。①

20世纪以来,法国警察的职权不断扩大(特别是在犯罪侦查领域,检察官的犯罪侦查职能逐渐减弱)。② 一般来说,巡警或者其他司法人员接到有关犯罪报案之后,或者其他人发现犯罪活动之后,都要通知司法警察。司法警察得知犯罪情况后要及时报告检察官并积极开展侦查工作。检察官有权监督司法警察的侦查活动,而且在必要时可以直接领导侦查工作并参与现场勘查、搜查和讯问活动。司法警察在抓捕到犯罪嫌疑人后便将案件移交给预审法官,由预审法官负责审查证据和讯问被告人。在必要时也可以重新勘察现场和询问证人,然后再将案件移送检察官决定是否起诉。然而,在实践中,检察官和预审法官很少直接参与具体案件的侦破工作。在实际上,司法警察已经成为最主要的犯罪侦查力量。③

(四) 警察职权运行的军事化特征明显

尽管从属性上讲,法国警察也是一支文职警察力量,但是同"只佩带一条木制警棍"的英国警察相比,法国警察装备荷枪实弹,具有浓烈的军事色彩,甚至有的警察局还直接指挥具有军事性质的宪兵力量。法国警察权力设置及其运行与英国警察有着极大的区别,其武装性特征非常突出。在武器的使用上,英国警察从它一诞生起就竭力想装扮成一种非武装、非军事性的形象。对于英国警察而言,不是如何使用枪支的问题而是在原则上警察就不配备枪支,对于大多数警察而言根本就不携带枪支这

---

① 参见华尔:《法国警察办理刑事案件的方法与程序》,载《人民公安》1998年第3期。
② 1959年法国的《刑事诉讼法》确立了司法系统内部的"三权分立"制度,即侦查权、起诉权和审判权分属于不同的司法机关。参见何家弘:《法国的犯罪侦查制度》,载《中国人民公安大学学报》1995年第4期。
③ 参见何家弘:《法国的犯罪侦查制度》,载《中国人民公安大学学报》1995年第4期。

种武器。近年来因为犯罪猖獗,犯罪分子使用武器,当局才允许将枪支锁放在车辆上,在指挥官下令后方可使用枪支。法国警察不仅配备枪支,而且在法律允许的范围内警察可视警务活动的情况需要使用武器。

第四节　德国警察机构的设置和职权运作

德国是在9世纪查理曼帝国分裂出的东法兰克王国基础上建立和发展起来的。919年萨克森公爵夺取东法兰克王国的王位,次年将其更名为德意志王国,自此德意志封建国家诞生。此后很长的时期内,德国仍处于分崩离析的状态,境内的封建诸侯各自为政,各自的领地实际上就是独立的王国。在1618年到1648年爆发的"三十年欧洲战争"结束后签署的《威斯特伐利亚和约》,进一步明确了德意志诸侯可以享受内政、外交的自主权。到1870年普法战争结束后,德意志南部诸邦和北德意志联邦签订了合并条约并成立了"德意志帝国"后,实现了形式的统一,但其内部自治的传统和实质却没有得到根本的改变。警察是国家的附属,国家的传统和性质必然会深刻地体现在其警察制度的形成或设计上。

德国长期分裂自治的历史传统和现实的政治制度必然反映在警察系统的设置和运作上,致使其呈现出高度的自治性。二次世界大战后,德意志民主共和国(东德)选择了不同的发展路径,但继承了德国政治和法律传统的德意志联邦共和国(西德)的警察制度最终还是成为1990年统一后德联邦的选择。德国属于联邦制政治体制,实行的是地方分权的政体模式。受德国政治制度和历史文化的影响,德国的警察体制表现为一种二元分立的属性,即德国的警察体系主要由受联邦内政部领导的联邦警察系统和受邦(也有人称作"州"——作者注)内政部领导的邦警察系统。① 根据相关的法律规定,德国具体警察事务主要是由邦警察履行的,治安维护的主体是邦警察,只是在20世纪60年代联邦警察才在现实执法的需要下被法律赋予相应的治安执法权,但二者的职权范围却很明确。

---

① 在德国警察体系中,还有既不属于联邦警察系统也不属于邦警察系统的宪兵、法警、看守警、执行警察任务的海关官员和铁路、邮电、税务等缉私缉税官员等。参见常峰涛:《德国警察制度》,载《广西公安管理干部学院学报》2004年第2期。

一、德国警察体系的组织构成及其基本职能

德国联邦警察系统(德国国家警察系统)和邦警察系统(德国地方警察系统),不仅没有隶属或领导关系,而且二者之间的工作机构和职责权限也极不相同。依照德国基本法及其相关的法律规定,警察事务和警察立法属于各邦独立的事务,联邦政府的警察只是在特殊领域范围内行使权力,如情报信息的搜集、边境事务的警察管理、跨地域犯罪的打击和恐怖主义犯罪防范应对等。

德国的联邦警察系统主要由刑事警察局、边防警察局、宪法保卫局、水上警察局和铁路警察局等组成。刑事警察局是联邦德国的刑事侦查中心,依照联邦法律规定履行相应的职责,具体包括办理跨邦界和国界的犯罪案件,保卫特殊人物的安全,协调或指导各邦警察系统中刑事侦查机构的工作,为全国警察系统提供刑事技术鉴定服务和犯罪信息查询服务,开展与国际刑警组织的业务联系,收集联邦境内犯罪活动的信息,为联邦警察系统和邦警察系统培训侦查人才等。联邦边防警察是一支武装性质的警察队伍,主要职责有维护边境安全和进行边境检查,消除边境地区发生的风险和骚乱,缉捕边境地区的犯罪分子,警卫重要场所和特殊人员,支援邦警察机构平定骚乱等紧急情况等。与其他警察机构不同,联邦宪法保卫局不承担具体的执法任务,仅仅是一个隶属于联邦内政部的"情报机关",具体承担搜集、调查、分析危害宪法实施情报的职责。[①] 由于德国内河航运比较发达,专门设立了联邦水上警察局用以开展水上巡逻和管理水上交通秩序,管理船只的安全,协助进行水质监管工作等。铁路警察机构的主要职责是维护铁路设施安全和维护铁路交通秩序,1992 年以后铁路警察局并入联邦边防警察局。

德国的邦警察系统分为邦市两级,警察机构在行政上隶属于邦政府领导,财政也由邦政府承担,但在业务上却要受到上一级警察机关的指挥。邦警察机构的主要职责是在所属邦范围内依照相关法律规定维护公共安全和社会治安秩序,依照刑事诉讼法的规定侦查犯罪活动和查缉犯罪嫌疑人以及依照交通法律、法规规定管理交通等。德国是 16 个邦构成

---

① 根据《联邦宪法保卫局法》的规定,联邦宪法保卫局的主要任务是:搜集并分析处理敌视宪法和极端性质的情报、信息、材料,尤其是与具体的人或事联系在一起的情报、信息与材料。参见熊琦:《德国警察制度简析》,载《湖北警官学院学报》2006 年第 6 期。

的联合,每个邦都有各自的警察法律制度,16个邦的警察机构的表现方式可以概括为两种:单一模式与分离模式。采用"单一模式"的邦将所有负责防卫危险的政府机关都归入警察机构中;而采用"分离模式"的邦则把防卫危险的政府机关划分为警察执行机关(一般德国公民心目中的警察)、一般公共秩序管理机关和特别公共秩序管理机关。[1]

因为德国各邦有自行制定法律的权力,各邦的警察法律制度不同,因而据此形成的警察体系的机构设置、职权范围、警用装备、福利待遇也各不相同。但就总体而言,邦警察系统一般都包括治安警察机构、刑事警察机构、交通警察机构和警备警察机构等几个基本部门。治安警察的主要职责是维护本邦治安秩序,防止破坏治安的违法事件或危险事故发生,还有权过问轻度或中度的刑事案件。刑事警察的主要职责是在本邦范围内预防和打击犯罪活动,查破刑事案件和缉拿犯罪嫌疑人。交通警察的主要职责是维护交通秩序和处理交通事故。警备警察是邦警察机构的后备性警察保安部队,其主要职责是在邦警察力量不足时,作为后备警察加入到打击犯罪行为和处置突发事件的活动中去。除上述基本警察机构外,有的邦还有水上警察、边防警察、救援警察和反恐警察等警种。

总之,德国警察制度呈现出二元化的特征。有关警察活动的立法权及其法令执行权,分别由联邦国家和构成联邦国家的邦权力机关掌握。全国没有统一的警察组织,各级政府和相关政府部门各自有自己的警察组织。联邦警察系统与邦警察系统是相互独立的,邦警察系统并不接受联邦警察系统的领导,仅有一定的协作和监督关系,分别按照各自的法定权限和职责分工开展活动,工作中出现的合作和发生的冲突主要通过全国内政部长联席会议进行协调和处理。这种警察制度的优越性在于联邦国家和邦警察机关分工明确、职责清晰,能够充分发挥联邦国家和邦警察机构的积极性。

二、德国警察系统的法治化和规范化运作

《德意志联邦共和国基本法》(相当于宪法)、联邦《警察法》和各邦的《警察法》是德国联邦警察和邦警察设立及其职权行使的依据。《德意志联邦共和国基本法》是德国具有最高效力的法律,在该法律中规定:"国家权力的行使及国家职责的履行为各邦之事,但以本基本法未另有规定

---

[1] 参见熊琦:《德国警察制度简析》,载《湖北警官学院学报》2006年第6期。

的或许可者为限。"德国的联邦警察机关分别依据《德意志联邦共和国基本法》《联邦边防保卫局法》《联邦刑事局设立法》《铁路建造管理规则》《联邦宪法保卫法》等相应的法律制度而产生,邦警察机关分别依据各邦的警察立法产生。

德国警察严格按照法治原理和规则要求运行。不仅表现在德国警察的所有活动都必须依法开展,还在于每一个警察机构的职权都是法定的、清晰的,这使得德国警察机构虽然众多,各警察机构之间的关系复杂,但警察机构的运转却很是顺畅。

为了推进警察法律制度的全国标准化和规范化,增强各邦警察机构的有效合作,提升警务执法水平和效率,1977年德意志联邦共和国(西德)制定了《联邦与各邦统一警察法草案》作为指导各邦警察法律制度建立的参照标准,得到了各邦的积极响应。1990年德国统一时,原德意志民主共和国(东德)各邦也都以上述草案为基准制定或修订了各自的警察法律制度。尽管统一后的德联邦形成了16个独立的邦警察系统,各邦的警察体系各自独立,但在《联邦与各邦统一警察法草案》的指导和规范下形成了相对统一的执法标准和模式。在警察法律制度的制定上,一般都采用警察组织法、警察职权程序法和公共秩序法等形式,规定了警察权力的范围和运作要求。其中,"警察组织法性质的法律是赋权之法,立法一般较为概略,而警察职权程序法和公共秩序法等法律则较为详细地规范了警察执法的程序,是限权和审查之法"。①

三、德国高度分化的警察职责

德国各邦在各自所属的区域范围内分别建立了不同行政层级的警察分局,其主要任务是维护当地的社会治安秩序,行使日常治安维护的管理权和对集会游行示威、体育比赛活动和大型节日庆典活动等管控的执法权。

德国各邦警察系统中的刑事局(刑事侦查机构)一般独立设立,与警察分局(实施治安行政管理和行政执法的警察机构)并列,其职权也相对比较单一,只是负责对刑事案件的侦查。尽管德国警察系统中的刑事侦查机构是独立存在的,但在办理刑事案件中却处于辅助地位,仅仅是充当

---

① 钟碧莹:《德国警察主体法律体系评析及对我国的启示——以治安职能为核心》,载《河北法学》2013年第5期。

检察机关的副手(只有检察官才是刑事侦查的主人)。根据德国《刑事诉讼法》和《法院组织法》的规定,德国警察系统中的侦查机构只是作为检察院的辅助机关开展刑事追究工作。在办理刑事案件的整个阶段,侦查机构都没有独立的地位,其一切活动的开展都要依据检察机关的指示,而且对于检察机关的指示,警察必须不折不扣地执行。尽管所有的侦查活动都由检察机关领导,而在事实上,大部分刑事案件的侦查却是由警察机关具体完成的。在刑事诉讼中警察机关可以享有如下一些权限:暂时性逮捕,材料鉴定,身份鉴定,拍照、制作图像及其他技术手段,审问愿意招供的犯罪嫌疑人,询问愿意配合的证人和鉴定人等。同时还可以根据检察官的指令对犯罪嫌疑人进行人身检查,对证人进行身体检查,搜寻扣押证据,运用技术手段进行监听等。由于刑事警察面对的情况比行政警察危险性更大,其装备的武力程度也更高,其中的一些警察力量还按照准军事化的标准进行防暴武力装备,用以处置那些社会危害性大、危险性高和暴力程度强的骚乱、暴乱事件。

德国各邦警察系统在分别设有常规性的维护社会治安秩序的行政执法机构和刑事执法机构的基础上,还专门设有中心任务局,其主要任务是便于集中力量和资源帮助其他警察机构处理其无法有效解决的大型勤务活动。根据职责的需要,中心任务局的警察配备有高压水炮、装甲车等驱逐性、预防性的警械装备,但在武器的配备方面却主要以轻武器为主。中心任务局的防暴警察在管理方式上采用军事化的手段,以便于在指挥和作战中表现出更强的战斗力。

不论是德联邦还是各邦对警察执法权限的范围、内容、程序等方面的规定非常细致明了。在警察职能的分工上,将警察面对社会的执法权与情报和信息搜集的职权作了区分,由不同机构分别承担,承担执法职责的警察一般不再履行搜集情报的职责。

四、德国对警察权力的严格控制

德国公法哲学的逻辑是通过缜密的成文立法对权力进行制约。德国对警察的控制极为严格和有效。法律对警察机构的职权范围和运作标准都以成文化的形式做了严格的规定,名目繁多的警察法律、法规对警察执法中自由裁量权的行使作了极为严密的规范,使得德国警察几乎无突破法律而进行弹性执法的可能。"德国联邦警察与各邦警察职权划分十分明确。各邦警察进行治安维护为主体的行政警察的权限设置十分明确和有限,充分体现出其控权之理念。"①特别是德国警察法律制度中对比例原则的规定和落实,更使德国警察执法的规范化和有效性得到了有力的保障。《联邦与各邦统一警察法草案》中明确规定:警察应当在各种处分权中选择对个人和公众伤害最小的方式;处分不能肇致与其结果显然不成比例之不利;目的达成后或发觉目的无法达成时,处分应立即停止。②这是对警察执法的最低标准,对于警察执法中的更高要求在德国的基本法和其他有关警察执法的法律制度中作了规定。"警察执法力度应与事件本身相适应,用更高的容忍度去对待非常规行为,减少大规模武力使用,让公众认识到警察执法的正义性……这是当今德国警察机构设置和治安执法的警务哲学。"③

德国法律制度对警察的约束不仅体现在国家的基本法中,而且警察系统内外约束的机制建构方面也比较健全。《德意志联邦共和国基本法》规定,无论任何人,其权利受到公共权力侵害的,均可向法院提起行政诉讼。据此,当公民认为警察的活动侵犯了自己的合法权益,可以向行政法院提起诉讼。当行政法院判断警察行为违法或者撤销警察行为时,当事人还可因警察违法行为致其伤害向民事法庭提出赔偿申请。除了各种法律制约形式外,也有其他手段审查警察行为,如向有关上级机关提出正式投诉。还有一种制约形式来自警察系统内部,即接受警察联合会的评判。另外,德国大众媒体和议会等也可通过不同的形式来制约警察权力。

第五节 日本的警察职权配置及其运行

一、日本警察制度的发展历程

要把握国家的权力及实质,就必须探讨权力机构的历史变迁。警察及军事的权力,是国家权力存在终极保障的实力基础,也是其权力本质的要素。"国家警察的性格与性质是那个国家统治的精神与本质的试金

---

① 钟碧莹:《德国警察主体法律体系评析及对我国的启示——以治安职能为核心》,载《河北法学》2013 年第 5 期。
② 参见李震山:《西德警察法之比例原则与裁量原则》,载《警政学报》1986 年第 6 期,第 4 页。
③ 钟碧莹:《德国警察主体法律体系评析及对我国的启示——以治安职能为核心》,载《河北法学》2013 年第 5 期。

石。"① 日本国家发展的特殊历史造就了日本的政治法律制度(包括警察制度)兼有大陆法系和英美法系的特质。近现代日本警察管理体制经历了从中央集权到地方自治再到中央集权和地方自治相结合的历史发展过程。1868 年日本开始实行明治维新,不仅提出了"警政为新政之基"的理念,而且开始从欧洲移植警察制度。

日本新政伊始,即着手改革警察制度和方式。先是按照封建传统的方式由作为军事力量的军务官负责地方警备,维护地方治安。后由司法省掌管警察权,设立专门从事警政建设的机构——警保寮,其职能"是为维护国内安全、保护人民健康,预防妨碍安宁健康者"。(《警保寮章程》第 2 条)在借鉴外国人侨居区警察模式和采纳川路利良建警建议的基础上②,日本于 1874 年将统辖全国警察的原司法省警保寮移交上一年刚刚成立的内务省管辖,单独在首都设立了东京警视厅,并于 1875 年制定了《行政警察规则》。

日本近代警察制度是川路利良对法国和德国警察制度模式直接选择的结果,这也和后来日本选择德国宪政模式一脉相承。③ 对于警察的本质,川路利良曾这样解释:在警察与军队、警察与国家的关系上,海陆军是维护外部用兵也,警察是弥补内部药饵也,国是一家也,政府是父母也,人民是子女也,警察是其保姆也。也就是说,国民只不过是政府这种父母的子女即未成年人,而且警察一直被解释为保育子女的国家警察。④ 这种警察制度模式赋予警察庞大的权力,掌管广泛的事务。具体职权既包括预防检举犯罪,保护生命财产安全,维护治安、交通秩序和善良风俗,还兼管营业、卫生、共产、建筑、保险等行政事项,必要时还拥有行动管束、违警罪立即判决处分等约束人身自由及强行使用、征用土地建筑物等限制个

---

① 李理:《日据时期台湾警察制度研究》,凤凰出版社 2013 年版,第 2 页。
② 日本警政创始人川路利良曾受委派到欧洲进行了为期 1 年的警察制度考察。考察回来后,他向政府提交了一份有关警察制度建设的建议书。日本政府几乎采纳了该建议书中的全部内容。建议书的主要内容为:(1)警察是振兴国家的必备条件;(2)区分司法警察和行政警察,由司法省掌管司法警察,由内务省掌管行政警察;(3)应在首都设立直属内务省的警视厅;(4)为应付紧急事态,应给警察配备重组的武器,不轻易动用军队;(5)将消防纳入警察管辖。参见日本警察制度研究会:《现代日本警察》,群众出版社 1990 年版,第 17 页。转引自师维:《宪政进程中的警政建设——基于对日本警察制度的考察》,载《河南公安高等专科学校学报》2009 年第 6 期。
③ 参见师维:《宪政进程中的警政建设——基于对日本警察制度的考察》,载《河南公安高等专科学校学报》2009 年第 6 期。
④ 参见〔日〕室井力:《日本现代行政法》,吴微译,中国政法大学出版社 1995 年版,第 357—358 页。

人财产及所有权等权限。可见日本近代警察制度的发端伴随的是庞大警察权的设定。①

随着日本在第二次世界大战中的失败,美国在军事占领的基础上对日本进行了非军国主义化和政治宪政化的改造。在美国政府发表的《美国对投降后日本的初期方针》中指出:为了适合美国政治方针政策的需要,日本司法、法律及警察组织须尽快进行改革。1945年10月,废除了日本原使用的《治安维持法》等法令,废除秘密警察机关,免除了内务大臣和其他中央地方的警察机关高级领导者的职权。1946年3月,美国两个专业代表团到日本协助警政改革,改革的宗旨主要是警察地方分权、民主主义管理、排除非警察事务、警察民主化、改善警察待遇等。② 1947年12月8日,日本政府通过了新的警察法,该法律不仅限定了警察的任务,还实现了日本警察的地方分权自治化。在中央和地方设立了民主管理警察的机构——公安委员会,在市以及人口在5 000人以上的町村设置自治警察,建立起了国家地方警察和自治警察并存的双轨体制。自此,日本的警察模式也由先前的欧洲模式转向美国模式。③

1952年日本恢复独立,也开启了新的警察制度改革。1954年日本在承继警察民主化管理理念的基础上,根据现实需要颁布了新的警察法(现行警察法)。新的警察法在承认地方自治的前提下也突出了中央的控制,从而建立起了条块结合的警察管理体制:警察有国家警察和地方警察两大序列。其中,国家警察和地方警察中警视正以上的警官以及犯罪鉴定、信息通信、教育培训机构的工作人员都由国家公务员担任,其他地方警察机关中任职的警务人员由地方公务员担任。在国家层面,国家公安委员会并辖国家警察厅;在地方层面,设立都道府县公安委员会下辖都道府县警察。

20世纪50年代以后,日本又对移植的外部警察制度和国家相关传统进行了一系列的糅合性改革措施,日本的警察制度在移植继承中逐步得到发展和完善。20世纪80年代以后,日本的警政改革又开始朝着"发

---

① 参见师维:《宪政进程中的警政建设——基于对日本警察制度的考察》,载《河南公安高等专科学校学报》2009年第6期。
② 参见日本警察制度研究会:《现代日本警察》,群众出版社1990年版,第24页。转引自师维:《宪政进程中的警政建设——基于对日本警察制度的考察》,载《河南公安高等专科学校学报》2009年第6期。
③ 参见师维:《宪政进程中的警政建设——基于对日本警察制度的考察》,载《河南公安高等专科学校学报》2009年第6期。

挥民间力量,减少警察行政事务"的方向发展。将民间活力引进警察行政工作领域,将事务性业务委托给民间,以提高警察事务效率,在与民众切身利益关系密切的"保护个人权利和自由及维护公共安全和秩序"的警察任务中,发挥民间各种活动的优点。①

二、日本警察的管理体制和组织结构

在警察职权的配置和运行方面,日本现代警察制度的突出特征之一是通过科学设立和明确划定中央和地方警察机构的事权,有效调动了中央和地方两个层面警察活动的积极性。国家公安委员会掌管国家警察业务,统辖警察培训、通信装备、犯罪鉴定和犯罪统计等事项,并享有警视正以上级别警官任免权②和警务规则规章制定权等。国家警察厅在国家公安委员会的领导下具体履行下列职责:①调研、规划警察制度的制定;②国家警察预算的制定;③有关国家安全的警察;④制定应对跨区域有组织犯罪的对策;⑤制定全国干线道路的交通规则;⑥国际侦查协助、国际紧急救援;⑦皇宫警务;⑧警察培训、通信、犯罪鉴定设施的维护及其相关工作;⑨犯罪统计;⑩警察装备保障;⑪制定警察职员的任用、勤务和工作标准。国家公安委员会由1名内阁大臣担任委员长,由近5年内没有在警察、检察机关任职的5名政府官员担任委员,并特别限定同一政党的委员不得超过半数。

地方公安委员会有权制定有关地方警察管理事务的条例,并督促地方警察执行;发放娱乐业营业执照、持枪证等警察行政管理的许可证;还具有制定地方公安委员会工作制度权、任免地方警视正以上警察同意权、任免地方警视以下警察的陈述权、任免惩戒和罢免警察的劝告权、请求国家警察厅或者其他地方警察进行援助权。地方公安委员会的组成分为两

---

① 参见师维:《宪政进程中的警政建设——基于对日本警察制度的考察》,载《河南公安高等专科学校学报》2009年第6期。
② 日本实行警察职衔合一制度。警衔共有9级:警视总监、警视监、警视长、警视正、警视、警部、警部补、巡查部长、巡查等。国家警察厅的长官不授衔。东京警视厅的长官为警视总监。国家警察厅的局长、警察大学校长、皇宫警察本部以及规模较大的地方警察本部的本部长为警视监。国家警察厅的课长、规模较小的警察本部的本部长为警视长。地方警察本部内设机构的部长、规模较大的警察署署长为警视正。地方警察本部的课长、规模较小的警察署署长为警视。警察署的课长为警部。警察署的系长、规模较大的派出所(城市派出所为交番,农村派出所为驻在所)所长为警部补。规模较小的派出所所长为巡查部长。参见赵旭辉:《日本警察管理体制及其事权划分之启示》,载《北京警察学院学报》2015年第2期。

种情况,都道府及指定县的公安委员会由 5 名委员组成,县公安委员会(指定县除外)由 3 名公安委员组成。委员都由地方知事在征得地方议会同意后任命,任期 3 年,可以连任,但同一政党的委员人数不得过半。

日本的警察机构设置和人员编制严格按照组织法定的原则执行。国家警察厅的人员编制、升迁任免等都由《国家公务员法》规定,地方警察编制由《警察法施行令》等政令决定。都道府县警察的警衔由总理府令决定。日本警察机关的管辖区域与地方行政区划不完全相同,而且机构设置极为精简。设置了国家警察厅、分管各府县的管区警察局及都道警察本部、府县警察本部、警察署和派出所 5 级机构。国家警察厅设长官官房、生活安全局、刑事局、交通局、警备局、情报通信局 6 大局。都道府县警察本部内设总务部、警务部、生活安全部、刑事部、交通部、警备部、地域部 7 大部。警察署内设警务课、生活安全课、刑事课、交通课、警备课、地域课 6 大课。在人事管理的事权划分上,国家警察及地方警察中警视正以上的警官属于国家公务员,由国家公安委员会及其国家警察厅统一负责。国家公安委员会拥有对国家警察厅长官、都道府县警视总监、警察本部长、方面本部长以及警视正以上级别警官的任免权。此外,地方警部补以上的警官一般在一个地方工作 3 年就会被调职,由国家警视厅在全国范围内调动。

在警务保障方面,日本警察机关所需的经费装备由国家和地方共同承担。国家不仅要承担国家警察的全部费用,还要承担地方警察警视正以上警官的工资福利,及其包括国家和地方所有警察的教育培训、信息通信、犯罪鉴定、犯罪统计、警用车船、警备装备、侦查特殊犯罪和救济犯罪受害者的经费。地方当局承担地方警察所涉经费(属于上述国家保障范围的除外),但是地方警察的工资待遇和被装费等可以向国家财政申请补助。由于全国警察采取相对统一的标准,国家能以警察人数、警察署数、犯罪发生件数以及其他事项为基准对地方警察予以补助,确保了各地警务保障水平的基本一致。① 为了保证全国的警察信息通信系统、犯罪鉴定设施的统一,日本将信息通信、犯罪鉴定设施的建设维护划定为中央事权,在这些机构工作的人员被确定为国家公务员,由国家警察厅统一管理。

---

① 参见日本警察制度研究会:《现代日本警察》,周壮等译,群众出版社 1990 年版。转引自赵旭辉:《日本警察管理体制及其事权划分之启示》,载《北京警察学院学报》2015 年第 2 期。

三、日本警察职权的配置及其行使

"二战"前，日本将警察的作用严格区分为行政警察和司法警察，警察机关只将行政警察作为固有事务，司法警察不具有警察固有事务的地位。司法警察作为检察官辅佐参与有关犯罪侦查的警察事务，由司法大臣管辖。行政警察事务则由内务大臣管辖。战后，在以新宪法为首的新制度的产生过程中，有关警察事务的内容和担任犯罪侦查的机关组织都发生了根本性的变化。警察官取得了作为独立侦查主体的地位，并对犯罪的侦查负有第一责任。① 尽管司法警察在法律制度的规定上取得了行使侦查权的主体地位，但主要体现在对案件的初次侦查上，体现在发现犯罪时的查缉犯罪人和收集证据上。鉴于侦查的目的是为公诉做准备，检察官在一定的权限范围内仍享有优越地位，可以对司法警察职权的行使做出一些指示。②

在执法执勤业务的事权纵向划分上，有关国家安全、皇宫保卫和国际警务合作的事宜，及其应对跨区域有组织犯罪对策的制定、全国干线道路交通管理规则的制定为中央事权，但国家警察厅和管区警察局会对地方警察机关提供业务指导、监督和支援。在横向划分上，执法执勤任务主要由生活安全、刑事局、交通、警备四大部门承担。生活安全部门负责打击有关市民日常生活安全、青少年违法犯罪、有关毒品和环境的违法犯罪，管理古董、当铺和保安等特种行业以及枪支弹药等危险物品，管理社区、水上、铁路等地域的警务活动，还承担大型群众活动的安全保卫、自然灾害及其他应急情况的救援等任务。刑事局承担严重暴力犯罪、经济犯罪、有组织犯罪以及不属于相关部门的其他犯罪活动的侦查等任务。交通部门承担道路交通安全的管理。警备部门承担政要警卫保卫、重要设施的安全保卫，危害国家安全的犯罪侦查、反恐防暴，以及与消防、防汛等部门共同开展灾害救援等任务。

---

① 参见〔日〕冈田薰：《日本刑事诉讼法五十年与警察侦查》，吴微译，载陈光中、江伟主编：《诉讼法论丛》（第4卷），法律出版社2000年版。

② 在一般刑事案件中，主要由司法警察行使侦查权力，检察官只是在案情比较复杂，特别是涉及政界、官场和商界的大案时才自行侦查。而且司法警察与检察官之间没有隶属关系，两者在案件的侦查中是协助关系。司法警察又具体分为一般司法警察职员和特别司法警察职员两类，前者为警察官，后者包括海上保安官、邮政监察官以及铁路公安官等特定行政机关的职员。警察官是日本司法警察职员的核心和主力，因而也是最主要的刑事侦查机关职员。参见许韬：《比较法视野下的现代警察法基本理论》，中国检察出版社2012年版，第188页。

日本警方认为,巡逻是日本警察一切活动的基础。日本警察把警力摆在第一线,突出警务动态管理。巡逻警察既要预防和侦破犯罪,又要尽一切努力为居民在日常生活中遇到的各种困难提供服务,给居民排忧解难。日本巡逻警察是日本警察体系中一个专门部门,它同日本其他专业部门,例如保安警察、防范警察、少年警察、警备警察、交通警察和刑事警察等专业警察的法律地位是相同的。并在整个警察体系中自成系统,有其自上而下和垂直的指导监督系统。①

日本对于警察权力的设置及其运行方式都有明确的法律规定,日本《警察法》(1954年6月8日颁行,2004年6月18日进行了最新修订)仅仅是一部警察组织法。在该法中只是规定了国家公安委员会、警察厅和都道府县警察机关的设置、组织、任务和组成、任期乃至经费等事项,同时对警察职员的警衔、职务、配给等作了规定。对于警察如何行使职权,进行行政管理活动,则另行规定在《日本警察官职务执行法》中。但由于与英美法系国家一样,日本只区分重罪与轻罪,不区分刑事处罚与行政处罚,致使很多情况下警察行使侦查权力的行为和行使行政管理权力的行为很难做出明确区分。

---

① 参见宋万年等主编:《外国警察百科全书》,中国人民公安大学出版社2000年版,第22页。

第三章
警察职权范围及其运行的明晰化

第一节 警察权限范围的明确界定

在新中国成立之初,因巩固新生共和国政权的需要,在计划经济时期,为了有效实现对社会的全面管控以及当下"维稳"①任务的艰巨,都在客观上导致了我国警察权泛化的社会现实。随着法制建设的逐步深入,特别是为适应全面推进依法治国的要求,必须明确警察权的权限范围,明晰警察权的具体内容,从而促进警察权的规范有序行使。

一、确立警察权限范围的主要凭据与基本路径

警察权是国家为实现警察任务(职能)赋予警察机关实施相应活动的权能。"任务与权限,两者关系密切,后者取决于前者。"②警察权限范围的确立必须以有效实现警察任务为依据,同时还必须兼顾与保障公民权利的合理平衡。

一般来说,警察权限与警察任务成正比例关系。国家交给警察的任务越大越多、警察工作内容越复杂,则赋予警察权力的范围越广泛、手段

---

① 在中国的语境中,"维稳"所指涉的对象泛指一切与社会、政治、经济有关的秩序稳定状态。当前无论在政治实践还是政治话语中,"维稳"都是转型时期执政党和政府治理的核心目标,而一国警察权之运行深受该国政治生态之影响,警察的任务、目标与职权也是由国家政治秩序的制度安排和治理目标所决定。"维稳"概念的宽泛性导致了警察职能的泛化,在实践中容易鼓励警察裁量权的滥用,突出表现就是非警务活动过多,在所有国家行政管理事务中,都有公安机关的身影,似乎公安机关已经变成了所有国家职能活动的"强制守卫者"。参见蒋勇、陈刚:《公安行政权与侦查权的错位现象研究——基于警察权控制的视角》,载《法律科学》(西北政法大学学报)2014年第6期。

② 夏菲、张静:《论台湾警察法的发展》,载《新疆警官高等专科学校学报》2013年第4期。

越严厉。随着国家管理社会事务变得愈加复杂,必须通过专业化的分工才能有效实现,警察机关承担的任务也就有了明确的内容和范围。在现代国家管理体系中,警察承担的任务主要是保卫国家安全、维护社会公共秩序、防止违法犯罪活动发生和促进人民福祉(其中前三项为基本任务,后一项为辅助任务)。警察权涵摄的内容和运作的手段便围绕这些任务展开。然而,现代社会已步入风险社会,出现了许多潜在的、不确定的风险,诸如恐怖主义,精神异常等高危群体异常行为,交通、卫生等重大灾害事故等都会对社会造成极大危害,及早预防极为关键。为实现这一目的,法律又逐步授予警察众多"前沿权限"(即在危险发生尚未有迹象时警察就可以进行干预,监控系统、盘查权等皆属于此类)。①

警察权目的的正当性衍生出警察权内容和手段的正当性。在国家所有内政事务中,警察承担的任务危险最大、受到的人为抵制程度最为剧烈。加之我国正处于社会转型期,各类社会矛盾集中爆发,国际恐怖主义和国内民族分裂分子频繁活动,严重暴力犯罪时有发生,赋予警察强大而又广泛的权力有其客观必要性,但在强化警察权力的同时如何有效规范警察权力的正当行使,防止其对公民合法权益造成侵害,不能不引起人们的高度重视。

警察权力与公民权利之间是一种对立统一的关系。这里存在一个警察权的悖论:一定限度内的警察权是为保障公民权所必需的,而超出这种限度的警察权,则有侵夺公民权之虞。因此,如何勘定警察权的边界,就成为一个重大问题。② 警察权限的范围只存在于公共领域,警察权的行使应止步于公民基本私权利。警察权的本质和宗旨决定了警察权只能在公共区间发挥作用,而不得干涉属于公民个人的基本私权利,对公民私权利的尊重和敬畏是警察权应持的态度。因此,属于公民的基本私权利是警察权扩张的"红线",在任何情况下都不容僭越,这既是警察权力配置的底线,也是警察权力伦理的基本要求。③

概言之,确立警察权限范围的根本依据是保障警察任务有效实现和保障公民合法权益之间的合理平衡。在社会现实中,这种合理平衡的有效达成必须通过法律的明确规定来进行。根据法治原理和依法行政的基

---

① 参见林明锵:《警察法学研究》,新学林出版股份有限公司2011年版,第15页。
② 参见陈兴良:《限权与分权:刑事法治视野中的警察权》,载《法律科学》2002年第1期。
③ 参见陈晓济:《警察权与公民权的平衡》,载《天府新论》2008年第1期。

本要求,政府的一切权力都来自于法律的授权。凡无法律明确授权的,政府机关均不可为。警察权的成立和行使亦应如此。在实际操作中,警察机关的职权不仅要依据警察组织法的一般职责规定来确定,还必须通过警察行为法(作用法)的具体授权。"警察为达成法令所赋予的任务,除在组织法上揭示其权限或管辖外,尚依职权法授予具体职权。"①警察行使职权,不能只依据原则性的组织法,还必须有内容明确、程序规范的作用法为依据。

二、警察权力与公民权利边界的勘定

所有国家权力(含警察权)都来源于人民权利的让渡,来源于人民通过法律的授予,其根本目的在于维护公民的合法权利和保障公民的正当权益。历史上统治阶级将权力神秘化,使权力披上神圣的外衣,并故意颠倒权力与权利的关系,为剥夺人民群众的权利寻找各种依据,把人民群众本应享有的权利当成是掌权者的高贵恩赐和善心施舍②,从而导致了警察权力与公民权利的根本对立。在现代民主法治社会中,警察权限的设定本质上是在维护公共秩序与保障公民自由之间寻求平衡,这个平衡是通过警察公共原则的确立和实施实现的。

警察公共原则要求警察权的设立和行使以维护公共秩序为必要和边界,其具体内容体现在不侵犯私人生活、不侵犯私人住所以及不干涉民事三个方面。不得介入私人领域且只有出于公共需要并在公共领域中才能动用,是警察权运作的最基本要求。警察权设立与行使的关键是要界定清楚公共领域与私人领域。公共领域与私人领域是一对相对的范畴。"公共领域就是一个发挥着国家权力效能以保护公民权益、社会自治以保护公民自主、市场自律以平衡收益与负担的领域。私人领域则是私人可以维持其不受公权干预与他人侵害的特殊领域。"③

根据"私法自治"和"契约自由"的法治精神,公民在私法领域可以完全依照自己的意愿自主处理私人事务。因私人事务发生争执的,由私人自愿协商解决或者通过司法途径解决。在一般情况下,警察权在"私权争

---

① 蔡庭榕等:《警察职权行使法逐条释论》,台北五南图书出版公司2005年版,第461页。
② 参见谢平:《权力清单制度:国家治理体系和治理能力现代化的制度性回应》,载《华东师范大学学报》(哲学社会科学版)2014年第6期。
③ 任剑涛:《论公共领域与私人领域的均衡态势》,载《山东大学学报》(哲学社会科学版)2011年第4期。

执"中不得介入。但如果某些"私权争执"具有急迫性,司法公权力又无力及时应对,且这种争执不及时解决就会演变成为公法事件,甚至影响公共秩序的事件(如家庭暴力可能引发杀伤人事件、因劳资纠纷引起围厂堵路抗议等)时,就需要警察权有条件地适度介入。在赋予警察干预私权的权力和警察现实出手干预时,还必须审慎地斟酌其是否符合不可迟延性、辅助性和被动性三项原则的要求,而且三项原则必须同时成立,缺一不可。① 也就是说,警察权以存在于公共领域为原则,以介入私人领域为例外。在介入私人领域时,其条件必须是私人的冲突发展到相当剧烈的程度可能演变为对公共利益的危害,且必须由警察权及时介入方可得到有效处理。如果没有时间的紧迫性警察权也不能介入。同时,警察权的介入只是一种辅助性的手段,矛盾冲突的最终解决在根本上依赖于当事人,而且非经当事人申请,警察权不能主动介入。

根据法治的基本原理和依法行政的具体要求,警察权不论是在公共领域履行其职责,还是有条件地介入私人领域,都必须有明确的法律规定或在法律规定的自由裁量权限范围内。警察权介入私人领域或干涉民事冲突以法律规定为前提,法律规定就是警察权的边界,不得逾越。

三、警察权力与其他政府权力边界的明晰

现代国家的政府管理是建立在根据不同职能而进行的专业分工之上的,实行合理的专业化分工不仅是优化政府机关组织的重要方式,也是提高政府工作效率的基本手段,而这种专业分工的结果就是在部门之间形成了一条固定的边界,每当有问题或是突发事件发生时,我们首先考虑的就是,应该由哪个部门负责处理这个问题。可以说,边界已经构建形成公共行政和政府的根本。② 如果说界定警察权力与公民权利的边界是从政府权力的对外边界(即国家与公民之间的关系)而言的,那么界定警察机关权力与其他政府部门权力的界限则是从政府权力的内部边界而言的。警察权力与公民权利的关系界定主要是处理公共利益和私人利益的对立统一关系,而警察机关与其他政府部门之间的权力边界主要是解决因不

---

① 参见高文英:《和谐社会警察权配置的利益考量》,载《中国人民公安大学学报》(社会科学版)2011 年第 3 期。

② See Kettl, Donald, Managing Boundaries in American Administration: The Collaboration Imperative, *Public Administration Review*, 2006. 转引自吴月:《边界的整合与重构——对地方政府大部制改革的个案分析》,载《理论学刊》2012 年第 12 期。

同的职责分工而享有和行使不同国家权力的问题。

由于警察机关承担的任务和履行的职能是确立其享有权力的性质、内容和行使权力方式的根本依据,因而在明确警察机关权力与其他政府部门权力的边界时也必须围绕警察任务和职能展开。根据相关法律制度的规定和我国政府部门职责分工的具体情况,凡属于保卫国家安全、维护社会治安秩序、防止社会危害发生以及与之相关的增进社会福利的内政事务属警察权的范畴,凡不属于上述职责范围内的事务且也没有法律规定由警察机关行使的权力,警察机关不得介入。

也就是说,警察的权力边界只限于法律规定属于维护社会安全和公共秩序的任务之内。除此之外,其他政府职能由其他政府机关负责,只有在其他行政机关行使自身职权时遭受非法抗拒或不法攻击时,警察才可以依法进行协助以维护法律尊严。由于其他政府部门在履行其职责时可能受到抵制乃至暴力反抗,使其职能无法正常实现,而且这种抵制或暴力反抗已危害到公共秩序,必须有更为严厉的国家权力(主要是暴力)介入以帮助其职能有效实现时,警察权力可以以警察协助的方式依法介入。这主要是因为"任何一个国家,警察都是国家行使垄断性暴力的载体,即唯一具有合法性的暴力手段主要由警察行使"①,国家要动用较为严厉的强制性权力就必然要动用警察权。但此时,警察权力介入的程度和限度以保证其他职能机关有效履行职责为限,而不是取代其他职能机关履行职责。申论之,此时的警察权力仅仅起一种辅助性的作用,必须保持必要的谦抑性。如果职能部门采取其他手段或途径能解决问题的,不得动用警察权力。非到迫不得已不得动用警察权力,不仅是警察权力的运作必然会对公民基本权利产生不利影响决定的,还有一个重要原因在于,警察强制性协助的使用不当可能会适得其反。虽然警察使用强制手段控制社会冲突、维护社会秩序是出于社会成员共同利益的需要,但单纯依靠强制力来获得这种社会秩序,就把社会置于完全对立的情景之中了。强制力运用不当,不仅不能起到缓和、控制冲突的功效,反而会成为进一步激化社会矛盾、孕育全面社会冲突的种子。②

从借鉴境外法治经验与结合我国现实出发,我国警察法律制度应将

---

① 季卫东:《宏观解读我国的警务改革》,载《法制日报》2011年10月12日,第12版。
② 参见卢建军:《警察权软实力的建构》,载《法律科学》(西北政法大学学报)2011年第5期。

提供警察协助的前提设定为因其他行政机关出现职务障碍,并且该职务障碍非警力不能排除。只有当其他行政机关在履行职务中遇到非警察介入不能排除的障碍时,方可提请警察行政协助,亦即提供警察协助必须坚持"穷尽一切手段在先"的原则。而且,即使是在进行警察协助时,也要在严格坚持警察协助法定原则和警察协助补充性原则的前提下进行。警察协助法定原则要求对警察机关启动协助、实施协助行为以及实施协助后的法律后果等有明确的法律规定,并严格按照法律规定进行。警察协助补充性原则要求警察协助处于被动性的地位,发挥的是辅助性的作用。具体来讲,警察协助补充性原则就是"即使给社会生活带来有害的影响之危险或障碍,依该危险或障碍之性质,法律上、制度上应该将处理该危险或障碍之第一次权限,归属于具有专门知识的其他国家机关之场合,警察权不得立即、直接地介入该危险或障碍。照此原则,立法者在分配警察权时,应该首先考虑将对相对人违法事项的处理权分配给专门的行政机关,而不是警察机关。而警察机关的介入,除了法律、法规之专门规定之外,只有在整个事态之发展已经影响到了社会秩序和公共安全时,警察才能启动警察协助"。[1] 警察协助在实际进行中必须符合被动性、非常态性、辅助性、必要性以及法定性之要求。警察协助活动非有相关行政机关依照法律程序提出,警察机关不得主动介入。警察协助只有在其他行政机关无法有效推行管理等特殊情况下,非警察不能进行或者涉及社会秩序时,警察机关才介入。警察协助不能取代职能部门的"主导地位",仅仅是在其中的某一阶段或者某一方面有辅助义务。在协助过程中,警察机关还必须严格遵循比例原则,不仅在目的上是适当的,而且采取的手段和达成的利益也符合比例原则。同时,警察协助的实体性内容、程序性标准和协助措施的选取严格按照法律的规定进行。

四、警察延伸职权的范围界定

全心全意为人民服务是人民警察的宗旨,服务社会和人民是警察的法定义务。西方一些国家和我国台湾地区也规定了促进社会福利是警察的法定职责。但需要强调的是,这种促进社会福祉的服务活动也是有边界的,并非泛指一切排除他人困难的活动,否则警察机关及其人

---

[1] 徐文星、刘晓琴:《警察协助法制化研究——兼论〈人民警察法〉相关条款之完善》,载《中国青年政治学院学报》2009 年第 5 期。

员不仅无力承担而且还要分散其精力,影响警察核心工作的正常进行。具体来说,警察机关践行服务社会的使命主要应当通过履行其法定职责来实现,对于需要国家提供的一般性服务,应由更为专业或更为适宜的部门承担。

根据相关法律规定和警察机关性质来看,警察机关服务社会的范围应当主要局限于与其本职工作密切相关且最适宜由警察机关实施的活动,具体包括以下五个方面:第一,危难紧急求助服务,包括报警服务、其他求助服务;第二,自然灾害的救助服务;第三,警务知识方面的服务,包括警务咨询、治安宣传、法定相关证件办理服务;第四,化解日常生活矛盾的服务,包括纠纷调解、社区帮教服务;第五,其他职责范围内的社会性服务。① 其中的警察救助是最常见也是最重要的一项延伸职权。警察救助是指公民人身安全或者财产安全处于危难境地时,警察依法采取必要之手段协助阻止侵害、排除危险和进行救援的行为。在安全风险日益增多的现代风险社会中,需要有较为完善的化解安全风险的机制,而目前在这方面却存在着严重不足。与其他国家和地区职能部门相比,警察机关被法律赋予使用众多行政强制措施的权力,警务人员处于24小时备勤状态,加之110报警系统的便捷性等特性,都决定了在高风险社会中,警察协助救助成为人们阻止、排除和化解危险的首要选择。正因如此,在警察法律制度中规定了警察的社会救助职责,但必须明确的是:"警察行政救助所针对的对象是生命安全、人身安全以及财产安全等。这是警察行政救助和社会行政救助根本区别所在。社会行政救助关注的是公民的生活困难,生存危机。警察行政救助以保护安全为第一要务。"②

上述警察服务职能都是无偿进行的。在警察提供的社会服务活动中,警察机关承担的还有一部分社会服务职能是赢利性,如一些涉及鉴定、检测、评估等的职能。随着警务改革的逐步深入,应当逐步放手警察的赢利性服务职能,将其交给社会组织承担,并按照市场经济的要求运行。

---

① 参见程小白:《公安工作全面深化改革的切入点及其改革途径》,载《江西警察学院学报》2014年第4期。
② 程华、沈国琴:《警察行政救助权的有效行使及法律规制》,载《中国人民公安大学学报》(社会科学版)2014年第4期。

第二节 警察职权内容与运行的明晰化

长期以来,警察机关的事权(特别是公安事权)总体不够清晰,存在职能无限扩大、警种职能交叉、层级效能混淆、事权财权分离等倾向,致使公安机关的警察职权上下不清、左右不清和前后不清。[1]"法治要求政府权力必须以一种可知的、可预测的方式行使。"[2]权力清单虽不能设定警察权力的边界和内容,但它是一种让人清晰明了了解警察机关职权范围、内容、运作程序等的一种技术手段,通过权力清单可以使人们对警察机关具有哪些权力以及这些权力是如何运行的有一个完整清晰的认知。这不仅有利于实现警察权力的阳光化、制度化、常态化监督,促进警察权运行的廉洁、高效和透明,还有利于防止警察权力的"越位""缺位"和"错位"等问题,保证警察权运行的及时、到位和准确。

一、厘清中央和地方警察机关警察职权的具体内容

中央警察权力(也称之为国家警察权力)和地方警察权力在国家权力结构中的目标和地位不同,决定了各自的功能属性和职能特征不同。长期以来,我国的公安管理实行"条块结合,以块为主,分级管理"的管理体制。所谓"条",是指因公安部对全国公安业务工作的领导和上级公安机关对下级公安机关的业务领导形成的垂直管理系统;所谓"块",是指各级地方政府以及地方政府领导下的公安机关对警务工作的领导和开展。在属地管理体制下,地方公安机关受地方政府和上级公安机关的"双重领导",其中上级公安机关负责工作业务的"事权",而地方政府管"人、财、物"。在这种体制下,个别地方政府利用手中掌握的"人、财、物"权影响地方公安机关的业务工作,以致在中央和地方目标不一致时,地方公安机关在地方政府的影响下,被迫执行地方政府的指令。这种"条""块"结合的管理体制,还有一个不利的后果就是,公安部对各地公安机关的业务工作要求常受各地"人、财、物"配备的不均衡而表现出不均衡。

国家治理体系现代化和治理能力现代化,必然要求公安工作中央事权和

---

[1] 参见蒋熙辉:《关于国家治理现代化与公安改革的几点思考》,载《江西警察学院学报》2014年第4期。

[2] 余凌云:《行政法讲义》,清华大学出版社2010年版,第91页。

地方事权规范化、法治化设立和行使。"恰当的地方事权作用空间,会与中央事权形成良性协调、彼此衔接、互为补充的效果,尤其在治安常态维护、违法犯罪预防、公共安全风险防控等领域,最能显现协同作用的良好效果。"① 在当前我国公安机关的警察管理体制和运行机制中,国家警察职权和地方警察职权并没有做严格的区分②,把地方行使的具体警察职权视为抽象意义上的国家警察权,而把国家的警察职权交由地方警察机关来行使。中央政府的警察机构——公安部,既代表中央政府行使国家警察权又行使管理地方警察事务的权力,实际上承担着全国警察机构领导机关的角色,并非真正意义上的国家警察机关。这种国家警察与地方警察混设共用的状况,使得警察权运行过程常被自身矛盾所困扰,为个别地方政府的警察权寻租行为提供了便利,也使得最高警察机关过多地过问地方警察事务,地方警察缺少足够权力自主处理本地警察事务。更为要害的是,这种警察体制使得地方警察机关能够理直气壮地推卸责任和消极作为,将大量的矛盾和困难向最高警察机关隐形上移。③ 由于我国地域广阔,各地经济社会发展差异极大,社会治安状况也呈现出不同样态。各地政府应当有依据自身财力情况安排本地警察机关的机构设置、人员编制、工资待遇、装备规格、管理机制和执法要求等的自主权;应当有按照本地社会治安实

---

① 黄京平:《公安工作中央事权与地方事权的关系及实现方式》,载《江西警察学院学报》2014年第4期。

② 在世界现代化进程中,中央与地方权限变化显现出鲜明的规律性。在现代化起步阶段,中央与地方权限变化的主流趋势是中央高度集权化;在现代化稳定发展时期,分权化先后走上许多国家的政治舞台;在现代化危机时期,中央高度集权来势迅猛,有些国家甚至走上了极端;在现代化成熟时期,中央高度集权又被中央与地方的合理分权化所取代。参见薄贵利:《集权分权与国家兴衰》,经济科学出版社2001年版,第97页。当前我国正处于现代化的稳定发展时期,中央和地方分权的问题也必然要登上我国的政治舞台。新中国成立以来,在"充分发挥中央和地方两个积极性"原则指导下,中央与地方关系历经多次调整。改革开放前,中央与地方关系先后经历了五次大的调整,权力收放是历次调整的核心问题。然而,中央政府对于纵向权力结构的调整始终未能找到理想的平衡点。在权力收放之间,中央与地方关系陷入了"一统就死,一死就放,一放就乱,一乱就收,一收又统"的循环怪圈之中。党的十一届三中全会以来,为适应经济和社会发展的实际需要,中央启动了非制度性的地方分权改革。尽管这种纵向权力配置关系的调整仍以权力收放为核心,但是这与改革开放前中央和地方关系的调整方式截然不同。权力收放不再以疾风骤雨般的方式进行,而是采取了有步骤、分重点、分阶段、有序化、法制化的方式逐步推进。这为国家警察职权和地方警察职权的合理区分和正常运行奠定了基础。

③ 参见毛志斌:《国家警察与地方警察的权力划分与体系建构》,载《中国人民公安大学学报》(社会科学版)2010年第1期。关于国家警察机关(中央警察机关)与地方警察机关职权划分不清导致的诸多弊端还有多位学者进行过论述。参见李健和:《我国警察权力配置的现状、问题与原因——警察权力专题研究之二》,载《中国人民公安大学学报》(社会科学版)2007年第5期;魏永忠:《试论我国城市公安机关机构改革的模式》,载《中国行政管理》2005年第1期。

际自主决定管控重点、管理方式、工作机制、处罚办法、服务规范等的能动性。这样可以很好地避免大一统警察体制带来的诸多难题和弊端,使得地方警察队伍和业务建设更能够适应本地经济社会发展水平。

因而,为适应我国市场经济和法治社会深入发展对国家治理体系现代化和治理能力现代化的需要,警察机关的管理体制和运行机制也必须随之进行全面改革。明确划分中央和地方警察事权范围并设立与之相配套的警察管理体制和工作运行机制将是改革的关键内容之一。

关于中央警察机关行使的国家警察职权和地方警察机关行使的地方警察职权内容的具体划定,人们提出过不同的构想。有人认为,中央公安事权可包括国家政治安全、出入境管理、边防管理和要人警卫等内容,中央和地方共享事权可包括反恐怖、治安、刑侦、经侦、禁毒、监管和网络安全、技术侦察等事权。探索试行把交通、消防作为地方公安事权的制度,与之相适应,把相关的编制管理权和支付责任交给地方。[1] 也有人指出,从《中华人民共和国人民警察法》规定的公安机关的 14 项职权来看[2],侦查权、警卫权、出入境管理权、国(边)境治安秩序管理权属于中央事权,公安部代表中央统一行使公安工作中的中央事权。《中华人民共和国人民警察法》规定的公安机关的治安管理权、交通管理权、消防管理权、危险物品管理权、特种行业管理权、户政管理权、集会、游行、示威管理权、特定刑罚执行权(拘役、剥夺政治权利)、治安保卫与防范指导及监督权等属于地方事权,由各地公安厅局根据当地实际情况,具体组织实施,中央主要从政策和法律法规上进行宏观领导、监督和检查。计算机信息系统管

---

[1] 参见赵炜:《公安机关体制改革论纲》,载《中国人民公安大学学报》(社会科学版)2014年第 6 期。

[2] 现行《中华人民共和国人民警察法》(1995 年 2 月 28 日第八届全国人民代表大会常务委员会第十二次会议通过,2012 年 10 月 26 日第十一届全国人民代表大会常务委员会第二十九次会议修正)第 6 条规定:"公安机关的人民警察按照职责分工,依法履行下列职责:(一)预防、制止和侦查违法犯罪活动;(二)维护社会治安秩序,制止危害社会治安秩序的行为;(三)维护交通安全和交通秩序,处理交通事故;(四)组织、实施消防工作,实行消防监督;(五)管理枪支弹药、管制刀具和易燃易爆、剧毒、放射性等危险物品;(六)对法律、法规规定的特种行业进行管理;(七)警卫国家规定的特定人员,守卫重要的场所和设施;(八)管理集会、游行、示威活动;(九)管理户政、国籍、入境出境事务和外国人在中国境内居留、旅行的有关事务;(十)维护国(边)境地区的治安秩序;(十一)对被判处拘役、剥夺政治权利的罪犯执行刑罚;(十二)监督管理计算机信息系统的安全保护工作;(十三)指导和监督国家机关、社会团体、企业事业组织和重点建设工程的治安保卫工作,指导治安保卫委员会等群众性组织的治安防范工作;(十四)法律、法规规定的其他职责。"

理权与情报信息保障权属于中央和地方共管的事权。①

符合市场经济体制要求和法治社会模式的中央与地方关系并不是简单地强化中央的权威,加强中央对地方的控制,也不是绝对地放大地方的自主权,赋予地方无节制的自由,而是要做到两者之间的合理分工合作。事实上,警察管理体制和运行机制的改革要与国家政治生态环境整体一致,在中央和地方关系还未得到法治化、明晰化处理的背景下,厘清国家和地方警察职权要分步骤逐步推行,不可能完全做到一步到位。

为了有效厘清中央警察机关和地方警察机关的职权范围和理顺二者之间的关系,应该按照"一上一下"的方式进行相应的改革。"一上"就是对保障国家安全和社会秩序具有根本意义的主权性警察事项和全国性公共安全产品的提供职能统一集中到中央警察机关。为了保障中央警察职能的有效实现,设立"人、财、物"独立于地方的垂直管理机构。对于属于国家主权事务的警察职权应当由中央警察机关行使的权力,在中央警察机构还未全面完善之前,暂由中央警察机关授权委托地方警察机关行使,并辅之以财力、物力支持,逐步进行过渡。当中央警察机构完善后,再全部交由中央警察机关行使。"一下"就是以法律授权的方式明确将纯粹的地方性公共安全产品的供给职能完全交给地方政府。属于地方性警察事务的,中央政府应该尊重地方的自主权,以充分发挥其主动性和积极性,不进行法外的不当干预,与之相适应的"人、财、物"也交由地方供给和管理,由国家以法治方式通过统一的立法和司法权力进行中央对地方警察事务的调控。进一步说,就是将地方属性极为明确且由地方实施不会给国家安全、社会稳定和社会公共秩序带来严重不利影响的警察职权划分给地方警察机关行使,与之相适应的"人、财、物"权也由地方管理和负责,中央不再干预。

另外,对于应当由中央和地方共同行使的警察职权,要明确在什么条件下由中央警察机关行使,在什么条件下由地方警察机关行使,以及在行使过程中的相互关系等。需要强调的是,对于虽属地方警察事务但涉及社会和经济重大安全的警察职权先由中央警察机关协调和指导地方警察机关行使或由中央警察机关代为行使,在条件成熟时完全划归地方警察

---

① 参见程小白:《公安工作全面深化改革的切入点及其改革途径》,载《江西警察学院学报》2014年第4期。

机关行使。"在对中央与地方关系进行调整时,往往因缺乏法律的规范而难以收到预期的效果。"①因而,不管是划定中央警察机关的职权,还是划定地方警察机关的职权,抑或是划定中央和地方警察机关共同享有的警察职权,都必须通过法律的形式明确。

二、明确不同层级地方警察机关的职权内容及其相互关系

在我国之所以出现了一些政府权力乱象,政府部门不时有超越职权或滥用职权的现象发生,一个重要的原因就是各层级政府之间的职权划分不清。在计划经济体制下,为增强行政控制,保证行政命令有效执行,各层级政府的职能高度重合,机构设置高度一致,致使各层级政府之间的职权界定模糊不清,甚至视为一体。从国家治理现代化角度来看,中央政府与地方政府以及地方各级政府之间的关系应当主要体现为一种职责和功能的互补关系,而不应该是高度同一的架构和运作。国家治理体系现代化的形塑和治理能力现代化的提升首先要通过法治手段厘清不同层级的政府部门的职权,并在此前提下通过权力清单制度明确确立出各级政府的具体权力,清晰列举出不同层级政府的职责和权限,严格落实党的十八届三中全会明确提出的"推行地方各级政府及其工作部门权力清单制度,依法公开权力运行流程"的要求。

从政治学理论和国家组织管理实际情况来看,上下级政府机关的职能范围和职责权限应该有不同的侧重。"从国家权力结构的角度分析,在国家政治—行政的金字塔结构中,越是位于塔顶的,政治性职能越多;越是位于塔基的,政治性职能越少,但公益服务性职能越多。因此,应将基本公共服务职能交由县、市、乡镇基层地方政府负责,省级政府负责规划、指导、协调地区发展的承上启下职能,中央政府负责政治性的、外交、国防等全局性事务的处理。"②在明确这种功能职责的前提下,明晰确立不同级别的政府机关具体的职责权限是法治政府有效实现其职能的基本要求。尽管也有人指出,上下级政府机关是包容关系,上级行政机关有权行使下级机关的权力。事实上,在法治国家中,上下级行政机关之间是一种法律关系,应当通过行政法规范予以连接,它们都具有独立的法律主体资

---

① 李树忠:《国家机关组织论》,知识产权出版社2004年版,第238页。
② 山林:《关于处理中央与地方关系的几个问题》,载《四川师范大学学报》(社会科学版)2009年第6期。

格,作为一种法律主体,每一层级的行政机关都有其独立的职能权限,并且该职能权限具有排他性。①

由于我国上下级警察机关事权不清,责任不明,不仅在警察事务的组织管理中,而且在警务活动的有效开展中都产生了负面影响。20世纪80年代以前,在我国公安系统中,公安部和省级公安机关基本上行使指导性职能,并且各级公安机关的权限划分比较明确。20世纪90年代以后,随着市场经济体制的逐步发展,社会大流动,各种犯罪和社会治安问题成倍增长,加之社会治安方面的立法相对滞后,不能及时依法指导,随之上级公安机关尤其是公安部和省级公安机关不断加强行政指挥和实战职能,无形中加大了这两级公安机关的警察权力。然而,这种现实不仅缺少法律依据,而且在实践中带来了权力行使欠缺针对性和科学性,以及市以下公安机关警务权力减弱、积极性缺失的不良后果。由于作为公安机关实战部门的市、县两级公安机关难以发挥积极性和主动性,就会造成全国或全省(自治区、直辖市)公安机关"集中统一"打击、整治行动不断,而社会治安好转不大甚至反弹乃至恶化的"奇怪"局面。因此,应当进一步明确公安机关的职能定位,规范上下级公安机关的事权划分,做到事权明晰、责任明确。②

法治国家和法治政府的构建首先要求政府管理组织的法治化,"行政组织的法律管理是整个行政管理法治化的根基"。③ 政府管理组织的法治化,就是要求政府组织的设立、职权范围、内部组织结构、外部运行方式等都要有明确的法律予以规范。既不能有未经法律程序和未通过立法活动而设立的机关,而且已设立的行政机关也不能行使没有法律依据的职权。从政府职能转变到明确各级政府履行职能的内容,再到依法对各级政府职能进行科学合理定位,是政府职能转变的继续和深化,是实现依法行政的基础。我们应当以实施权力清单制度为契机,进一步明确地方不同层级警察机关的职责权限以及上下级警察机关的具体关系。

为了科学合理地划分中央警察机关与地方警察机关以及地方各级警察机关的职责权限,要将属于维护社会治安的地方事权能下放的权力尽量下放,能由地方和基层承担的职能尽量由地方和基层承担,以便缩短警

---

① 参见关保英:《权力清单的行政法构造》,载《郑州大学学报》(哲学社会科学版)2014年第6期。
② 参见李健和:《论我国警察权力配置的原则和优化路径——警察权力专题研究之三》,载《中国人民公安大学学报》(社会科学版)2007年第6期。
③ 傅军:《试论行政管理的法治化》,载《理论探索》2006年第6期。

察机关与社会民众间的距离,既满足民众对社会治安日益高涨的需求,也便于公民对警察权力的监督,防止警察权力运行偏离公共利益的正确轨道。更为关键的是,这样做更有利于地方警察机关能根据本地治安状况和形势情况有针对性地开展相应的警务活动,做到对症下药、药到病除。

在当下我国的政治管理体制和行政管理机制的大背景下,对不同层级警察机关职责权限的合理界分应当以省(直辖市、自治区)、市(州)和县(市)三级公安机关为基础,通过法律明确规定各级公安机关在社会管理和社会治安秩序维护中的独立法律主体资格,并明确上级公安机关对下级公安机关的业务领导和工作干预必须通过法治化的渠道和途径进行,通过明确职责和权限,使各级公安机关各司其职、各负其责,充分发挥各自的积极性。其中省级公安机关的职权范围主要是进行地方社会管理和社会治安规章的制定,协调全省范围内重大案件的办理;市级公安机关的职权范围主要是进行指挥、指导、决策制定、协调全市范围内重大案件的办理,以及对下级公安机关执法活动的复议等;县级公安机关为主要战斗实体,其主要职权范围是具体开展刑事执法和行政执法活动,维护社会治安秩序;派出所根据法律授权和县级公安机关的安排做好犯罪预防和轻微案件处理及其基础工作。①

三、明细开列具体警察职权的运行"路线图"

为克服警察权行使的随意化,需要用制度化的法治手段来规范权力的运行程序和运行方式,让权力"按图行事",尽可能减少和规避权力的不当作为。② 警察权力具体内容的明晰化仅仅是保证警察任务(职能)实现的前提,要使警察任务(职能)真正得到有效实现的关键还在于警察权力的动态运作过程规范化。制定和实施警察权力清单制度不仅要从静态

---

① 尽管人们对这一问题的探讨还不是很系统和深入,但也有人就一些具体问题进行了初步的研究,有人指出:在治安处罚权的纵向配置上,应减少处罚权主体的层级,使县一级公安机关真正成为治安处罚权最核心的权力主体。公安部作为全国公安机关的领导机关,其职责应侧重于对治安处罚权的监督指导和宏观协调;加大地方公安机关的处罚力度,适当缩减处罚主体的层级,可以实行地方处罚权主体二级制,将治安处罚权力集中赋予一级公安机关,比如赋予县、市级公安机关;省级公安机关可以作为地方复议机关,一般不对具体治安案件行使处罚权,而是主要对地方公安机关的执法情况进行监督指导和协调,同时,还要赋予公安派出所一定的处罚权,具体配置范围和强度应符合当地派出所的实际承受能力。参见高文英:《转型期警察行政职权配置若干问题探讨》,载《中国人民公安大学学报》(社会科学版)2012年第4期。

② 参见谢建平:《权力清单制度:国家治理体系和治理能力现代化的制度性回应》,载《华东师范大学学报》(哲学社会科学版)2014年第6期。

的角度罗列出警察机关具体的职权范围和内容,而且要从动态的意义上制定出具体警察职权的运行"流程图"。警察权力运行轨迹的清晰描绘是警察权力清单制度的关键内容,也是确保警察权力运行方向按照预设的轨道进行且不脱轨、不越轨的基本手段。权力清单制度,就是要界定清楚每个单位、每个职能部门、每个岗位的职责与权力边界,让民众都知晓权力的"家底",规范和明确各项权力运行的程序、环节、过程、责任,并做到可执行、可考核、可问责。要公开行政权力,先得知道一个单位、一个岗位到底有多大权力,即要求权力只能在某个部门、岗位被明确赋予的职责和边界之内活动。某个权力岗位能做什么,不能做什么,便一目了然了。① 按照标准化、流程化和精细化的要求制定出警察权力运行流程图,以固化警察权的运作程序,规范警察权的自由裁量。

绘制每一项具体警察职权运行的"路线图"至少应当明确以下五个方面的内容:第一,警察权启动的主体问题,即谁有资格启动该项警察权力。从理论上讲,能够启动特定警察职权的主体就是权力清单列举的权力归属和享有的警察机关。但在实际运行中,警察机关享有的权力还要进行进一步分工,由警察机关内部的特定工作部门(及其工作人员)来具体实施。因而,警察权力运作路线图首先要解决的是警察机关内部哪个部门及其人员有资格启动警察权。这不仅是警察权力的授予,更主要的是明确责任,防止权力启动的推诿塞责。第二,警察权力启动的条件问题,即警察权凭什么可以启动,也就是警察权力运作的法律依据和事实依据问题。依法行政的一个核心内容就是行政活动必须有法律依据,没有法律明确授权或不符合法律规定范围内的事项警察权不能介入。这是为了防止警察权力启动的随意化问题。第三,警察权运行的程序问题②,也

---

① 参见李和中、石智刚:《阳光下的权力规则体系——廉政清单制度的建构逻辑与现实路径》,载《人民论坛·学术前沿》2014年第16期。

② 随着人们对程序价值和功能认识的不断深入,越来越多的人注意到程序在法制建设中的重要作用。甚至有人认为,依法治国就是"依程序治国",法治实现的过程就是"从实体到程序的过程"。参见吴德星:《法治理论形态与实现过程》,载《法学研究》1996年第5期。从程序上要求政府和国家机关的权力必须理性地而非恣意或专断地行使。将政府权力纳入具有理性结构的程序之中,并运用程序制度来防止权力行使过程中的恣意和专断,是法治进程中人们不断努力的重心所在。参见应松年:《行政程序法立法研究》,中国法制出版社2001年出版,第11—12页。同时,人们也逐步认识到程序的终极价值在于通过控制权力、追求效率、体现公平,最终实现法律中蕴含的正义价值。因为"如果法律代表着正义,这种正义主要就应当是通过程序实现的正义,即通过公开、公平、公正的程序而赋予某个法律过程和结果的正义属性。结果正当化正是法律程序的功能之一"。参见应松年:《行政程序法立法研究》,中国法制出版社2001年版,第14页。

就是法律对警察权力运作的方式和步骤等方面的要求。具体来说,就是罗列清特定警察权力运作在什么时间、以什么方式和按什么步骤进行以及参与警察权力运作各方主体在其中的权利义务等。第四,警察权力正当运行的保障问题,具体包括警察权力运行依据、内容、过程、结果的公开方式、渠道和时限等。"阳光是最好的防腐剂,路灯是最好的警察",权力滥用和腐败通常在"遮羞布"的掩盖下发生。及时且充分的权力公开不仅可以威慑试图滥用者,也有利于社会或当事人及时矫正违法或不当的警察权力运作。第五,警察权力不当运作的问责问题。权力清单内在地包含了警察权力责任清单的内容。权利与义务的一致性和权力与责任的对等性决定了有权必有责,滥用权力必然要承担责任。严格、必然的责任追究是将权力关进制度笼子的根本。为保证警察权在法律预设的"轨道"内行使,就必须明确其"出轨"后的法律责任。

第三节 以比例原则指导强制性警察权力的合理运用

随着人权理念的普及,传统的公益绝对优势理论受到重新审视,警察权再不能以社会公益或国家利益为理由无原则、无条件地限制、剥夺公民权利。警察权力在追求公益的过程中难免会对公民权益造成不利影响,但这必须在法律严格规范的前提下进行,且要保证获得的利益大于造成的不可避免的损失。警察权力是一种强制程度较高的权力,一旦不当运作必然会对公民造成较为严重的损害。为保证警察权力的设立和运行合理进行便引入了比例原则。① 比例原则要求国家在建构警察权力制度时以及警察人员在行使警察权力时,应当全面权衡公共利益和个人利益,采取对公民权益造成限制或者损害最小的行为,并且使警察行为造成的损害与所追求的目的之间的关系具有适当性。比例原则的内容衍

---

① 德国行政法学鼻祖奥托·麦耶将比例原则誉为行政法中的"皇冠原则"。台湾地区行政法学者陈新民教授认为,比例原则在行政法学中所扮演的角色,可比拟民法中居于"帝王条款"之地位的"诚信原则"。罗豪才教授等认为,比例原则具有宪法的位阶,可以直接拘束立法行为。比例原则思想的萌芽最早可追溯到古希腊的亚里士多德,他指出公平就是比例相称。英国大宪章规定的"人们不得因为轻罪而受重罚"也体现了比例原则的思想。德国是比例原则最早的倡行国,19世纪,最初在德国警察国家观念和警察法学中产生的比例原则不断向整个行政法学扩展,甚至扩展到宪法学领域。

生出三项子原则:妥当性原则(合目的性原则)、必要性原则(最少侵害原则)和法益相称原则(狭义比例原则)。其中的妥当性原则,是指警察权力的行使在目的与手段的关系上必须是适当的,采取的措施必须能够实现目的或至少有助于目的的达成;必要性原则,是指警察机关在存在多种方式可以达到同一目的的时候,尽可能采用损害最小的方法行动;法益相称原则,是指警察机关所实施的行为导致的损害不得与其追求目的产生的获益不成比例,亦即运用手段与追求目的之间必须符合适当的比例关系。

将比例原则作为警察权设立、运作和评判的理论依据和实践指导,不仅是合理平衡警察目的和人权保障的需要,也是防止警察权运行中自由裁量权滥用的重要依赖。[①] 警察职责的广泛性和警察权力运作情况的复杂性决定了必须以概括授权方式赋予警察机关相当的自由裁量权力,以保证警察目的及时有效实现。

警察权的运作大都是通过强制的途径实施的,而且对于不同强制程度的警察权的运用又常常是由警务人员临场自由裁量的。虽然自由裁量的权力有被滥用的可能,但如果警察在面临紧急情况时因没有法律授权而消极不作为,造成的损害可能更大。比例原则对于指导警务人员在裁量选择适当强度的警察权力方面具有不可替代的作用。

一、根据警务行为性质采用不同强制的警察职权

不管在组织结构上治安行政警察和刑事司法警察是一体化的国家还是二元分立的国家,都会对警察实施的治安行政行为和刑事司法行为在功能属性上做严格的区分,进而赋予不同的职权内容和权限范围。这主要是因为二者性质不同,所涉法益也不同,法律对其实施的具体标准和要求不同。按照比例原则要求,警察权力强制程度的适用要与保护的法益相匹配,性质不同行为应当调用不同功能的警察机制进行应对,从而以合

---

① 对自由裁量权进行控制的原则包括合理性原则和比例原则,我国行政法中普遍采用的是合理性原则。由于合理性原则缺乏可操作性,难以形成较为一致的判断结果,另外即使滥用自由裁量权造成不合理结果,也很少承担相应的责任,行政合理性原则实际处于闲置状态。从采用比例原则控制自由裁量权的国家来看,由于比例原则的适用范围广泛,标准较为客观,能使行政机关细微到从量的方面考量行政裁量权是否被滥用,司法机关在利用比例原则审查行政行为时,也能依照比例原则对自由裁量行政行为进行合法与非法方面的处理。如果自由裁量行为违反比例原则,那么行政机关即需承担相应的行政责任,从而从实际上真正制约行政自由裁量权的实施。参见周定平:《论突发事件应对的比例原则》,载《求索》2008年第9期。

适的力度保护应有之法益。

　　治安行政警察的执法活动针对的是一般违法行为,面对的是普通民众,所涉法益也不重大,通常没有剧烈的对抗,一般可以通过协商、沟通等方式解决问题,必要时才使用具有强制性的命令、决定,只有在特殊情况下才使用强制程度较高的警械。刑事司法警察在执法活动中所要面对的对象是实施严重破坏社会管理秩序的犯罪分子,必然需要动用更具强制性的警察权力。当然在具体使用过程中还要区分不同情形,针对不同特征的犯罪活动和不同情况的犯罪行为人按照比例原则要求分别应对,在侦查手段的选择上,也要区分任意侦查手段或强制侦查手段分别应用于具体的情形。任意侦查是由相对人自愿配合的侦查,不会对相对人的合法权益强制性地造成损害。强制侦查是侦查人员(警务人员)通过强制方法查获犯罪证据和查缉犯罪嫌疑人的各种手段,如强制到案(拘捕、拘传)、强行搜查、扣押、查封、冻结、强制采样、强制体检、拘留或执行逮捕等。由于强制侦查权的行使会对公民的自由、财产和尊严等造成较为严重的影响,法律对强制侦查权使用的条件、方式和目标按照比例原则的要求作了较为严格的规定,把强制侦查的力度和范围控制在必要的最低限度内或是限定在最适当的限度范围内。

　　除了常规性的刑事司法警察权要按照比例原则设立和行使外,特殊的刑事司法警察权在设立和行使过程中也要严格遵循比例原则的要求。秘密侦查(技术侦察)①按照强制程度排序,从高到低大致为秘密拘捕、监听、特情和秘密侦查员的卧底侦查与诱惑侦查、跟踪监视、探听等。理想设计模式是,根据秘密侦查措施强制性程度的序位,依次确定大小不等的适案范围,即强制性程度较高的秘密侦查措施仅适用较严重的刑事案件,强制性较弱的则不仅适用于严重刑事案件,也适用于较轻的刑事案件。②

　　因而,警察执法行为性质很大程度上决定着警察权力行使的强制程度,即办理刑事案件时法律通常授权警务人员行使权力的强制程度较办

---

① 在我国的学术界和司法实务界,对秘密侦查、技术侦查和特殊侦查措施三个概念常不作严格区分,混淆适用。事实上这三者的内涵和外延是不同的。具体来说,特殊侦查措施(广义上的秘密侦查)的范围包括技术侦查和秘密侦查(狭义的秘密侦查)。技术侦查的手段主要有电子监听、电子监控、秘密拍照、秘密录像、秘密搜查和对邮件及通讯的检查等。秘密侦查主要有隐匿身份侦查和控制下交付两类,其中隐匿身份侦查又包括卧底侦查和诱惑侦查两种形式。参见张建伟:《特殊侦查权力的授予与限制——新〈刑事诉讼法〉相关规定的得失分析》,载《华东政法大学学报》2012年第5期。

② 参见邓剑光:《秘密侦查正当程序之理论解说》,载《政治与法律》2005年第3期。

理治安案件更高;办理社会危害性较为严重的特殊刑事案件需要采用秘密侦查措施,警务人员可行使权力的强制程度较普通刑事案件更高。世界各国的做法在这方面基本相同,在德国各邦警察治安主体包括行政警察、刑事警察和中心任务局警察:执行常规治安维护的职能属于行政警察,其武器配备力度最弱;比之武力程度更强一些的是刑事警察,负责履行部分防暴职能,这与刑事警察的武器配备力度一致;各邦警局无法解决的治安事件才交由设置有若干防暴队的中心任务局解决。①

二、根据危害程度和危险程度使用不同强制的警察职权

警察强制作为警察权力运作中的一种常见表现形式,是警察在执法过程中以合法暴力行为对非法暴力的对抗。在与非法暴力的对抗中,违法犯罪活动社会危害程度的高低和违法犯罪行为人危险程度的高低是决定强制性警察权力程度高低较为关键的两个因素。② 正是由于违法犯罪活动社会危害性的存在以及这种危害性的不易抑制和消除,才迫使警察使用强制手段进行武力对抗。如果没有一定的强制或武力支持,在对抗中是难以取胜的。因而,对违法犯罪活动的武力对抗是一种"必要的恶",是国家为了对付超越其容忍的最低限度的破坏社会秩序的行为,不惜动用武力(乃至暴力)进行的对抗。各种违法犯罪活动是"一个由一系列越轨行为构成的阶梯,它的最高一级就是那些直接毁灭社会的行为,最低一级就是对于作为社会成员的个人所可能犯下的、最轻微的非正义行为。在这两极之间,包括了所有侵犯公共利益的、我们称之为犯罪的行为,这些行为都沿着这无形的阶梯,从高到低顺序排列"。③ 在使用武力对抗违法犯罪活动时,要根据违法犯罪活动危害程度的高低决定使用武力强制程度的高低,二者之间应具有相称性。也就是说,要根据社会危害性由低到高的"阶梯"分别选择由弱到强的警察权力与之相匹配来对付和制止正在进行的违法犯罪活动。

---

① 参见钟碧莹:《德国警察主体法律体系评析及对我国的启示——以治安职能为核心》,载《河北法学》2013年第5期。

② 人身危险性和社会危害性是不同的。人身危险性属于行为人的范畴,社会危害性属于行为的范畴;前者属于未然的领域,后者属于实然的领域。从根本上讲,对社会危害性的评价属于对行为的评价,而对人身危险性的评价属于对行为人的评价,两者不能混同,应该形成两套完全不同的评价系统。参见宋伟卫、丁玉玲:《人身危险性理论评析》,载《河北法学》2004年第11期。

③ 〔意〕贝卡里亚:《论犯罪与刑罚》,黄风译,中国大百科全书出版社1993年版,第66页。

违法犯罪活动的社会危害性是警察可以动用强制性权力进行防范和抑制的一个前提,违法犯罪行为人社会危险性的存在是警察使用武力进行对抗的另一个前提。这里的危险性不仅仅指行为人的主观恶性,更指重大社会危害性即将发生的可能性。对危险性的评估应当坚持主客观相统一的原则,既要看违法犯罪行为人的主观恶性,更要看其行为对社会危害的现实性和可能性。一般来说,对于危险性较大的违法犯罪嫌疑人,在对其人身进行限制时使用警察权力的强制程度就越高。

在实际执法过程中,治安案件的社会危害性比刑事案件小,常规性治安案件的社会危害性比重大治安案件小;普通刑事案件的社会危害性比重大刑事案件小,而重大刑事案件的社会危害性又比特大刑事案件的社会危害性小。在判断违法犯罪行为人的危险性时,一般暴力案件的危险性比重大暴力案件小,而重大暴力案件的危险性又比特别重大暴力案件小。警察机关和警务人员在处理这些案件时,要根据案件反映出的违法犯罪活动的社会危害性和违法犯罪嫌疑人人身危险性选用与之相匹配的不同强制程度的警察权力。

另外需要特别说明的是,虽然警察执法过程中强制性权力的使用会对公民产生不利影响,但是与法律规定的对违法犯罪行为的处罚或制裁不同,其目的主要是为了及时制止社会危害性的继续发生和防止潜在的社会危险性变为现实的社会危害。与治安行政处罚和刑事处罚裁量是主要考虑社会危害性不同,违法犯罪活动的社会危害性和违法犯罪行为人的人身危险性只是决定警务人员执法时使用强制性警察权力程度轻重的部分理由,决定警察强制性权力的最关键、最主要因素是执法过程中违法犯罪行为人对警察执法的对抗程度。

三、根据抵抗程度使用不同强度的警察武力

警察武力使用是警察为制止违法犯罪活动的发生和保障警察执法活动的顺利进行对违法犯罪嫌疑人及其相关人员采取的一种人身强制手段,是警察执法有效进行最有力的保障。由于武力使用会对公民的生命健康权和人身自由权造成极为严重的伤害,几乎每一个国家的法律都会对其做严格的限制。一般只是要求警察在执法过程中遭受严重的抵抗时或者不直接使用武力将会产生极为严重的后果时才可以使用,而且必须按照比例原则的要求区分情况使用。我国香港特别行政区的法律制度在这方面的规定较为完善,其执法实践中的做法也值得我们借鉴。香港特

别行政区对警察武力的使用具有较为科学合理的等次分级和严格明确的界限界定,对警察执法中可能遇到的抵抗行为作了较为细致的分级分类,并且对每一级别的警察武力的使用规定了较为详细的使用手段,确保了警察适度正当地使用警察武力。①

香港特别行政区把警察执法中可能遇到的抵抗分为六级。一级抵抗程度最轻,六级抵抗程度最重,其他几级分别位于其中。一级抵抗指的是心理威胁,具体表现为对警察的执法活动仅仅表现出抵触、不满的情绪,但还没有现实的抵抗行为。二级抵抗指的是口头不服从,具体表现为当事人语言的不服从、对警察命令的言辞拒绝甚至谩骂警察等。三级抵抗是指消极抵抗,具体表现为当事人使用消极行为抵制警察的执法活动,但还没有主动实施伤及警察和民众的行为。四级抵抗是指防卫性抵抗,具体表现为当事人采取可能导致警察和公民轻度伤害行动进行抵抗的情况。五级抵抗是指恶意攻击,具体表现为当事人使用肢体或器物对警察及其民众攻击并试图以较为严重的伤害来抗拒执法。六级抵抗是指致命攻击,具体表现为当事人持刀、枪、爆炸物品等其他危险物品故意攻击警察和民众,积极阻止警察执法,可能发生危及人的生命或致人重伤等后果的情形。

针对上述不同程度的抵抗行为,香港特别行政区相关法律制度规定了警察可以采取五种级别的应对措施,程度由低到高分别为:使用语言指示、语言控制、徒手控制、中度武器使用和致命武器使用。其中的徒手控制又分为温和徒手控制和强硬徒手控制两种,中级武器使用又分为温和式武器使用和强硬式武器使用两种,并对每种情形下适用强制措施的条件、方式和程度做了相关的要求。特别是对于致命武器的使用,作了较为严格的规定,只能在保护警察和他人免受危及生命或重伤的威胁、拘捕犯有严重暴力罪行且企图拒捕的嫌疑犯和平息骚乱或暴乱时才可以使用。

我们应该借鉴香港特别行政区及有关国家的有益做法,在武器警械使用的相关法律法规中和规定警察执法行为的相关法律法规中针对不同抵抗程度进一步具体明确警察可以分级别使用武力进行制止的基本做法

---

① 参见许飞:《香港和大陆警察武力使用级别对比分析》,载《江西公安专科学校学报》2010年第4期。

和要求,以便于警察在执法中能果断及时采用适当措施实现执法目标。[1]

四、根据紧急状态不同行使不同强制的警察职权

人类社会已进入具有潜在性、无法预料的爆发性、时空跨越性、危害严重性和处置紧迫性等风险的高风险社会。近年来,灾害事故和突发公共安全事件在全球范围内频繁爆发,危害程度日趋严重,需要国家运用紧急权力,采取应急措施,进行有效控制。在紧急状态之下,危险的紧迫性要求必须赋予政府较之常态社会下更多、更具强制性的权力(特别是具有强制性的警察权力),以便能及时组织、运用各种资源,有效控制和消除紧急的不安全状态,恢复正常社会秩序。特别是对于时间紧急、社会危险性巨大的人为引发突发事故或公共安全事件,采取有效措施迅速解除危险更为关键。在这种情况下,警察权力受程序限制的程度降低,有些程序和手续也相应地简化,使警察权自由行使权力的空间扩大。[2] 在紧急状态下人权保障在某些方面让位于效率有其内在的正当性(学理上称之为"紧急失权")。在紧急状态时期需要对宪法所确立的某些基本人权作出一定的限制,是由紧急状态的特殊危险性所决定的。紧急状态下政府采取紧急对抗措施之正当性,正是限制公民部分基本权利的必要性之所在。[3]

当然,法律在规定紧急状态下人权保护的最低标准的同时,还应明确政府在行使行政紧急权力做出对公民权利限制的决定时,必须遵守行政

---

[1] 尽管我国的法律法规以及相关的规章制度并没有作明确的规定,但已有学者对此做过研究并提出了一些相关的观点。有人指出,根据违法犯罪行为人的抗拒手段以及表现出的暴力程度,行为人的抵抗可以分为六种:心理抵抗、口头抵抗、身体接触抵抗、主动性抵抗、暴力反击和致命攻击。警察使用武力制止抵抗也可以分为六级:观察站位控制、语言控制、低程度擒拿控制、强硬擒拿控制、使用警械或中级武器控制和致命武力控制。参见许飞:《香港和大陆警察武力使用级别对比分析》,载《江西公安专科学校学报》2010 年第 4 期。

[2] 参见沈国琴:《紧急状态下警察行政权的行使及其规范》,载《中国人民公安大学学报》(社会科学版)2006 年第 6 期。

[3] 由于任何权力的强化都有可能因其被滥用而侵犯公民的权利和自由,损害国家和社会的公共利益,尽管为了实现公共利益而赋予政府一定的紧急权力,但也是有底线的,对于一些最基本的人权即使在紧急状态时期,也不得随意克减。联合国《公民权利和政治权利国际公约》(1966 年 12 月 16 日通过)第 4 条第 2 项规定,在紧急状态下不得克减公民的部分基本权利,这些基本权利主要包括生命权、人道待遇、不得使为奴隶或被强迫役使、不得仅仅由于无力履行约定义务而被监禁、不受有溯及力的法律约束、法律人格的权利、思想、良心和宗教的自由。纵观各国立法以及有关国际公约的规定,对紧急状态下人权保障的最低标准一般包括:生存权和生命权、人格尊严不受侵犯、宗教信仰自由、公民资格不得取消、不受有溯及力法律的约束、个人生活与家庭生活得到尊重、取得司法保护和国家赔偿的权利等。参见周佑勇:《紧急状态下的人权限制与保障》,载《法学杂志》2004 年第 4 期。

法治所要求的比例原则。① 在紧急状态下,因为面临形势的紧迫性要求警务人员必须果断采取相应措施防止危险的发生或扩大,特别是对于人为引发的突发事故或公共安全事件,更加需要警察机关超越法治的常态要求,采取比平时更广泛、更具强制性的紧急权力以平息事态。而且,情况越紧急,警察机关可使用的强制性权力就越大越广。"9·11"事件后,美国对其强制性警察权限制在一定程度上也有所减弱,以便于警务人员选择适当的强制手段高效及时地处置危机和应对风险,如软化司法令状的限制,延长对犯罪嫌疑人的拘留时限,增进部门间的情报披露,扩大警方的搜查、逮捕、窃听权,设立未经审判的无限拘留权等。伦敦"7·7"大爆炸后,英国首相布莱尔表示,要大大增加治安巡逻警的权力,遇有不良青年时,可以启用"反社会行为规则"予以惩罚制止。② 因而,在紧急状态下,事态越紧急,危急越严重,警务人员就可以动用更严重的强制性警察权力(甚至使用武器)来消除危急,平息事态。

对此最适当的解决办法就是根据事态涉及公共安全、社会秩序和法益损害程度的轻重以及事态紧急程度区分为平和、平急、紧急、危急和特别危急等不同的等级,然后确定每个等级警察机关可使用强制性警察权力的措施和程度,以便于指挥人员或警务人员及时按照相应的等级要求采用适当的强制手段,及时处理事件。③

五、对警察职权行使过程中极端强制的特别限制

按照相关的警学(或警察法学)理论和法律制度的规定,强制性警察

---

① 参见姜明安:《紧急权力行使要规范》,载《法制日报》2003 年 5 月 17 日,第 2 版。

② 参见郑红梅:《论警察执法权的规范与保障——兼谈对〈治安管理处罚法〉规范和监督警察执法权的理解》,载《江西社会科学》2006 年第 5 期。

③ 在这方面,群体性事件处理、灾害事件处理和突发公共事件进行危险等级评定等,给我们提供了可资借鉴的经验。根据影响群体性事件的主要因素,参照事件的表现形态和规模,人们常将群体性事件的危急状态分为平和、平急、紧急、危急四个等级,以此作为采取应对措施的依据。按照社会危害程度、影响范围等因素,人们还将自然灾害、事故灾难、公共卫生事件和公共安全事件等分为特别重大、重大、较大和一般四级,并根据不同级别的突发事件实施不同的预警制度及其管理措施。将突发公共事件划分为不同的级别,从而采取不同的应急措施,这也是各国和地区应急管理的共同经验。当前,西方发达国家政府预警系统一般都强调对突发公共事件进行分级预警管理,对程度不同的突发公共事件实行不同级别的认定,并采取相应的对策。例如,"9·11"恐怖袭击事件发生后,美国建立了一套五级国家威胁预警系统,用绿、蓝、黄、橙、红五种颜色分别代表从低到高的五种危险程度(具体为:低、警戒、较高、很高和严重),并确定了不同的应对措施。参见郭济主编:《政府应急管理实务》,中共中央党校出版社 2004 年版,第 108—109 页。

权力的运行一般要遵循比例原则的要求,但极端强制性的警察权力都要遵守专门的要求。一般来说,警务人员在制止违法犯罪活动或查获缉捕违法犯罪行为人时应尽可能采用非暴力手段。对于暴力使用必须在不得已的情况下才能进行,而且只能在其他手段起不到作用或没有可能达到预期的目的时方可使用。在不可避免的情况下依法使用暴力时,警务人员对暴力的使用应有所克制,并视违法犯罪行为的严重性、紧迫性和所要达到目的的正当性而行事,并尽量减少损失和伤害人的生命。在使用暴力或武器使当事人丧失破坏能力后要确保任何受伤或有关人员及时得到医疗救护,并尽快通知受伤或有关人员的亲属。

警务人员只有在绝对必要时才能使用武器,而且不得超出执行职务所必需的范围。除非嫌疑人进行武装抗拒或威胁到他人生命,而采用其他较不激烈措施无法加以制止或逮捕时,不得使用武器。由于武器使用是一种非常极端的措施,应尽可能不使用,特别是对于儿童,原则上禁止使用武器。即使对违法犯罪嫌疑人使用武器,也必须是在其进行暴力抗拒警察执法或正在实施威胁他人生命的行为时才可使用。具体来说,"执法人员不得对他人使用火器,除非为了自卫或保卫他人免遭迫在眉睫的死亡或重伤威胁,为了防止给生命带来严重威胁的特别重大犯罪,为了逮捕构成此类危险并抵抗当局的人或为了防止该人逃跑,并且只有在采用其他非极端手段不足以达到上述目标时才可使用火器。无论如何,只有在为了保护生命而确定不可避免的情况下才可有意使用致命火器"。①

六、多元化、多层次强制性警察职权的功能承继

在对内运作的国家权力体系中,警察权不仅是强制程度最高的权力,也是强制手段最复杂的权力。警务人员可以行使的强制性权力呈现出多元化和多层次性的特征。警察强制性权力的多元化主要体现在警察权力运行方式的多元化和运作对象的多元化上;警察强制性权力的多层次性主要体现在其强制手段的多层次性和作用方式的多层次性上。

---

① 联合国大会第34/169号决议通过的《执法人员行为守则》第3条和第八届联合国预防犯罪和罪犯待遇大会通过的《执法人员使用武力和火器的基本原则》第4条、第5条、第9条等都对此作了类似的规定。参见北京大学法学院人权研究中心编:《国际人权文件选编》,北京大学出版社2002年版,第207—214页。

具体来说,强制性警察权力的运行方式的多元化具体表现在:警察机关及其人员在执法过程中不仅可以采取检查、搜查、查封、扣押、冻结、收缴或没收财产等手段,还可以采取盘问、检查、强行带离、强制传唤、拘传或拘留等限制人身自由的措施;不仅可以使用制服性警械,可以使用驱逐性警械,还可以在一定条件下使用武器;不仅可以公开搜查公民的住宅和身体,还可以采取技术手段和秘密措施对人的活动或通讯进行秘密监控等。强制性警察权力运作对象的多元化具体表现在:既可以对人身实施强制(包括人身自由的限制和生命的剥夺),也可以对物实施强制,还可以对涉及纯粹个人事务的住宅、通信自由、通讯秘密等进行强制。

对人身的强制和对物的强制,是警察权运行中传统的强制方法,人们对其认识和法律的规定也比较到位。随着社会文明程度的提高和科学技术的发展,人们对其生命尊严的追求也越来越重视,对其个人领域事务的自主性和控制权的诉求也越来越强烈。在现代法治国家,隐私权被普遍承认为是宪法性基本权利,并被一些国际性和区域性的人权公约确立为一项基本人权。① "就民主宪政的基本理论而言,本身就蕴含着将一向被'公共领域'覆盖的'私生活领域'划出的意图,赋予其积极意义,从而尊重个人的尊严,并确保个人在此范围的自由。"② 干涉或侵犯他人隐私权的活动虽然在表面上没有造成公民的人身、财产等物理上的限制和强迫,但在实际上却是侵犯了当事人的人格尊严,使其心理或精神在一定程度上受到胁迫。为了实现公共安全和社会秩序的维护,各国和地区的立法活动和执法行为都力求在特定执法活动进行的必要性和保障个人安全、秘密的私生活权益之间寻求适当的平衡。由于违法犯罪活动的日益智能化、隐蔽化,为了最大限度地打击犯罪,必须赋予警察机关使用技术手段和强制措施的权力,而且还是限制越少越好;同时,公民的隐私权作为一项宪法性基本权利,必须得到应有的尊重。

---

① 《欧洲人权公约》第8条规定,任何人对于自己的私生活和家庭生活、住宅及通讯都有权受到尊重,"除非依据法律并且在民主社会所必要的范围内出于国家安全、公共安全或国家的经济福利的利益,为了预防骚乱或犯罪、保护健康或道德或者保护他人的权利和自由,公共机关不得干预这项权利的行使"。美国《爱国者法案》第213条赋予侦查部门在五种情况下可以在执法搜查时不用通知或提醒被搜查人。侦查机构应当向有关法院申请一种称为"秘密潜入和偷窥式搜查证"。《爱国者法案》第216条允许政府在法院同意的情况下,对互联网的使用者进行广泛的跟踪和窃听,与对电话的跟踪和窃听不同的是,互联网的跟踪和窃听是大规模的,不受被窃听对象的限制。参见于改之、贾配龙:《美国反恐立法评析》,载《山东社会科学》2013年第9期。

② 李鸿禧:《宪法与人权》,台北元照出版公司1999年版,第431页。

警察权力强制手段具有多层次性,主要表现在其可依据法定条件对违法犯罪行为人通过规范语言、身体力量、器械和武器的使用对其思想、行为进行强制。在执法过程中,警务人员可以由弱到强实施下列手段:口头控制、徒手防控、警械使用和武器使用。在具体执法工作中,警务人员到达现场首先要通过语言沟通进行口头控制,当口头控制不足以消除和阻止事态的发生或恶化时,可使用徒手控制。当使用徒手控制仍不足以控制违法犯罪嫌疑人或消除可能造成的破坏时,可使用非致命性暴力——警械。如果使用警械不足以消除危险、不能达到警察目的或者来不及使用警械处置时,也可以选择使用最为严厉的致命性警察强制力——武器。武器使用的基本前提是,警务人员为了保护自身或他人免受有合理理由预见的死亡或者严重人身伤害的即时性威胁以及会对公共安全造成较为严重的即时性危险。需要明确的是,尽管在法律制度的设计上,警察强制手段有层次性,要根据比例原则要求区别等级使用,但在现实执法中,要视当时的具体情况而定。在选择使用何种强制力时无须按照严格的等级顺序依次进行,通常也无须选择从最低等级的强制力开始。警务人员应对当时的情形作出判断,并针对该特定情形选择合适等级的强制力。警察权力作用方式也具有多层次性,既可能表现为现实的强制性,也可能表现为潜在的强制性。现实的强制性意味着"武力或者物理的实质强制力",主要指对对象的"现实压制力";潜在的强制性意味着强制对象的反抗将会导致"潜在的更为不利的后果",这种强制主要表现为一种"无形威慑力"。①

虽然警察强制是法律许可警务人员在执法过程中实施的暴力行为,但也不能任意实施。警察强制的使用要根据警情的需要不同赋予警察使用不同强制程度的权力,不能不做区分地笼统授权。② 为了保证警察权

---

① 参见宋远升:《警察刑事强制处分的权力分析》,载《中国人民公安大学学报》(社会科学版)2010 年第 3 期。
② 台湾地区"警械使用条例"第 2—4 条以警情的强度为序自弱至强分别设置得使用警棍指挥、得使用警棍制止、得使用警刀或枪械的三类情形;第 5 条规定了在执行取缔、盘查等勤务时使用警械的条件;第 6—9 条则是比例原则在警械使用领域的分解,包括必要性要求、合目的要求和狭义比例要求。特别是为了适应实际警情和便于警察的临场处置,该条例在第 3 条规定了"发生第四条第一项各款情形之一,认为以使用警棍制止为适当时"。而在第 4 条也规定"有前条第一款、第二款之情形,非使用警刀、枪械不足以制止时"。通过对大陆与台湾地区立法体例的比较分析可知,台湾地区的"警械使用条例"更侧重于以违法犯罪行为的严重程度为基准的规制方法,而警械仅是一种表示严重程度的工具。而《中华人民共和国人民警察使用警械和武器条

不过度运用且能有效实现目标,必须按照比例原则的要求使不同性质警察职权(多元化警察权力)和不同强制程度警察职权(多层次警察权力)的启用条件和运作限度形成一种内在逻辑关系清晰和功能承继明确的等级体系。在执法实践中,应当在全面考虑违法犯罪行为人的对抗手段、暴力程度、危害后果、力量对比和危急程度等因素的基础上进行综合评价,进而评判出可使用警察强制的等级,然后根据相应的等级规定和比例原则要求针对各自的特殊情形对症下药,采取不同强制程度的警察权力。

例》则直接以器械为分类位阶和依据,虽然不同的器械对应不同的违法犯罪程度,但是对同一类违法犯罪行为却没有强度上的严谨区分。这必然会造成在采取武力行为时的工具取向主义,因为器械本身就是违法事件严重程度的标识。参见翟金鹏、史全增:《大陆与台湾地区警察武力使用法律规范比较研究》,载《中国人民公安大学学报》(社会科学版)2014年第5期。

第四章
警察职权配置的合理化

警察职权的内容和范围是一个结构复杂、功能多样的庞大体系,既有上下级之间结构不同的职权关系,也有处于同一层级之间功能不同的职权关系,各种职权之间既要有分工又要有配合,还要通过必要的集合形成整体力量以共同完成警察机关的职能和使命。为了保证警察职能的充分实现和防止警察职权过于强大而侵害到公民的正当权利,警察职权的配置必须适度,既不能太小也不能太大,既不能太弱也不能太强。也就是说,对于警察权力的配置,一方面不能太小太弱,否则就无法有效履行其维护国家安全和社会治安秩序的职责,从而出现"小马拉大车"的状况;另一方面也不能过大过强,否则会造成维持秩序与保障自由的失衡和权力资源的过度消耗与公民自由权利的过度压制,从而出现"过犹不及"的状况。因而,要严格遵循法治的原则和精神来配置我国的警察职权。因为这一时期警察权配置问题的关键并不在于警察权配置范围的大小和强制程度的不同,而是在于权力的配置是否正当,而正当与否的关键又在于是否按照现代法治所应当具备的原则来授予和配置警察权力,从而避免过度使用警力和任意使用警力现象的发生。①

对于公安机关警察职权的合理化配置,在当前主要通过警察职权的社会化改造、强制处分性警察职权的司法化改造、结构性和功能性警察职权的优化配置、构成警察职权体系的要素之间关系的合理配置以及警察职权配置手段的法治化等几种途径来实现。

---

① 参见高文英:《转型期警察行政职权配置若干问题探讨》,载《中国人民公安大学学报》(社会科学版)2012年第4期。

第一节 警察职权的社会化改造

在社会现代转型的过程中,国家权力的表现形式和行为方式必然会呈现出多元的趋势,使得"传统的、具有主要作用和凝聚力的民族国家的权力被社会再造过程所产生的多样性所取代"。① 具体就警察权力来说,随着从计划经济体制向市场经济体制、从封闭型社会向开放型社会转型的逐步深入,我国警察权力运作逐步呈现出社会化的趋势。警察机关维护国家安全和社会治安秩序的职责需要社会公众的互助合作和积极参与才能有效实现。

一、社会力量参与警察权力运作的理论依据与实践根据

政府职能社会化是近现代国家政府职能改革发展的基本方向。新中国成立初期,实行的是计划经济模式,后又实行有计划的商品经济模式,20世纪90年代又开始实行市场经济模式。从一定意义上说,中国经济运行方式和社会管理模式的这些变化在本质上反映出的正是逐步向政府职能社会化的转型。从西方国家政府的职能实现来看,1929—1933年世界经济危机爆发之后,西方政府开始广泛介入到了社会生活"从摇篮到坟墓"的各个环节,由此带来了20年的经济繁荣。然而在20世纪60年代末70年代初期,西方经济又开始出现停滞,70年代末以后,西方政府重新界定了政府与社会、国家与公民的关系,不仅缩小了政府经济职能,还从以往涉足的诸多社会领域退让出来,将政府的社会管理职责定位于——不是事必躬亲的划桨者,而是起关键性作用的掌舵者。开始注重发挥社会主体在社会公共管理方面的积极作用,特别强调在提供管理和服务时,政府不再是唯一的主体,而应当将政府和其他非政府组织及公民个人共同作为实现政府职能和完成国家使命的主体。由此开启了政府职能社会化的政府组织管理模式。

政府职能社会化就是政府通过调整公共事务管理的职能范围和履行职能的行为方式,将一部分公共职能交由社会承担并由此建立起政府与社会的互动关系,以有效处理社会公共事务的过程。② 政府职能社会化

---

① 〔英〕Alison Wakefield:《社会发展与警务变革——公共领域的社会化警务》,郭太生等译,中国人民公安大学出版社2009年版,第7页。
② 参见王乐夫:《论中国政府职能社会化的基本趋向》,载《学术研究》2002年第11期。

也是政府收缩职能管理范围,将一部分职能逐步向社会移交的过程。具体来说,就是将那些为社会直接提供公共服务的技术性、具体性、事务性的职能交由社会组织承担,将那些由政府与社会共同管理将会产生更大效益的事务转向政府与社会的共同治理。

政府职能社会化也是我国政府管理体制改革实现突破的重要路径。长期以来,我国行政管理体制改革的主要手段是放权,中央给地方放权,上级给下级放权,但是这种放权终究局限于政府和国家层面,社会仍然被排斥在权力的边缘。这种改革在当下显然难以取得根本性的突破,因为这样的改革既发挥不了政府与社会的协同作用,也实现不了社会对政府权力的约束作用。因为"从公共权力之外对公共权力进行约束和制约,才能从根本上防止和抑止公共权力的滥用及异化。市场经济条件下公共权力的运作过程,是公共权力与社会的互动过程,公共权力要作用和影响社会,公共权力也要服从社会,受其影响、制约"。[1]

为了使我国的政府职能转变和行政管理体制改革适应社会发展需要,满足国家治理体系现代化和治理能力现代化要求,我们必须寻求新的努力方向。在这方面,"治理与善治理论"给我们提供了新的启示和探索路径。治理和善治理论的根本立足点在于政治国家与市民社会的相互"形塑"才能达到社会事务管理的"善治"。[2] 这一理论主张社会管理力量的多元化格局,认为政府权力并不是管理社会的唯一凭借,强调政府与公民的良好合作和公民对政府治理的积极参与。将治理公共事务看做是一个上下互动的过程,通过共同协商、良好合作来确立和实现共同目标。

随着经济市场化、政治民主化和社会信息化进程的日益加快,国家对社会秩序的保障方式也随之发生根本性的变化——由传统的"管理"向现代"治理"转变。与管理相比较,治理在诸多方面表现出了根本性的转变。治理的主体既可以是政府机构,也可以是社会组织,还可以是政府机构和社会组织的合作。治理在手段和方法上更强调各种机构(组织)之间平等自愿合作。在以往,政府职能的实现依赖自上而下的强制运作,通过运用政府的政治权威发号施令,通过制定政策和实施政策,对社会公共事务实行单一向度的管理。与此不同,治理则是一个上下互动的管理过程,它主要通过合作、协商、伙伴关系、确立认同和共同的目标等方式实施

---

[1] 臧乃康:《公共权力内在倾向及其约束》,载《社会科学研究》2003年第1期。
[2] 参见俞可平:《治理与善治》,社会科学文献出版社2000年版,第5—13页。

对公共事务的管理。治理不仅消除了政府与社会的对立关系，节约了政府大量的人力、物力，还发挥了社会组织和公民的主体作用，充分调动了他们参与社会事务的积极性。鉴于治理在增进公共利益和促进社会秩序方面的诸多优势，党的十八届三中全会通过的中共中央《关于全面深化改革若干重大问题的决定》中指出，要创新社会治理体制，提高社会治理水平，改进社会治理方式。

警察职权社会化正是政府维护国家安全和社会治安秩序职能实现由管理模式向治理模式转向，通过强化治理过程中的警察服务实现警察与社会及公众的合作互动。从法理上讲，警察职权作为公权力正是公众私权利让渡的结果，是公众为实现自由而自愿接受公权力来限制自己自由的结果。从社会实际来看，警察职权社会化又有警察与社会的合意基础：公众希望警察成为自己权益免受侵害的庇护者，成为自己与他人冲突纷争的有效解决者；警察则希望在履行职能和行使职权中得到公众的配合和支持。而且在民主性的政府背景下，社会公众不仅有权利要求警察更好地为自己提供自由和秩序的保障性服务，也有权过问和参与警察机关履行职责和行使职权的活动。

目前，警察职权社会化改革已是世界潮流，西方发达国家早已在警察职权的实际运作中开启了与社会的合作。在昔日的美国，警务通常被认为是由国家专职警察所从事的一种排他性公共活动，但随着对公共安全需要的不断增加，也使得警务越来越多地为私人保安和平民雇员所从事。只不过私人保安从事的是旨在保护企业或居民的生命财产免受犯罪侵害的服务，警察机构的平民雇员也不拥有传统意义上的警察权力，仅履行非执法性职责，主要充当接线员和调度员，也从事信息收集、数据维护、现场勘查、后勤管理等方面的工作。这不仅有利于改善服务质量，提高服务效率，也可以降低政府成本。[①]

然而，我们的警察职权设立及其运作方式还没有从固有的管理模式的桎梏中完全解放出来；没有从宏观上入手，把警务改革置于社会公共管理改革系统的一个子系统的位置对待，从而作出前瞻性的设计。如果只是仅仅囿于警察工作内部的微观分析和对警察系统的组织机构、权责关系、人事制度、激励机制以及目标管理等进行微观调整，以期达到根本性突破是不现实的，也是不可能的。

---

① 参见曾忠恕：《美国警务热点研究》，中国人民公安大学出版社2005年版，第445—457页。

二、警察职权配置和运行中的社会合作

所谓警察职权配置和运行中的社会合作,是指通过改革目前警察职权内容的配置方式和运作模式,在警察机关实现职能和行使职权的过程中,建立起社会组织和公众共同参与防控违法犯罪行为和维护社会治安秩序的工作机制。虽然社会公众是警察权力的作用对象,但同时还是警察权力依赖的力量和服务的对象,这种对立统一的社会关系使警察职权配置和运行中警察与社会的合作成为必要,也是警察职权配置和运行中警察与社会良好合作的基础。目前世界很多国家都创建了社会治安多元参与模式和以社区警务为代表的国家警事社会化,这正是我国警察职权配置和运作的努力方向。警察职权配置和运行中警察与社会合作的要旨在于,将享有和行使国家警察权力机关的专业化警务活动和社会公众对违法犯罪的防控能力结合起来,以警察和公众的互动来预防和减少犯罪,共同创造社会的良好秩序和安宁。

警察职权配置和运行中警察与社会合作的实质是实现警察权力和社会及公众的合作互动,在根本上也就是要突出警事的主体应从单一的警察为主体转向警察与社会共同为主体,强调犯罪的根源在社会,防控犯罪的能力也在社会,谋求社会资源成为警察职能实现的保障基础和后备力量。与之相适应,警察的社会角色也应当发生根本性的转向,由"专政工具"和"反犯罪战士"向"社会服务员"角色转变。[①]

从另外一个角度来看,警察职权的社会化改造就是国家警察职能社

---

① 西方警察学的传统观念认为,警察就是"打击犯罪的战士",警察的根本职能是"对付犯罪"。然而,随着人们对警察学理论和犯罪学研究的逐步深入,人们逐步认识到,犯罪根源于社会,因而只依靠警察不足以解决犯罪问题。只有动员社会和公众参与,才能有效地遏制犯罪。美国在 20 世纪 70 年代以后,由于犯罪率的不断上升和警察同民众对立尖锐,政界和学界开始形成新的认识。他们普遍认为,仅仅依靠警察是不能有效遏制犯罪的,因为犯罪是社会现象,控制犯罪也应是全社会的责任。应当尊重警察和全力支持警民一致的各项措施。美国总统委员会在一份报告中指出:"只是依靠警察控制犯罪是不可能的。犯罪是一种社会现象,控制犯罪是社会的责任。警察只是刑事司法系统的一部分,而刑事司法系统又是政府的一部分,政府不过是社会的一部分。"英国现代警察刚刚建立的时候,罗伯特·比尔这个缔造英国警察的人物就对警察工作职能作出了明晰的规定。他认为,高效率的警务,首先是预防犯罪,其次才是刑侦和惩罚。他说,怎样才能使犯罪无处藏身? 只有依靠广大民众,只有把警务工作扎扎实实落实到社区,把警察的主要精力放到去服务于公众,保护公众的生命财产安全。欧美国家调查也证实,警察工作只有 20% 与刑事犯罪有关,80% 是承担社会服务性工作。正是基于这种认识,现在西方国家把全民皆警、警民协作和社区警务作为警务开展的基本理念。参见宋万年等主编:《外国警察百科全书》,中国人民公安大学出版社 2000 年版,第 328—335 页。

会化。国家警察职能社会化是指在警察机关专业化警务活动的同时,动员全社会组织和公众共同参与防控违法犯罪行为、维护社会治安秩序的过程。① 警察服务领域是一个可以由政府警察机关与多个社会主体共同发挥作用的领域,警察服务的供给应当通过国家与社会、政府与社区、警察与公众以及社区公众与公众的合作实现。在依靠市场组织、社会自治组织提供警察服务过程中,政府权力的限制和警察管理职能的缩小,并不意味着政府和警察作为治安管理权威的角色会因此而消失,而是要将政府和警察的这种权威日益建立在政府与公民、警察与社区之间相互合作的基础之上。政府要尽力培育社区治安自治组织,为社区治安自治组织提供培训与指导、提供一定的财力支持等,依靠政府与公众的共同力量,为社区提供良好的警察服务。

警察职权的社会化改造寻求的是在警察职权的设置理念上和行使过程中与社会组织及公众的互动,以"犯罪源于社会其根治也赖于社会"作为警察履行职责和行使权力的根本依据。在强调警察职权社会化的同时,也不能放弃警察职权行使的专业化,必须兼顾到警察职权社会化和专业化的平衡。

尽管在诸多方面警察职权社会化都能使警方在社会的支持和配合中获得警务能力的提升。警务社会化则是现代社会发展的必然结果,中国和世界其他各国都在实践中产生和发展了新的警务方式,如中国的治安承包、保安服务公司、治安员及辅警队伍和西方国家的私人警务等。因此,警务社会化的内涵就包括了群众性治安工作的契约化、自治化、责任化、职业化和市场化的特点。② 然而,很多专业化警务,因其特殊性和专业性是社会组织和公众无法完成和无法替代的。如作为警察行政执法权行使领域的治安工作和作为警察刑事侦查权行使领域的刑侦工作,都具有相当的复杂性和职业性特点,不仅由于其专业性和复杂性导致社会大众无法掌握其中的理论知识和业务技能,更为关键的是,这些权力直接涉及对公民自由和财产权益的限制和剥夺,出于保障人权的需要,这些权力只能由代表国家的警察机关行使。因此,警察职权社会化是有条件的,并

---

① 参见马占伟:《从治理理论看我国警察权的走向》,载《江西公安专科学校学报》2006 年第 3 期。
② 参见张成:《警务社会化的模式分析及法律制度建构》,载《广西社会科学》2010 年第 1 期。

非一切警察机关行使的职权活动都可由社会组织和社会公众参与进行，其中那些专业性、技术性较强的活动，以及直接涉及公民和社会组织重要权益限制或剥夺的职权活动，只能由警察机关独立行使。

三、非核心警察职权的社会化剥离

20 世纪 70 年代末 80 年代初，以美国、英国和澳大利亚等为代表的西方国家掀起了一股以新公共管理理论为指导的政府改革浪潮，以期达到提高政府公共服务部门效率和降低成本的目标。新公共管理理论将政府提供的公共服务区分为两种：核心公共服务和混合公共服务。其中政府提供核心公共服务，非政府部门和私人部门①提供混合公共服务。新公共管理理论主张改革公共产品的提供方式，运用市场和社会力量推行公共服务社会化，使公共事务管理市场化与社会化。新公共管理理论将公共服务看做是一个特殊的市场，认为取消公共服务供给的垄断性，按市场竞争的商业化方式运作，让更多的非政府组织、私营部门参与公共服务的供给，是提高公共服务的效率和质量的关键。

在新公共管理理论的指导下，从 20 世纪 90 年代开始，西方国家的警察机关也开始进行了警察职权社会化改革的一系列活动，将原来由警察组织承担的部分职能转移给社会去承担，通过社会和市场的方法减轻警察部门的负担，减少经费支出，提高警察组织的工作效率。英国内政部在 1994 年推出了《警察的核心职能和附带职能评论》，说明了什么是警察的中心任务，什么是附带任务。英国的警务改革突出地表现在，通过大量的社会和市场的方法完成警察组织边缘性职能和核心职能的剥离。美国已经开始研究警察机构的"平民化"问题，即在并不特别需要"宣誓警官"的岗位上使用平民，而不使用宣誓警官。美国总统委员会呼吁在警察服务中设立三种职位：平民社区服务官员、宣誓警官和警察侦探，其中平民社区服务官员这一职位承担警察的很多非执法职能，比如紧急医疗救助、协助寻找失踪或走失的人、交通指挥，等等。②

从我国社会实际情况来看，警察职权的社会化应当根据特定警察职

---

① 这里的私人部门主要指以民间资本为主的私营企业或公私相互参股的股份制企业；非政府组织指第三部门，包括民间团体、非营利性中介机构、自愿性的公共团体、群体性组织、基层自治机关等。

② 参见郑孟望等：《论新时期我国公安机关的核心职能与附属职能》，载《广西警官高等专科学校学报》2010 年第 4 期。

权内容的不同性质、运作后果以及复杂性和专业化程度来进行。对于直接涉及公民和社会组织自由、财产等重大权益的处分性决定且必须由警察机关以强制性手段实施的活动,如刑事案件侦查、治安案件查处、行政强制使用等,应当只由警察机关进行;对于涉及国家安全、社会公共安全和社会紧急事态处置等复杂程度较强或专业化程度较高的警察职权行为,也应当只限于警察机关行使;而对于一般的技术性、服务性、事务性社会管理或服务性职权,且由普通社会组织或公民个人实施不仅能提高效率还不会给国家安全和社会治安秩序产生不利影响的事务,可进行社会化剥离,依靠社会的、市场的力量来具体交由社会组织进行或交由社会组织在其他政府部门的指导下进行,尽可能以社会自主取代警察限制。这样不仅可以减轻公安机关的负担,提高公安管理的效能;同时,还适应了国家治理现代化的要求,把社会或市场能自行解决的问题划归给社会或让渡给市场。重塑政府与社会、公民之间的权力关系,实现政府逐步放权于社会、还权于民,强化公民权利和自治能力。

具体来说,可以将目前由警察部门承担并通过警察权力行使完成的下述一些职责交由其他政府部门、社会第三部门以及相关私营组织承担。

1. 可以划归其他政府部门承担的职责

(1)预防违法犯罪的部分职能,如安全防范宣传教育工作、对违法犯罪人员的帮助教育工作、社会面治安巡逻工作、对企业事业单位防范指导工作等;

(2)部分信息采集、数据统计职能,如常住人口登记工作、人口信息统计、旅馆住宿登记管理、违章车辆信息采集等;

(3)部分证件发放、登记职能,如出入境证件的发放、暂住人口居住证件的发放、驾驶证件的发放、非机动车与机动车辆登记等。

2. 可以划归社会第三部门承担的职责

主要是社会提供救助等服务职能,如失物招领、动物招领、社会救助等。

3. 可以划归私营组织承担的职责

主要是大型活动的安全保卫、安全警卫等,这类活动可以由私人组织承担,并按照市场化规律运作。

对以上这些附属职能,警察机关可以更多地依靠社会的、市场的力量来具体承担,由此腾出的警力用来加强核心警察职能的履行。

第二节　强制处分性警察职权的司法化改造

警察职权接受司法化改造是由警察权的属性和司法的功能共同决定的。警察权作为最具侵略性和扩张性的权力,必须受到适当的规制;而司法的权威性、独立性、中立性等特性和司法权实现公正的目标追求、制度设计等决定了警察职权的司法化改造是当下我国规制警察权力的最佳选择。对警察权进行司法化改造,进而实现警察权力的司法化运行,是全面推进依法治国的必然要求,也是切实落实宪法确立人权保障原则的根本努力方向。

具体来说,警察职权的司法化改造就是在警察权力的制度设计和警察权力的实际运行过程中,要接受司法机关(或具有司法属性的部门)的控制,按照程序正义的要求允许当事人参与警察权力的运作过程,对于警察权力的运作过程和结果,允许当事人通过司法途径获得救济。警察职权司法化改造的目标是实现警察职权的司法化运行。警察职权司法化运行,是指凡是以强制方式实施并涉及公民权益剥夺的警察权力运作必须在之前接受司法化审查,在之中增强作用对象的参与性和"对抗性",在之后受到司法途径的补救。其根本目的是借用司法的中立性、公正性和权威性实现警察权力运行过程的合法性和运作结果的正当性。

一、警察职权接受司法化改造的法理根据及国际经验

(一) 警察职权司法化改造的价值

对警察职权进行司法化改造的首要价值是保障人权。人权是人在一定的社会历史条件下因其本质和尊严享有或应该享有的基本权利,是人基于生存和发展所必需的自由、平等权利。人权是人成其为人和作为人存在的前提和基础。通过司法权力或通过借鉴司法运作中的某些合理因素来规制警察权力进而达到保障人权的目标,是人类文明发展进步的必然要求,也是法治发达国家的普遍做法。在法治社会中,法院(或具有司法属性的部门)拥有保障公民权利不受警察机关侵犯的权力。这项权力首先是通过"令状"加以实现的,即对公民人身自由进行限制时(如对犯罪嫌疑人进行逮捕时)或者对某一处所进行强行搜查时,必须在取得法官(或其他司法官员)签发的逮捕令状或者搜查令状后方可进行。这体现

的是司法权对于警察权的事先监督和干预。对于已经被逮捕的犯罪嫌疑人,由法官(或其他司法官员)决定是否羁押,不需要羁押的可以决定予以保释。这项权力符合对于履行攻击和防御职能的双方就程序问题(羁押是否有理由、是否超期羁押)的争议加以裁决的行为模式;对于违法羁押、超期羁押的,可以发布人身保护令予以释放。对于非法取证的行为,通过排除证据加以遏制等,这些权力的共同之处在于:它们都具有保障个人权利的特别功能。①

对警察职权进行司法化改造的人权保障价值不仅体现在警察职权运作的司法审查上,也体现在警察权力行使过程中的司法化运作和行使后的司法救济上。在警察职权的具体运作过程中,通过赋予运作对象的主体地位,允许其积极参与其中,通过赋予其充分的程序性参与权利,建立程序性对抗机制,不仅是对警察权力作用对象主体地位的确认,更是对其人格尊严的尊重。在警察职权行使后,通过赋予当事人向司法机关获得救济的权利,如针对警察行政职权的违法或不当行使,当事人可以提起行政诉讼;针对警察刑事职权行使中的刑讯逼供,可以向检察机关申请追究刑讯逼供罪,可以向审判机关申请非法证据排除;针对警察职权违法行使,致使当事人的人身权利、财产权利和精神权利受到侵害的,可以向有关机关申请国家赔偿等,使公民的合法权利得到充分保障。

因保障人权的需要,对限制或剥夺公民自由权利的警察权力进行司法审查也是联合国相关法律文件规定的内容。1976年3月生效的联合国大会第2200A(XXI)号决议《公民权利和政治权利国际公约》第9条在规定人人享有人身自由和安全的权利时,也明确规定"任何因刑事指控被逮捕或拘禁的人,应被迅速带见审判官或其他经法律授权行使司法权力的官员,并有权在合理的时间内受审判或被释放"。"任何因逮捕或拘禁被剥夺自由的人,有资格向法庭提起诉讼,以便法庭能不拖延地决定拘禁他是否合法以及如果拘禁不合法时命令予以释放。"②

对警察职权进行司法化改造还有有效规制警察权力的重要价值。有权力的人都有滥用权力的可能,除非遇到限制。强大的警察权力更有被人滥用的可能性。尽管在长期的政治制度探索中,人们设计了多种制约

---

① 参见张建伟:《刑事司法体制原理》,中国人民公安大学出版社2002年版,第17页。
② 北京大学法学院人权研究中心编:《国际人权文件选编》,北京大学出版社2002年版,第19页。

国家权力的手段和制度①,但其中的以权力制约权力,特别是以司法权制约警察权,是最为关键和最为有效的一种。司法权因其具有权威性、中立性和公正性,而更具规制警察权的独特价值。现代司法与古代司法在政治功能方面最大的不同就在于权力制约功能,它不再是少数统治者手中的工具,而是人民据以制衡权力和维护权利的保障。② 警察权作为一种"必要的恶",不仅强制程度高、行政色彩极为突出和自由裁量余地大,而且在具体行使中常常处在监督部门和社会公众的视野之外,是一种"能见度"很低的权力。这使得以司法权来规制警察权更为迫切,也更为必要。司法权通过对警察权启动条件进行审查并决定是否启动和对警察权行使活动是否合法进行审查并作出判断,进而通过对不按照法律规定行使警察权的人的责任追究来实现对警察权的规制。

警察职权司法化改造的另外一个重要价值就是实现社会公正。公正是人类在社会生活中最基本需求。为了使公正既可欲又可求,人们探索出了司法制度,并将其作为司法的基本属性和根本目标。在司法中谋求的公正,既包括实体公正(结果公正)也包括程序公正(过程公正)。前者追求的是通过司法使当事人之间的实体权利义务的分配处于合理状态,后者追求的是在司法过程中当事人之间的程序性权利义务的分配处于合理状态。③ 在具体的社会实践过程中,二者常常结合在一起,即通过司法过程中当事人之间的程序性权利义务的合理分配实现其实体性权利义务的合理分配,从而实现社会公正。

以往我们谈到公正,往往片面地将其理解为实体公正,而对于程序公正关注不够。殊不知实体公正正是通过程序公正保证的,没有程序公正很难有实体公正。或者说,没有程序的公正人们很难感受到实体公正。程序的公正主要是通过程序平等、程序公开、程序参与以及程序的完整等反映出

---

① 人们提出的权力制约方式主要有五种:以权力制约权力、以权利制约权力、以法律制约权力、以道德制约权力和以社会制约权力。其中法律制约还是通过法律对权力制约权力和权利制约权力的规定实现的。制约的本来意义应该是指通过外在的压力和手段进行的督促,道德是通过自律来实现的,因而道德对权力行使正当化的促进很难说是通过制约完成的。社会制约权力在实际上也是通过社会主体行使权利实现的,因而在本质上还是以权利制约权力。因而制约权力的方式在根本上只有两种,即以权力制约权力和以权利制约权力。参见卢建军:《以权力关系的视角解析警察权——兼论适应国家治理现代化要求的警察权力关系》,载《中国人民公安大学学报》(社会科学版)2015年第4期。

② 参见赵旭东:《纠纷与纠纷解决原论——从成因到理念的深度分析》,北京大学出版社2009年版,第169—170页。

③ 参见刘敏:《当代中国的民事司法改革》,中国法制出版社2001年版,第30页。

来。其中,需要特别强调的是,程序的参与者必须成为程序的积极主体,而非程序的被动客体。警察职权司法化改造在终极意义上就是通过应用和借鉴司法的特性和因素实现警察职权运作过程和结果的公正性。

(二) 警察刑事职权的司法控制①

在法治社会中,警察机关行使的刑事侦查职权受司法严格控制是一种十分普遍的现象,尽管在具体的技术操作路径上有些差别。在大陆法系国家和地区,虽然警察是侦查任务的主要承担者,但警察在行使侦查权的过程中并不具有独立的意志和自主的决定权,而仅仅是检察官或预审法官的执行者。在功能上,警察的侦查活动只是公诉职能的一个组成部分;在本质上,警察行使侦查权只是司法权整体的一个构成要素,而非司法权之外的独立内容。在法国,对于预审法官的正式侦查活动,上诉法院起诉庭可以通过三种途径对其决定进行司法审查:一是接受控辩双方针对预审法官所作裁定的上诉;二是接受预审法官和控辩任何一方要求宣布任何诉讼行为无效的申请;三是对重罪案件的侦查情况在第二级预审程序中进行合法性审查。在德国,通常要求检察官或警察对任何人的拘捕必须事先向法官提出申请并证明拘捕的必要性和合理性,在得到法官的逮捕令后才能进行拘捕。虽然在情况紧急下,检察官或司法警察也可以直接进行逮捕,但无论是由法官授权的逮捕,还是紧急情况下实施的未经授权的逮捕,都要立即接受法官的司法审查。在意大利,司法警察和检察官采取的所有强制性侦查行为一般都要获得侦查法官的许可或者授权。司法警察对任何人实施逮捕后,都必须尽快移交检察官。无论是司法警察实施的逮捕,还是检察官授权司法警察采取的逮捕,嫌疑人在被捕后都必须在规定的时限内移交侦查法官,由侦查法官作出羁押或者撤销逮捕的决定。

在英美法系国家,对具有人身、财产强制性侦查措施的采取,普遍实行"令状主义",以"动态抑制"方式,由法院对具有强制性的侦查措施的采取进行事先审查,获得"特定令状"方可实施具体强制性侦查措施。同时,还通过强化诉讼型侦查模式,增强侦查相对人与侦查机关的对抗性等。在英国,除那些需要采用"无证逮捕"或"无证搜查"的情况以外,警察对公民实施的逮捕或者对公民实施的搜查和羁押行为,都必须事先向治安法官提出申请并说明理由,并在获得法官签发的许可逮捕或搜查的

---

① 参见刘香梅:《刑事侦查程序理论与改革研究》,中国法制出版社2006年版,第57—58页。

令状以后，才能实施逮捕、搜查和扣押行为。美国也建立了针对警察逮捕、羁押、保释、搜查、扣押、窃听等行为的司法审查制度。一般情况下，警察对任何人实施逮捕、搜查都必须首先向一名中立的司法官提出申请，证明被逮捕者或者被搜查者实施了犯罪行为具有"可成立的理由"，并说明对其进行逮捕或者搜查是必需的。法官经过对警察的申请进行审查，认为符合法律规定的条件的，才发布许可逮捕或搜查的令状。

根据刑事诉讼法律理论及各国和地区刑事诉讼法律制度的规定，对警察刑事职权的司法控制主要是针对警察机关在刑事诉讼中实施的强制性处分行为而言的。一般来说，警察机关在刑事诉讼中实施强制性处分行为主要分为三类：第一类是强制性侦查行为，包括强制检查人身、搜查、扣押，等等；第二类是刑事诉讼中的强制措施，包括拘传、取保候审、监视居住、拘留和逮捕；第三类是司法实践中使用的技术侦查手段或称为秘侦手段。从联合国文件的有关规定和欧美国家的立法规定来看，对侦查机关实施的强制性处分行为，主要通过以下几种途径进行司法审查：①通过实行令状主义进行事前审查；②对紧急情况下侦查机关作出强制性处分进行事后审查，以确认这种处分是否具有合法性；③运用非法证据排除规则，对侦查机关收集的非法证据材料加以排除，从而达到对强制性处分进行审查的目的。①

（三）警察行政职权的司法化运作

法治的本质决定了法治的实现依赖于程序，没有程序就没有法治。法治的实现过程主要就是一个国家权力（主要是行政权力）符合法治要求的程序化过程。"因为法治所强调的对权力进行制约的核心，不在于从实体上对法律授予的政府权力进行制约，而主要是从程序上要求政府权力必须理性地而非恣意地或专断地行使。将政府权力纳入具有理性结构的程序之中，并运用程序制度来防止权力行使过程中的恣意和专断，是整个法治进程中人们一直不断努力的重心所在。"②

西方社会的法治进程史，在很大程度上就是运用法律程序对权力进行制约的历史。1925年在英国出现的第一个宪法性文件《大宪章》就规定："除依据国法之外，任何自由民不受监禁人身、侵占财产、剥夺人身权、

---

① 参见刘根菊、杨立新：《侦查机关实施强制性处分的司法审查》，载《中国刑事法杂志》2002年第4期。

② 应松年主编：《行政程序法立法研究》，中国法制出版社2001年版，第12页。

流放以及其他任何形式的惩罚,也不受公众攻击和驱逐。"英国普通法上渊源久远的"自然公正原则",其实质就是通过程序对权力进行制约。不仅英国的法治发展主要是通过程序来进行的,美国分权制衡的法治理念也是通过程序来实现的,而且旨在规定公民权利的《权利法案》(Bill of Right)主要就是程序性规定。美国于1946年制定的《联邦行政程序法》,此后陆续制定的《情报自由法》(1966年)、《隐私权法》(1974年)和《阳光下的政府法》(1976年)也被吸收进联邦行政程序法中。

  传统上,德国是一个"重实体、轻程序"的国家,表现在行政法领域,体现为注重行政实体法的完善及其法典化,忽视行政程序法的作用,导致其行政程序法的制定经历了漫长的发展过程。"二战"后,随着人们对战争给国家和人类带来深重灾难的反思,以及人权观念更加深入人心,德国对公民与行政机关之间关系的态度发生了新的变化,认为公民不再是行政的客体,有权直接参与与其有利害关系的行政决定的作出。实务界受到民主法治理念的熏陶和基于行政活动的便利,开始积极倡导制定行政程序法。1976年德意志联邦共和国正式制定颁布了行政程序法典。日本的行政法在"二战"以前深受德国的影响,"二战"后随着美国对日本的占领,日本的行政程序法逐步向前推进,从20世纪80年代开始召开的几次行政改革审议会上都对行政程序问题有所提及。不仅如此,法院的一些判例也对日本行政程序法治的发展做出了积极的贡献。[①]

  法治之所以主要是通过程序实现的,除其具有防止权力恣意行使的"消极"价值外,还有实现正义的"积极"意义。正因为如此,英国大法官休厄特在《王国政府诉苏塞克斯法官,由麦卡锡起诉案》中谈道:"不仅要主持正义,而且要人们明确无误地、毫无怀疑地看到在主持正义,这一点不仅是重要的,而且是极为重要的。"[②]因为如果法律代表着正义,这种正义主要就应当是通过程序而实现的正义,即通过公开、公平、公正的程序而赋予某个法律过程和结果以正义的属性。法律程序所具有的保证程序

---

  ① 如日本最高法院法官园部逸夫在"成田新法"诉讼判决书中阐明了他对《日本宪法》第31条的理解,他认为行政机关在对特定的相对人作出限制其权利或科加义务的决定前必须考虑从法律原则上设置辩明、听证等事前程序的必要性。东京地方法院法官白石健三审判长在1963年著名的"白石判决"中也从《日本宪法》第13条、第31条的立法意图出发来阐述行政程序的必要性和重大意义,认定行政机关按照不公正的听证所作出的行政处理决定是一种行政程序违法,判决被告行政机关败诉。参见应松年主编:《比较行政程序法》,中国法制出版社1999年版,第5页。

  ② 〔英〕丹宁:《法律的训诫》,刘庸安等译,法律出版社2004年版,第89页。转引自蒋勇、陈刚:《公安行政权与侦查权的错位现象研究》,载《法律科学》(西北政法大学学报)2014年第6期。

参与人进行理性选择的机制,以及必须对基于各自的选择而做出的承诺负责的结构安排,不仅可以使结果更趋实质合理性,更重要的是可以通过当事人自己的参与和选择而使结果正当化,从而获得其公正性。

警察行政职权的司法化运作,在本质上是警察行政程序的法治化运行,这种法治化运行集中体现在警察行政过程的"司法化"上。所谓警察行政过程的"司法化",主要体现在两个方面:一是指行政过程受到有效乃至更多的司法控制;二是指行政过程本身开始带上司法过程的某些色彩。在行政政策的制定和行政决定作出时,利益相关人能充分表达自己的意见和意愿,并能依法与政府进行合理对抗。

司法机关(或具有司法属性的部门)对警察行政职权运作控制的目的,可以通过行政诉讼(或行政复议)实现,但这只能发生在警察行政职权运作过程结束以后。如果仅仅依赖这种事后控制,不但可能会积累大量本来不必要的诉讼,同时有些决定已变为难以补救的既成事实。① 与行政诉讼(行政复议)对警察行政职权的事后控制不同,在警察行政职权运行过程中,通过对其运作程序的合理设计——警察行政职权运作过程的司法化设计,也能达到控制警察行政职权的目的。由于这种控制与警察行政职权的运作同步进行,可以避免事后再补救的很多麻烦。正当的警察行政职权运行强调公民在事前就参与警察机关行政决定的过程,使公民更容易了解和接受不利的警察行政决定,同时有助于警察人员全面了解情况,提高行政决定的质量。

---

① 因而,在西方一些国家特别注重司法机关对行政过程的控制。其中很有代表性的是英国司法机关在行政过程中采用的司法救济方法。由于英国有800多年连续发展的司法历史,它在监控行政行为的手段上,在纠正行政行为的方法上,发展了自己的一套独特制度,形成了英国独有的司法救济方法。英国法院在行政案件中所采用的司法救济方法可以分为两大类:第一类是英国法院仅用于行政案件的救济方式,即专门的行政案件救济方式;第二类是指英国法院不仅适用于行政案件的救济方式,同时也在其他民事、商事或刑事案件中采用的救济方式,这被称为普通救济方式。专门的救济方式主要有三种:调卷令、禁令和强制令,它们也是行政法救济上最有效的三大武器,可以各自单独使用。调卷令用以处理错误的行政行为,禁令用以防止错误行政行为的发生,强制令用以纠正行政机关错误的不作为。有时它们也可以相互配合使用。但是,通常只有当调卷令、禁令或其他救济手段不足以解决问题时,法院才下达强制令。调卷令、禁令和强制令只针对国家机关,是行政法上的特别救济手段,不适用于私法救济。但行政法上救济手段并不仅限于此三种。行政法上的另一类救济手段是禁制令、宣告令、人身权利令等令状。这类令状不只适用于行政法救济,而且主要不是在行政法救济上采用的,它们主要适用于民事、商事和刑事救济。因此,它们通常被称为普通救济方法。但它们在行政法上也被广泛采用,起着重要的行政法救济作用。参见李湘如:《英国行政法上几种特别的司法救济方法》,载《外国法译评》1996年第1期。

通过具有司法特征的程序设计来规制行政权力的运行,是世界法治国家普遍的做法。行政程序是法国普遍法律原则的基本要求之一,具有司法功能的行政机关在作出决定的过程中必须符合某些基本程序。法国虽然没有统一的行政程序法典,但有具体明确的行政程序法律制度。① 法国关于行政程序的规定分散在法的一般原则和个别的法律法规中,主要程序有咨询程序、调查程序、审判程序、对质程序,以及在行政处理过程中相对人的防卫权等。法国通过一系列的行政案件判例确定了行政相对人在行政处理决定中享有"听证权利"和"辩护权利",行政机关对行政决定承担说明理由的义务。"听证权利"要求行政机关在作出影响个人既得利益的决定前,必须给该公民适当机会陈述他的事实与理由。"辩护权利"主要被用于行政调查和起诉阶段对公民权利的保护。法国行政法院在对行政案件裁决中形成了对当事人"辩护权利"的保障机制。如果行政机关运用了处罚或其他干预当事人"关键利益"的手段和具有"严重性"的措施,在处理过程中必须采用抗辩式程序。德国和欧盟的行政法律制度中也有类似的规定。"美国对行政程序的控制程度要比包括英国在内的其他法治国家高得多。由于现代立法的权力委托变得宽泛,美国法院一般不再要求立法机构在行政授权中说明其政策选择,而是转向注重行政行为必须符合一定的程序形式。""美国公法学界认为,程序要求——尤其是公民在听证程序中的参与——将有助于保证事实认定的准确性,保证行政行为和立法指示相一致,提高行政机构的政策判断质量,并帮助法官对行政行为进行审查。"② 这

---

① 法国作为大陆法系国家的典型代表,是现代行政法的发源地,其所创设、积累的许多行政法治理念和制度被世界上许多国家奉为典范加以效仿和移植,故在法律文化上素来享有"行政法之母国"的美誉。法国作为大陆法系的代表,它在法律体系结构特征上属于典型的成文法国家,法院判案原则上以成文法为依据。然而,在法国行政法中起主要作用的却是判例。法国法中本无遵守先例的判例法原则,却为何在行政法领域能够生成并使用判例法制度呢? 首先在大陆法系的传统中历来注重公法和私法的必要区分,"法国行政法院不适用民法和其他私法的规定","另一方面由于行政事项差别很大,行政法上的规定往只限于特殊事项,不能适用于其他事项",由于"行政事项极为繁多和复杂,行政法官经常遇到无法可依的情况,不能不在判决中决定案件所依据的原则,从而使行政法的重要原则,几乎全由行政法院的判例产生"。一位法国行政法学家用生动的语言说,如果我们设想,立法者大笔一挥,取消全部民法条文,法国将无民法存在;如果他们取消全部刑法条文,法国将无刑法存在;但是如果他们取消全部行政法条文,法国的行政法仍然存在,因为行政法的重要原则不存在成文法中,而存在于判例中。和英美法系的国家不同,法国行政程序在传统上最重要的目的是保护依法行政,而不是保障公民自由与个人权利。事实上,法国行政法本身就偏重于保证实体结果正确,而不是单纯追求程序完美。参见张树义主编:《法治政府的基本原理》,北京大学出版社 2006 年版,第 79—80 页。

② 张千帆等:《比较行政法——体系、制度与过程》,法律出版社 2008 年版,第 326 页。

种程序制度既适用于一般行政权力的活动中,也适用于警察行政职权的运作中。

需要特别说明的是,警察行政职权司法化运作的两个方面是相辅相成的。行政程序法之所以要明确规定作出行政行为的程序,不仅是为了规范行政机关的职权行为,同时也是为了法院在审查行政行为时有法可依。"正因为美国的行政程序和司法审查是一体的,几乎所有的行政行为都在原则上受制于司法审查,且司法审查是控制行政行为合法性的最后一道'关口'。"[①]

二、我国强制处分性警察职权运作合理化的实现路径

我国正处于社会转型期和刑事犯罪高发期,出于应对形势严峻违法犯罪问题的需要和提高警察权力运作效率的考虑,加上依法治国尚在建设过程中,在我国现行的警察制度设计中,既缺乏警察权力制度构造的司法化设计,也缺乏严格意义上的警察权力运作的司法审查制度。

在我国的警察权力体系中,警察刑事职权是最为强大且基本不受外部约束的权力,特别是不受严格意义上的司法权力约束。警察机关在行使侦查权中采取的所有强制措施,除逮捕之外,都可以自主决定并自主实施。虽然在制度设计中规定了检察机关拥有制约警察侦查活动的权力,但大多属于"事后监督"性权力,对警察机关行使侦查权力的事前和事中缺乏相关的实质性制约手段。依照我国当前刑事诉讼法律制度的规定,法院无权介入侦查程序,更没有对侦查行为进行司法控制的权力。不仅如此,我国相关法律制度还规定,作为侦查对象的犯罪嫌疑人必须承担"供述义务"。[②] 其委托的律师虽然被允许介入侦查程序,但其参与权受到严格限制,缺乏维护犯罪嫌疑人合法权益和制约侦查机关权力的必要条件与具体手段。这样势必会导致在我国刑事诉讼中存在"侦查中心化"而非"审判中心化"的问题。[③]

---

① 张千帆等:《比较行政法——体系、制度与过程》,法律出版社2008年版,第336页。
② 《中华人民共和国刑事诉讼法》第118条第1款规定:"……犯罪嫌疑人对侦查人员的提问,应当如实回答……"
③ "侦查中心化"使得被定位为基础性阶段的侦查阶段实质上成为整个刑事诉讼的决定性阶段,审查起诉及审理判决往往成为侦查工作的重复和确认。这种体制毫无疑问地奠定了侦查机关的绝对权威,在一定程度上有利于案件的侦破;但从另一层面来说,它却不仅损害了侦查程序的合法性,而且也影响到犯罪追诉的合理性,进而威胁到整个刑事司法的有效性、权威性。参见孙洪坤:《刑事司法职权优化配置的模式》,载《法治研究》2014年第3期。

我国警察机关在查明犯罪事实、查获犯罪嫌疑人的侦查过程中,享有侦查权力的内容十分广泛,具体包括:①立案决定权;②传唤、讯问犯罪嫌疑人的权力;③询问证人和被害人的权力;④勘验、检查、搜查、扣押物证、书证的权力;⑤鉴定的权力;⑥通缉的权力;⑦技术侦查的权力等。此外,警察机关还享有刑事强制措施权,即拘传、取保候审、监视居住、拘留的决定权和逮捕的提请审批权。在这些权力中,除了立案环节检察机关可以有限介入以及对逮捕的检察审批外,其余侦查措施均由公安机关自行掌握。对于拘留、监听、搜查、扣押、秘密侦查等极可能侵犯公民重要权益的侦查行为,警察机关都可以自行决定和实施,不需要其他任何机关的审查与批准。对于拘传、取保候审、监视居住、查询冻结存款汇款、是否采取及如何采取也完全由警察机关自己决定,自己执行。这种极少有来自外部的制约的权力,必然会为其任意行使提供条件和创造机会。

我国的侦查模式既有别于大陆法系国家的检察引导侦查模式,也有别于英美法系的司法控制侦查模式,学者们称之为行政型侦查模式①,其最显著的特征就是侦查权在侦查程序中具有高强度的自主性和封闭性。司法权对侦查程序的合理介入对于规范和控制侦查权的行使,保护被追诉方的权利和自由,支撑侦查程序的诉讼构造具有非常重要的意义。由于司法无权介入侦查程序,导致我国侦查程序行政色彩过强,缺乏基本的诉讼品质。"不仅如此,由于长期受我国侦查程序极度行政化这一现状的影响,并且缺乏对国外侦查程序应然状态的研究,因而我国许多公安司法人员,甚至理论界有些学者都觉得侦查程序天然就应当是一种侦查机关与被追诉方两极构成的线性构造。这种认识上的误区导致我国侦查程序的改革一直无法摆脱侦查机关权力过于强大,而辩护方权利过于弱小的现状。"②

还需要我们予以特别关注的是,不仅侦查机关在行使侦查权的过程中对程序性的事实认定和行为的采取拥有极大的自由裁量权和"独家垄断"的决定权,而且对于侦查活动中涉及的一些实体性事实的认定以及对案件性质的确定也拥有极大的自由裁量权和"独家垄断"的决定权。侦查机关对案件实体性事实的认定及其性质的确定主要体现在侦查阶段的

---

① 参见万毅:《程序正义的重心——底限正义视野下的侦查程序》,中国检察出版社2006年版,第62—71页。

② 陈永生:《侦查程序原理论》,中国人民公安大学出版社2003年版,第327页。

立案、撤销案件以及"另案处理"①等几个方面。由于对实体事实和程序事实的判断确定权"独家垄断",中立裁判方并不在场,从而侦查活动无法体现司法权所要求的中立、公平、公开等价值合理性标准。②

依照现行《中华人民共和国刑事诉讼法》第 110 条的规定,公安机关对于报案、控告、举报和自首材料审查后,认为有犯罪事实需要追究刑事责任的时候,应当立案;认为没有犯罪事实,或者犯罪事实显著轻微,不需要追究刑事责任的时候,不予立案。其中的"犯罪事实"和"需要追究刑事责任"的事实和性质的认定就掌握在警察机关的手中。该法第 15 条第(一)项规定,"情节显著轻微、危害不大,不认为是犯罪的","不追究刑事责任,已经追究的,应当撤销案件"。何谓"情节显著轻微"? 何谓"危害不大"? 以及何谓"不认为是犯罪的"? 对于这些实体性事实及其性质的认定,办案的警察机关拥有相当程度的自由裁量权。2014 年 3 月 6 日发布施行的最高人民检察院、公安部《关于规范刑事案件"另案处理"适用的指导意见》第 3 条规定③,涉案的部分犯罪嫌疑人,如果涉嫌其他犯罪,需要进一步侦查,不宜与同案犯罪嫌疑人一并提请批准逮捕或者移送审查起诉,或者其他犯罪更为严重,另案处理更为适宜的,可"另案处理"。如果涉嫌犯罪的现有证据暂不符合提请批准逮捕或者移送审查起诉标准,需要继续侦查,而同案犯罪嫌疑人符合提请批准逮捕或者移送审查起诉标准的,也可"另案处理"。如果有其他适用"另案处理"更为适宜的情

---

① 根据 2014 年最高人民检察院、公安部发布的《关于规范刑事案件"另案处理"适用的指导意见》第 2 条的规定,"另案处理",是指在办理刑事案件过程中,对于涉嫌共同犯罪案件或者与该案件有牵连关系的部分犯罪嫌疑人,由于法律有特殊规定或者案件存在特殊情况等原因,不能或者不宜与其他同案犯罪嫌疑人同案处理,而从案件中分离出来单独或者与其他案件并案处理的情形。由于对"另案处理"适用的条件、标准和程序的规范性规定和有效监督机制,常常导致"另案处理"的案件被随意处置。甚至在有些时候,"另案处理"为警察机关的权力寻租提供了可能。"另案处理"作为一种特殊的案件消化机制,在权力制衡不到位和监督制约处于真空的环境中,成为案件处理的"灰色地带",为一些人逃避刑事处罚提供了机会。参见方海明、朱再良:《刑事诉讼中"另案处理"情形的实证分析——以浙江湖州市为视角》,载《法学》2010 年第 10 期;董坤:《论刑事诉讼中"另案处理"规范功能的异化与回归》,载《法学论坛》2013 年第 1 期。

② 参见韩德明:《侦查权的本性及其演化趋向》,载《湖北警官学院学报》2006 年第 2 期。

③ 最高人民检察院、公安部《关于规范刑事案件"另案处理"适用的指导意见》第 3 条规定:"涉案的部分犯罪嫌疑人有下列情形之一的,可以适用'另案处理':(一)依法需要移送管辖处理的;(二)系未成年人需要分案办理的;(三)在同案犯罪嫌疑人被提请批准逮捕或者移送审查起诉时在逃,无法到案的;(四)涉嫌其他犯罪,需要进一步侦查,不宜与同案犯罪嫌疑人一并提请批准逮捕或者移送审查起诉,或者其他犯罪更为严重,另案处理更为适宜的;(五)涉嫌犯罪的现有证据暂不符合提请批准逮捕或者移送审查起诉标准,需要继续侦查,而同案犯罪嫌疑人符合提请批准逮捕或者移送审查起诉标准的;(六)其他适用'另案处理'更为适宜的情形。"

形,仍然可以"另案处理"。对于这些"另案处理"的条件的认定,警察机关对案件实体性事实的认定及其性质的确定有相当大的裁量权。

警察行政职权的运行也是在一个封闭的独立空间内进行的,警察行政职权运行的具体状况外界更是无从知晓。依照我国现行法律制度的规定,警察机关(主要是公安机关)享有或行使的行政职权主要包括:行政处置权①、行政处罚权、监督检查权、行政强制措施使用权和行政强制执行权等。这些权力的行使都是在警察机关内部运转的,既不受外在的事前审查,也很少受到外在的事中制约。只有在警察权力运行结果形成后,当事人才可以通过申请行政复议或者提起行政诉讼来进行事后补救。

更为关键的是,与英、美、法等西方国家实行的"违警罪""轻罪""重罪"一体化追诉体制不同,我国实行的是"违法""犯罪"的二元化追诉体制。在一体化追诉体制之下,"违警罪""轻罪""重罪"在法律性质上都被认为是犯罪,并且都通过刑事司法体制进行追诉,程序的差异仅仅在于繁简不同。这意味着在我国按照行政违法处置(治安管理处罚)的案件在这些国家也要按照刑事案件(违警罪)的程序处理。在我国的二元化追诉体制之下,"违法"与"犯罪"分别通过行政程序和刑事司法程序处理,程序的差异不仅在于繁简,更在于其性质的根本不同。因而,为了把案件作出性质上的区分并将案件纳入不同程序中,警察机关在发现案件的最初阶段首先必须确定案件的性质是"违法"还是"犯罪",然后再决定进一步采取的调查手段与处理方式。如果认为是"犯罪"(刑事案件)的,即根据《中华人民共和国刑事诉讼法》进行立案,而后展开侦查;如果认为是"违法"(治安案件)的,即根据《中华人民共和国治安管理处罚法》等的规定进行调查。这意味着警察机关在很多时候可以对案件实体性质进行确定,也可以对案件的处理程序进行选择,亦即警察机关既有案件实体性的决定权又有程序性的决定权,而且几乎不受任何外在的制约。这样就极可能为警察权力的随意挪用和任意行使在制度上留下余地。

在有些时候警察机关通过权力挪用,以行政法上的授权行为来达到刑事诉讼法的目的,或者以刑事司法权的名义规避行政复议或行政诉讼的约束。由于行政行为与侦查行为的混用,或者说行政权与侦查权的混用,因侦查行为不属于行政诉讼的受案范围,有些公安机关为规避人民法

---

① 行政处置权,是指警察机关在进行治安行政管理过程中,为维护社会治安秩序和公共安全,依法可以对特定的人、物、事和场所等采命令、禁止、取缔或许可行为的权力。

院的司法审查,故意将本应属于行政强制措施的具体行政行为解释为刑事侦查措施,或者故意用刑事强制措施来替代本应依法采取的行政强制措施。在具体的执法过程中,还大量存在警察机关可以凭侦查程序借"另案处理"的程序裁量实现向行政程序的转换,而行政程序也可以借着"情节严重"的事实裁量升级为侦查程序。

通过前述对我国警察刑事职权和行政职权的制度设计和运行情况的分析可以看出,当前在我国的警察权力制度设计以及警察职权的实际运行中有很多与全面推进依法治国和有效保障人权不相协调的情形,与实现国家治理体系和治理能力现代化的要求还有一定的差距,我们必须通过警察权力制度改造来适应社会发展和进步的要求。

对我国警察职权设置和运行中存在的问题的消解与克服,出路只有一条,即对我国的警察职权进行司法化改造,进而实现司法化运行。之所以如此,主要是因为:

第一,现代法治文明已注重将人权的保障从传统之事后损害赔偿制裁之救济方法,转向事前的规制和事中的防范。通过建构起刚性的警察权司法化运行制度,依靠警察权力运行前的司法审查、运行中的"积极对抗"和运行后的司法救济等制度性力量,实现公民权利与警察权力的有效平衡,是适应全面推进依法治国的根本要求。

第二,根据司法最终裁决原则,凡涉及处分公民基本权利事项,无论是实体性的还是程序性的,都需要经过司法审查。只有建构起健全完善的警察权力运作的司法审查制度,通过司法机关(或具有司法属性的部门)对警察权力启动、行使的合法性和正当性进行全面审查才可有效防止警察权的滥用。

第三,只有在平等对抗的程序结构中,警察权力的滥用才能杜绝。只有在警察权力制度设计和实际运行过程中注重警察机关与当事人程序地位的平等性和程序过程的对抗性,才能在警察职权的具体运作过程中及时防止权力的滥用或不当行使。在警察行政处理决定中,相对人应享有充分的"听证权利"和"辩护权利"。如果警察机关运用了干预当事人"关键利益"的手段,在处理过程中必须采用抗辩式程序。在警察刑事执法中,犯罪嫌疑人、被告人处于弱势地位,为了实现法律所应具有的"平等"价值,应赋予犯罪嫌疑人、被告人充足的辩护性权利,以防御强大的国家权力。

第四,评价一个社会法治文明程度已不仅限于该社会中发生利益冲突的频度和强度,在于公民能在多大程度上和多大范围内得到公平、方便、廉价而高效的司法救济与保障。警察权力与个人之间在发生冲突时，为防止警察权力的专横擅断，必须由中立的司法机关进行审判、裁断，以防止警察权力对个人权利的扩张、侵蚀。司法权是制衡警察权力、保障公民权利的最强和最后的手段，警察机关对公民重大权益进行强制性处分时，应当经过正当的司法程序审查后才能作出。

三、强制处分性警察职权的司法化改造

警察职权的司法化改造，既涉及警察职权启动时的必要性司法审查，也涉及警察职权行使过程中的司法化运作，还涉及警察职权运作后的司法救济等多方面的内容。对警察职权的启动，由司法机关（或具有司法属性的部门）进行必要性审查，并在审查后授予相应的"令状"允许启动警察权力，根本目的在于有效进行事前控制以防止可能发生的警察权力滥用；警察职权行使过程的司法化运作，主要途径是通过赋予警察权力作用相对方的"主体身份"和"对抗地位"，来依法抵制警察权力的违法或不当行使；对警察职权的司法救济主要是通过司法的权威性、独立性、中立性和公正性补救因警察权力违法或不当运作给公民造成的积极损害，以及对其不作为给公民造成的消极损害。

（一）建立健全启动警察职权的司法审查制度

所谓启动警察职权的司法审查制度，具体是指为保障公民权利和防止警察权的滥用，凡涉及警察机关对公民基本权利或其他主要权利进行强制性处分的，都要经过司法机关（或具有司法属性的部门）对其进行合法性、必要性和正当性审查，经审查授权后才可作出相应的处理决定。

之所以要建立启动警察职权的司法审查制度[①]，主要是因为在现代法治文明社会中，法院是制衡国家权力和保障公民权利最强有力的、最权威的手段，国家对公民重大权益进行强制性处分必须由法院经过正当的

---

① 司法审查是现代民主法治国家普遍设立的一项重要法律制度。就其范围和内容而言，司法审查可分为两个层面：一是指司法机关通过司法程序审查并裁决行政行为的合法性与合理性，这是行政法意义上的司法审查；二是指司法机关对包括立法机关在内的其他国家机关的职权行为进行监督和审查，并对其合宪性作出裁决，这是宪法意义上的司法审查，又称违宪审查。由于法律传统与制度架构等方面的差异，不同国家在司法审查的制度设计方面各有分殊。司法审查之机理源自现代宪法所普遍确认的权力制约原则和权利保障原则，它既是权力制约原则的制度展开，又是权利保障原则的制度基础。司法审查又被称为司法控制，其所传达的意蕴就在于通过对政府权力的控制，实现对公民权利的保障和救济。参见占美柏：《论司法审查制度之困境与出路》，载《暨南学报》（哲学社会科学版）2006年第3期。

程序审查后才能发生法律效力。警察机关实施强制性处分行为时,亦应当接受司法机关(或具有司法属性的部门)的审查。

建立启动警察职权的司法审查制度,是由警察职权的具体特性和司法活动特有功能共同决定的。① 在现代社会中,警察是最重要的国家机器之一,警察权不仅在手段上具有最严厉的强制性,而且在范围上具有广泛性。警察权力在实际运行过程中,往往站在维护国家和社会利益的立场上,更多关注的是效率和秩序,不免会与公民的合法权益发生冲突。警察机关在作出强制性处分时往往涉及对公民重大权益的限制或剥夺,这就需要通过合适的权利救济途径来防止可能受到侵害的权益。②

司法审查主要针对强制处分性警察职权行为,通过司法机关对其必要性和合法性审查,并在符合相应的条件后给予司法授权,警察机关才能行使这种权力。③ "对行政行为进行司法审查,包括事前审查及其事后救济,是现代行政法制必不可少的内容。"④在办理刑事案件中,司法审查的内容是强制侦查行为的合法性、必要性和妥当性,司法审查的目的是防止侦查权的滥用,保护公民的基本权利。在具体的制度设计和实际操作中,考虑

---

① 从法治国家的具体做法来看,因审查对象不同,司法机关对警察权力的审查可以分为两种情形:一种是事先授权,即只有经过法官(或其他具有司法属性的人员)的事先审查批准并给予授权后,警察人员才能凭司法令状采取一定的强制性措施。另一种是事后审查,即警察人员在采取了一定的职权行为后,必须及时报请法官(或具有司法属性的人员)审查确认。如果在审查后,警察人员的职权行为本身以及由其产生的后果不被认可,则警察人员行使权力的行为形成的证据将会被依法排除。一般来说,事先授权只适用于采取强制性职权行为,而事后审查则既可以针对强制性职权行为,也可以针对经当事人同意的非强制性职权行为。

② 这是因为:首先,现代警察制度所赖以建立的基础在于维护社会治安、保障社会秩序,使社会维持一种安定的状态;其次,警察在维护治安、进行刑事侦查过程中,在程序上采取的是典型的行政方式:主动干预社会生活,单方面限制个人基本权益和自由,积极获取犯罪证据和查获嫌疑人,并对其进行刑事追诉;再次,警察机构在组织上采取一体化的方式:警察上下级、警察机构上下级都属于一种上令下从、互相隶属的关系,对于正在从事刑事侦查活动的警察,可以随时撤换和调任,正因警察权具有行政权的性质,才使得司法权对其加以审查是必要的。参见刘根菊、杨立新:《侦查机关实施强制性处分的司法审查》,载《中国刑事法杂志》2002年第4期。

③ 司法授权的本质:(1)司法授权属于司法行为。司法授权所依据的权力为司法权,是中立的法院在对侦查机关提供的证据和资料审查的基础上,达到足够心证的情况下进行的司法判断。这一判断行为是行使司法权的行为,具备中立性、被动性、自治性和权威性的特点,因而构成司法行为。(2)司法授权属于司法抑制行为。司法授权通过司法对强制侦查措施的审查批准,从而实现对行政性的侦查行为的抑制。(3)司法授权是司法审查行为。从形式上看,司法授权似乎是侦查决定权,但实质上,司法授权是对侦查机关决定侦查后的司法审查,是一种司法裁决的过程,而非行政性审批的过程。参见邱新华:《阻断与抑制:强制侦查行为司法审查的构建》,载《山东审判》(山东法官培训学院学报)2009年第2期。

④ 龙宗智:《强制侦查司法审查制度的完善》,载《中国法学》2011年第6期。

到法律制度的规定和刑事司法体制的现状,可以先实行检察机关对警察机关的强制性处分行为实施统一审查批准权。同时规定,如果当事人不服检察机关授权决定的,可以进一步申请法院进行司法审查,待条件成熟后再将警察机关的强制性处分行为启动的审查决定权完全划归法院行使。[1]

(二) 改造警察职权的运作程序

"现代社会之法律思想,已经由传统之事后损害赔偿制裁之救济方法,进入以事前预防损害及实现权利之保护措施。"[2]如果说建立警察职权启动司法审查制度是事前预防警察权滥用之手段,则建立正当化的警察职权运作程序是在警察权行使过程中有效保护当事人权利的根本出路。

权力正当性的确立,不仅要求其必须按照体现民意的法律设立与行使,而且也要求其在行使的过程中必须充分听取可能受其影响的相对人及其相关人的意见。一个受权力决定影响的相关利益主体充分知情、积极参与、平等对话和理性沟通的决定作出过程,是民主社会和法治国家的必然逻辑。警察权运作程序不是一种机械的活动开展过程,更为关键的是在程序中反映出的参与到程序中来的主体间的内在关系是否合理。在现代法治社会中,警察权的运作程序不仅是对警察权运作过程的内在制约机制,更是蕴含人本价值的正当化行动方式,通过其中的正当化要素和关系(如公开、中立、公正、平等、自由选择、理性交涉和人格尊严的捍卫等)来防止警察权的专断运行或恣意行使,使警察权的运作过程不仅有静态的警察组织法的控制,更有动态的程序法的规范。

"只有在平等对抗的诉讼结构中,公共权力的滥用才能杜绝。"[3]由于思想观念和制度设计原因,在我国警察权力运行中,警察权力作用的对象常常被客体化。在警察刑事职权的运行过程中,作为警察职权作用对象的犯罪嫌疑人是刑事侦查权力关系中的核心人物,是刑事追诉的对象,与案件的处理结果有着直接的利害关系,其在侦查阶段的供述和辩解又是查明案件关键的证据。但由于犯罪嫌疑人居于"诉讼客体"的地位,只是受追诉和被追究的对象,而不拥有有效的辩护权和充分参与诉讼的机会,

---

[1] 参见何邦武:《刑事非法证据排除规则的结构功能及其完善》,载《江海学刊》2013 年第 3 期。

[2] 陈荣宗、林庆苗:《民事诉讼法》,三民书局 1996 年版,第 882—883 页。

[3] 〔斯〕卜思天·儒配基奇:《从刑事诉讼法治透视反对自证有罪原则》,王铮、陈华玮译,载《比较法研究》1999 年第 2 期。

甚至就其人格尊严在有些时候也不能得到承认和保障。随着法治文明建设的逐步深入，虽然犯罪嫌疑人的诉讼主体地位无论在理念上还是在法律上得到了一定程度的确认，但是相对于警察机关行使的极为强大的侦查权力来说，其仍然处于被消极应对的弱势地位。为了增强警察刑事职权运行中追诉方和被追诉方的有效对抗性，防止侦查权力的滥用，必须赋予警察权力作用对象与警察机关之间平等的诉讼地位，并赋予有效对抗强大的警察权力的一系列程序性权利。

"从整体而言，一种权力的实现，是各种权力运作过程中相互作用、协调和斗争的结果。"①在刑事诉讼活动中，国家为了维护其自身安全和公共秩序，常常以警察、法庭和监狱等"暴力机器"来对付犯罪的公民。为了保障公民的权利，也为了防止国家权力的滥用，法律应当赋予公民更充分的程序性权利来对抗强大的"暴力机器"。"这体现了人们对刑事诉讼规律认识的不断加深，也是诉讼文明与科学的要求。"②

面对强大的警察机关，犯罪嫌疑人始终处于明显的弱势地位。为了实现法治所蕴含的"平等"价值和尊重犯罪嫌疑人的"主体"资格，各国的法律制度都注重赋予犯罪嫌疑人一系列程序性权利，以抵御强大警察权力的不当侵害。"被告人的权利平衡了因为犯罪受嫌疑或指控的单个公民的权利和国家的强大权力。在许多方面，当被政府指控时，被告人比国家享有一定的优势以补偿公民相对缺乏的权利。"③

当警察机关在刑事诉讼中实施强制处分性警察职权时，必须赋予公民一系列程序性防御权利。其中最为关键的是，犯罪嫌疑人应当享有在人身自由受到限制或剥夺时可以申请"逮捕（羁押）必要性审查听证"的权利。因为，在可能受警察机关行使的侦查权不当侵犯的各种权利中，人身自由权是最为关键和最为重要的一项权利，而且也是在受到侵害后无法从根本上进行补救的权利。在羁押必要性审查听证中，嫌疑人（包括嫌疑人的法定代理人、辩护人）除了可以充分参与听证程序外，并对是否采用强制措施、是否要求变更强制措施以及能否遵守监视居住、取保候审义务等发表自己的意见。"在羁押必要性审查的听证程序中，侦辩双方不仅

---

① 杨弘、刘彤：《现代政治哲学分析基础》，人民出版社 2004 年版，第 283 页。
② 刘根菊、杨立新：《侦查机关实施强制性处分的司法审查》，载《中国刑事法杂志》2002 年第 4 期。
③ 〔美〕爱伦·豪切斯泰勒·斯黛丽·南希·弗兰克：《美国刑事法院诉讼程序》，陈卫东、徐美君译，中国人民大学出版社 2002 年版，第 65 页。

可以就是否继续羁押开展示证、陈述意见和辩论,还可以在强制措施变更达到一致的前提下,就适用何种替代性措施,或者何种附带条件进行协商。"①司法人员主持审查听证在充分听取双方的陈述、辩论意见后,综合其他当事人及其相关人员(如担保人)的意见后形成最终决定。

如果要从根本上对警察刑事职权运行过程进行司法化改造,就有必要构建起合理化的刑事诉讼构造。② 通过引入司法权,在侦查程序中构建起类似于控、辩、裁三方组合的诉讼结构。实行令状原则,使司法机关能够对侦查机关限制或剥夺公民基本权利的行为进行有效控制。提升犯罪嫌疑人的诉讼主体地位,使控辩双方力量趋于平等。加强司法权控制侦查权,重点对侦查机关的立案及撤案、强制处分权行使、违法侦查活动进行追查和程序性制裁。

对警察职权运作程序的司法化改造,不仅体现在警察刑事职权运作过程中,还应该体现在警察行政职权的运作过程中。在警察行政职权的实际运作过程中,充分尊重当事人及相关人的主体地位,赋予其充分参与的权利,并保证其充分参与其中,不仅是保证警察行政职权运作结果合法性的基本手段,更是保证警察行政职权运作结果正当性的必要前提。国家运用公权力的行为在内容和目的上的正当性不能成为其手段和过程本身非人道、非正当的理由和借口,国家或政府也不能以其行为目的或结果的正当证明其手段、过程本身的正当。恰恰相反,应当通过过程本身的正当实现结果和目的的正当。③ 在现代社会中,警察行政职权的行使必须由过去"命令→服从"的单向运作模式转变为充分吸纳当事人的参与并与其理性对话的双向互动模式。

从各国法律规定和警察职权的具体运行来看,听证程序最能体现这

---

① 蓝向东:《审前羁押程序控制探究》,载《河南社会科学》2015 年第 8 期。
② 事实上,刑事诉讼也是由一系列要素组成的一种构造。具体来说,刑事诉讼的构造又可分为"横向构造"和"纵向构造"。"横向构造"是指控诉、辩护和裁判三方在各主要诉讼阶段中的法律关系的格局。在刑事诉讼的任何一个点上,都存在控诉、辩护和裁判三方关系构成的相应格局。"纵向构造"是指控诉、辩护和裁判三方在刑事诉讼程序中顺序关系上的特点。"横向构造"着眼于三方诉讼主体在各个程序横截面上的静态状态,而"纵向构造"则更加强调三方在整个诉讼程序流程中的动态关系。在侦查与指控的关系方面,"横向构造"又分为三种模式:侦控结合模式、侦控分立模式和侦控混合模式。"纵向构造"在侦查程序建构方面也有三种观念:弹劾式侦查观、究问式侦查观和诉讼式侦查观。参见侯明:《侦查权司法控制的理论基础探究》,载《时代法学》2008 年第 2 期。
③ 参见孙莉:《人本的过程性与权力运作过程的人本性》,载《政法论坛》(中国政法大学学报)2007 年第 1 期。

一属性。听证在很大程度上借鉴了司法程序，呈现出极强的司法色彩，其基本结构为行政机关调查人员和当事人两相对抗，听证主持人居中裁判，作出初步决定。在程序上，一般都要经过调查、辩论和决定三个阶段。从听证的结构和过程来看，与司法程序没有太大的区别。听证的基本内涵是"听取当事人的意见"，尤其是在作出不利于当事人的决定之前，应听取当事人的意见，从而体现了行政的公正。①

在警察行政职权的制度设计中，听证程序将是警察行政职权运行司法化改造的重要努力方向。警察行政职权运行中的听证，是警察行为与某些司法程序的有机结合，是警察行政活动复杂性、效率性同司法程序公正性的有机结合，具体表现为警察机关在作出影响当事人合法权益的决定前，由警察机关告知决定理由和听证权利，当事人表达意见、提供证据以及警察机关听取意见并接纳证据。听证制度作为联系政府权力与个人权利的程序纽带，既反映政府的行政效率，又体现公民在国家管理中的权利，它所体现的行政行为司法化的过程正是平衡与兼顾公正利益与个人利益的过程。②

（三）完善对警察职权运作不当后果的司法救济制度

如果说警察职权启动司法审查的主要目的在于事前预防，警察职权的司法化运作的根本功能在于事中控制，那么对警察职权运作不当后果进行司法救济的基本目标就是事后补救。

随着人类社会文明程度的逐步提升，今天人们评价一个社会法治发展水平的主要标准不再是社会没有矛盾和冲突，而在于公民与国家（或者与他人）发生冲突时能在多大程度上通过司法得到有效公正的处理。"现代法治国家认为，国家与个人之间时刻存在发生冲突的可能，在发生冲突时，为防止国家权力的专横擅断，必须由中立的司法机关进行审判、裁断，以防止国家权力对个人权利的扩张、侵蚀。"③公民的各项自然权利和法律权利的实现，除了需要法律在事前和事中的积极引导外，更依赖于

---

① 听证源于英美普通法上的"自然公正原则"，这个原则包括两项基本内容：一是听取对方意见；二是不能做自己案件的法官。自然公正原则最初适用于司法程序，要求法官在作出决定前，必须通过公开审判，就事实问题和法律问题听取当事人和证人的意见。后来移用到行政程序中，成为约束行政机关行政活动的程序规则，在制定法对行政程序没有规定或规定不完整时，行政机关的活动必须最低限度地满足自然公正原则的要求。参见应松年主编：《比较行政程序法》，中国法制出版社1999年版，第187页。

② 参见杨海坤：《关于行政制度若干问题的研讨》，载《江苏社会科学》1998年第1期。

③ 廖斌、孙连钟：《论刑事强制措施的司法救济》，载《甘肃政法学院学报》2008年第3期。

作为最后一道屏障的司法救济保障。司法权作为国家政治权力结构中的一项非常重要的权力,是现代法治国家法律至上性与人权保障的重要治权。从其目的和效果来看,司法权就是一种救济权。①

司法救济在公民权利的实现以及保障方面发挥着最权威的、最后的决定性作用。在现代法治社会中,权利存在与否的最终判断权以及权利纠纷的最终解决权都应当由以国家名义行使审判权的法院排他性地独占。根据司法最终裁决原则,一切纠纷都应当有司法解决的途径,而且司法途径应是最终的途径。"司法最终解决原则包括'司法解决'与'最终解决'两层意蕴。'司法解决'意味着公民接近司法正义愿望之实现,意指司法权的覆盖面,是就公民行使诉权的广度而言;'最终解决'意味着司法权之终局性,意指司法权之权威与公信,是就公民行使诉权的深度而言。"②法院对某一纠纷作出的裁判生效之后,也就意味着裁判中赋予的权利得到了国家的认可,而且国家将会以强制的手段予以保障。对拒不执行裁判的人,国家可以通过强制力来保障判决内容的实现,任何力量都不得动摇或否定司法裁判的权威与效力。尽管其他公权力机构的决定都有可能受到另一个公权力机构的挑战、质疑乃至否定,但是司法机关的最终裁判不再接受审查而具有终局性的权威。③

司法救济在根本上反映的是公民请求代表国家行使审判权的法院,通过公正裁判来维护自己正当的权益。"缺失司法救济权,公民便难以走向法院、接近正义、获得救济,各项具体诉讼权的行使也将无从谈起。"④

---

① 参见李秋成:《政治权力结构中的司法权》,载《理论与改革》2015 年第 6 期。
② 吴俊:《论司法最终解决原则——民事诉讼的视角》,载广州市法学会编:《法治论坛》(第 9 辑),中国法制出版社 2008 年版,第 151 页。转引自孔繁华:《行政诉讼基本原则新辨》,载《政治与法律》2011 年第 4 期。
③ 参见苗连营:《公民司法救济权的入宪问题之研究》,载《中国法学》2004 年第 5 期。
④ 司法救济权在整个公民权利体系中具有基础性地位,它是公民为了维护自己的权利免遭侵害而寻求司法保护的权利;没有这项权利,其他各项人身权就只能是一种停留在"自然状态"中的道德性人权,而不可能获得实在的制度性力量保护。司法救济权是一种借助司法的力量得以实现的人权。当宪法和法律所许诺的人权面临威胁时,必须通过法律上的救济手段才能实现人权从应然性向实然性的转变。司法救济权是超越于起诉权、应诉权等具体诉权之外的一项独立的权利,属于与自由权、平等权相并列的宪法上的基本权利,体现着"公法之设目的在于保护私权"的宪政理念。宪法所确立的司法救济制度应当成为普通法律构建具体的诉讼法律关系的模型和公民能够享有各种具体诉讼权利的前提与基础;诉讼法上的各项具体诉讼权利是宪法所确立的司法救济权的延伸和具体化,并必须体现宪政精神而不得削弱或侵蚀该项宪法权利。如果没有为宪法所确认的司法救济权,也就不可能有现代法制意义上的完整的诉权。参见苗连营:《公民司法救济权的入宪问题之研究》,载《中国法学》2004 年第 5 期。

司法救济权的存在与行使,为公民权利保障和对抗国家权力提供了合法的现实可能性。

对警察职权运作不当后果的司法救济不仅具有人权保障的价值,同时还体现着分权与制衡的功能,通过法院行使司法权来防止警察权的扩张或滥用。正因如此,20世纪以来,为了加强对司法救济权的保障,许多国家宪法都把司法救济权作为重要内容进行了规定。作为一项基本人权,无论是英美法系国家还是大陆法系国家,成文宪法国家还是不成文宪法国家,大都把司法救济权作为本国公民应享有的一项基本权利来对待,并以最高、最重要的形式加以确认。与此同时,司法救济权也为许多国际公约所关注,成了国际公约确认和保障的对象。国际法律文件的规定虽然仅仅具有宣言性的意义而不具备严格的国际法上的拘束力,但它确立了司法救济权保障的国际标准,为以后有关国际条约和成员国对司法救济权的保护奠定了基础。

1. 警察刑事职权的司法救济

根据相关法治理论和法律制度的规定,对警察刑事职权的司法救济主要通过以下五种方式实现。

第一,非法证据排除规则的确立和适用。世界各法治国家的刑事诉讼法律制度中基本上都规定了"非法证据排除规则"。对于以非法途径取得的证据材料不能作为定案的依据,是一种对警察刑事职权非法行使的程序性制裁措施。法治要求在刑事诉讼中不能以不择手段、不计代价、不问是非的方法来查明犯罪事实,在刑事诉讼活动中必须采取符合保障人权要求的手段与方式,做到惩罚犯罪与保障人权的合理兼顾。"这种彻底剥夺了侦查机关通过违法取证行为所获取的不正当利益的做法确实能够挫伤侦查机关违法取证的积极性,通过将这些证据加以排除的制裁措施,从而达到犯罪嫌疑人、被告人的权利不受非法侵害的目的。"①因为行使警察刑事职权的人员采用非法手段收集证据的根

---

① 蔡宏图:《侦查行为之程序性制裁机制研究》,载《求索》2013年第12期。对于非法证据排除规则的目的或功能也有人表达了不同的看法,认为"以遏制警察非法行为为目的的排除规则是靠不住的"。"我国的非法证据排除规则应当以实现法院审判公正与程序公正、司法纯洁性为目的,遏制警察非法行为是其附带结果,而不应成为出发点。"参见马明亮:《非法证据排除规则与警察自由裁量权》,载《政法论坛》2010年第4期。在境外,非法证据排除规则产生地为英美国家,非法证据排除规则产生后经历了曲折的发展过程,其理论基础的形成和发展也经历了由"虚伪排除理论"到"人权保障理论"或"正当程序理论"及"违法控制理论"等发展过程。参见邓思清:《论非法证据排除规则的理论基础》,载《法律科学》(西北政法大学学报)2006年第3期。

本目的是为了收集在法庭上指控犯罪嫌疑人或被告人的证据,在法律上明确否定非法证据的价值并排除非法收集证据的适用,就会在根本上消除警察人员违法行使刑事职权的动机。"如果警察通过违法手段获取的证据在法庭上被排除,那么警察的违法搜查和扣押行为就将停止,至少会最大限度地减少。"①

尽管在不同的国家对于非法证据的排除方式各不相同,但主要可以归纳概括为三种基本情形:强制排除、自由裁量排除以及强制排除和自由裁量排除的结合适用。② 我国采用的是强制排除和自由裁量排除相结合的模式。依照 2012 年新修订的《中华人民共和国刑事诉讼法》第 54 条第 1 款的规定:"采用刑讯逼供等非法方法收集的犯罪嫌疑人、被告人供述和采用暴力、威胁等非法方法收集的证人证言、被害人陈述,应当予以排除。收集物证、书证不符合法定程序,可能严重影响司法公正的,应当予以补正或者作出合理解释;不能补正或者作出合理解释的,对该证据应当予以排除。"

第二,对违法行使警察刑事司法职权的国家赔偿。对警察违法行使刑事司法职权的国家赔偿是刑事司法赔偿制度的重要组成部分。警察机关在刑事司法活动中承担着搜集犯罪证据,指控犯罪嫌疑人和缉捕犯罪嫌疑人归案接受审判的职责,拥有极其广泛的限制剥夺公民人身自由权和财产权利的权力。因各种主客观因素的影响,在司法实践中难免发生"冤狱"现象。为了补救警察刑事司法职权的违法行使给公民的合法权益造成的损害,有必要建立警察刑事司法职权的国家赔偿制度,赋予正当权益受侵害公民的"冤狱"赔偿请求权。③

从世界范围来看,对违法行使警察刑事职权的"冤狱"赔偿不仅是世界国际人权公约规定的内容,也是世界法治发达国家一项重要的法律制

---

① 黄维智:《非法证据排除规则价值论纲》,载《中国刑事法杂志》2004 年第 6 期。
② 采用强制排除模式的,对于所有以违法的方式取得的证据都应当排除,其建立的基础是"警察的违法"与"被告的犯罪"都应该被否定,甚至认为"警察对社会安全的威胁较被告的威胁更可怕"。采用自由裁量模式的,对于违反取证规则获得的证据,经过法官进行个案衡量并在综合考虑惩罚犯罪和保障人权的价值权衡后决定是否采用。采用强制排除和自由裁量排除相结合模式的,具体做法是对所有违反"程序禁止"规定的犯罪嫌疑人的供述和证人证言,实行强制排除;对于侦查机关非法收集的实物证据,由法官根据情况决定是否采用。参见黄维智:《非法证据排除规则价值论纲》,载《中国刑事法杂志》2004 年第 6 期。
③ 有学者将这种赔偿请求权不仅视为是公民基本权利的救济性权利,而且还视为其本身就是一种基本权利。参见文正邦等:《国家赔偿制度发展的宪法支撑研究》,载《现代法学》2005 年第 4 期。

度。尽管在我国传统的法律制度中一直坚持国家责任完全豁免的立场,但在新中国成立后,国家赔偿问题被宪法确认并逐步由专门的法律制度作出明确的规定。① 依照 2012 年修订的《中华人民共和国国家赔偿法》第 17 条的规定:"行使侦查、检察、审判职权的机关以及看守所、监狱管理机关及其工作人员在行使职权时有下列侵犯人身权情形之一的,受害人有取得赔偿的权利:(一)违反刑事诉讼法的规定对公民采取拘留措施的,或者依照刑事诉讼法规定的条件和程序对公民采取拘留措施,但是拘留时间超过刑事诉讼法规定的时限,其后决定撤销案件、不起诉或者判决宣告无罪终止追究刑事责任的;(二)对公民采取逮捕措施后,决定撤销案件、不起诉或者判决宣告无罪终止追究刑事责任的;(三)依照审判监督程序再审改判无罪,原判刑罚已经执行的;(四)刑讯逼供或者以殴打、虐待等行为或者唆使、放纵他人以殴打、虐待等行为造成公民身体伤害或者死亡的;(五)违法使用武器、警械造成公民身体伤害或者死亡的。"第 18 条规定,警察机关及其工作人员在行使职权时违法对财产采取查封、扣押、冻结、追缴等措施的,受害人有取得赔偿的权利。第 35 条规定,警察机关及其工作人员在行使刑事司法职权时侵犯人身权有致人精神损害的,应当在侵权行为影响的范围内,为受害人消除影响,恢复名誉,赔礼道歉;造成严重后果的,应当支付相应的精神损害抚慰金。尽管我国现行国家赔偿法律制度的警察刑事司法职权违法行使的国家赔偿是一种有限赔偿的事后补救措施,但其作为一种对警察刑事职权违法行使的司法救济,因其具有较高的权威性在救济警察违法侦查行为方面具有十分重要的意义。

第三,检察机关对侦查终结移送审查起诉的案件作出不起诉的决定。检察机关作为代表国家控诉犯罪的公诉机关,在审查起诉过程中,依照法律规定在符合法定条件时可以作出不起诉的决定。检察机关作出不起诉的决定分为两种情形:一种是"确定不起诉";另一种是"存疑

---

① 1954 年《中华人民共和国宪法》和 1982 年《中华人民共和国宪法》都对国家赔偿问题作出过规定。1986 年第六届全国人民代表大会第四次会议通过、2009 年 8 月 27 日第十一届全国人民代表大会常务委员会第十次会议修正的《中华人民共和国民法通则》第 121 条规定:"国家机关或者国家机关工作人员在执行职务中,侵犯公民、法人的合法权益造成损害的,应当承担民事责任。"1994 年第八届全国人民代表大会常务委员会第七次会议通过了《中华人民共和国国家赔偿法》,对警察机关在办理刑事案件中违法行使职权致使公民合法权益受到侵害的赔偿问题作了明确规定,并于 2010 年、2012 年又作出了《关于修改〈中华人民共和国国家赔偿法〉的决定》。

不起诉",①所谓"确定不起诉",具体是指检察机关经过审查认为,符合法定条件需要对犯罪嫌疑人作出不起诉决定从而终止起诉的行为。根据相关的法律规定和司法实践操作,"确定不起诉"又可分为"法定不起诉"和"酌定不起诉"两种情形。所谓"法定不起诉",是指犯罪嫌疑人没有犯罪事实,或者有其他法定不起诉情形的,检察机关应当作出不起诉决定的情形。所谓"酌定不起诉",是指对于犯罪情节轻微,依照刑法规定不需要判处刑罚或者免除刑罚的,检察机关可以作出不起诉决定的情形。这两种情形不管哪种在客观上都会起到救济警察刑事职权不当行使的作用。

相比较而言,检察机关作出"存疑不起诉"决定的救济作用更为明显。所谓"存疑不起诉",是指检察机关认为警察机关侦查终结移送起诉的案件,因事实不清、据以定罪的证据不足和不符合起诉的条件,从而作出撤销案件不予起诉的决定。②尽管从案件处理的性质上来看,"存疑不起诉"是对案件在诉讼程序上的处理,而不是实体上的最终处理(如果以后发现新的证据,且足以认定犯罪嫌疑人构成犯罪时,检察机关必须撤销不起诉决定,重新进行起诉),但在客观上确实能对警察刑事司法职权的违法行使起到一定程度的救济作用。从根本上来看,之所以会发生"存疑不起诉"的现象,主要有两方面的原因:一是犯罪嫌疑人在客观上确实实施了犯罪行为,只是由于各种因素的制约没有收集到证明其犯罪的充分证据,虽进入公诉程序但无法提起公诉;二是犯

---

① 2012年修订的《中华人民共和国刑事诉讼法》第173条规定,犯罪嫌疑人没有犯罪事实,或者有其他法定情形的,人民检察院应当作出不起诉决定。对于犯罪情节轻微,依照刑法规定不需要判处刑罚或者免除刑罚的,人民检察院可以作出不起诉决定。人民检察院决定不起诉的案件,应当同时对侦查中查封、扣押、冻结的财物解除查封、扣押、冻结。第171条第4款规定:"对于二次补充侦查的案件,人民检察院仍然认为证据不足,不符合起诉条件的,应当作出不起诉的决定。"

② 2012年修订的《中华人民共和国刑事诉讼法》第171条规定:"……人民检察院审查案件,对于需要补充侦查的,可以退回公安机关补充侦查,也可以自行侦查。……补充侦查以二次为限。……对于二次补充侦查的案件,人民检察院仍然认为证据不足,不符合起诉条件的,应当作出不起诉的决定。"2012年最高人民检察院第十一届检察委员会第八十次会议通过、2013年1月1日起施行的《人民检察院刑事诉讼规则(试行)》第404条规定:"具有下列情形之一,不能确定犯罪嫌疑人构成犯罪和需要追究刑事责任的,属于证据不足,不符合起诉条件:(一)犯罪构成要件事实缺乏必要的证据予以证明的;(二)据以定罪的证据存在疑问,无法查证属实的;(三)据以定罪的证据之间、证据与案件事实之间的矛盾不能合理排除的;(四)根据证据得出的结论具有其他可能性,不能排除合理怀疑的;(五)根据证据认定案件事实不符合逻辑和经验法则,得出的结论明显不符合常理的。"

罪嫌疑人在客观上确实没有实施犯罪行为,而是因特殊原因进入公诉程序,因而没有形成证明犯罪嫌疑人犯罪的充分证据。对于第二种情形的存在,"存疑不起诉"实实在在地起到了司法救济的作用。正因如此,"从世界主要国家和地区立法、司法来看,对证据不足以证明被追诉人有罪的案件如何处理,是其公诉权运行质量和司法文明程度的'方向标'。世界主要国家和地区从保障人权的目的出发,普遍强调无罪推定原则和检察机关客观性义务或者中立性理念,注重通过疑罪不起诉制度对公诉权实行强制性的外部审查,以防止公民被政府无根据地或非法地提起刑事诉讼"。①

第四,审判机关作出的"无罪判决"。依照相关法律制度的规定,审判机关作出的"无罪判决"包括证据确实充分的无罪判决和"证据不充分的无罪判决"。② 对于证据确实充分应当认定被告人无罪的进而作出无罪判决的,必然是对警察机关错误行使警察权力的纠正,其体现的救济功能极为明显。对于"证据不充分的无罪判决",情况虽然复杂一些,但至少在一定程度上也能对警察刑事司法职权起到救济作用。之所以会发生"证据不充分的无罪判决"这种现象,原因主要有两种:一种是客观上就无罪,而因一些特殊原因进入司法程序;另一种是客观上确实有罪,只不过因各种原因无法收集到其构成犯罪的充分证据。对于第一种情形,"证据不充分的无罪判决"肯定起到了救济的作用。"疑罪从无",是指在刑事诉讼中,当主要案件事实处于认定上的真伪不明状态,证据不够充分确凿,不足以形成对指控犯罪的确定证明的时候,对被告人作出无罪的宣告与判决的程序制度。由于其体现了"存疑,有利于被告"的法治理念,成为现代刑事诉讼法无罪推定原则的最直接体现。③

第五,司法机关对于滥用警察刑事司法职权者追究法律责任。尽管司法的根本目标在于实现社会的正义,但在司法实践中很多时候也会发

---

① 奚玮:《分权抑或垄断:域外疑罪不起诉模式的动态考察》,载《法律科学》(西北政法大学学报)2010年第6期。

② 2012年修订的《中华人民共和国刑事诉讼法》第195条规定:"在被告人最后陈述后,审判长宣布休庭,合议庭进行评议,根据已经查明的事实、证据和有关的法律规定,分别作出以下判决:(一)案件事实清楚,证据确实、充分,依据法律认定被告人有罪的,应当作出有罪判决;(二)依据法律认定被告人无罪的,应当作出无罪判决;(三)证据不足,不能认定被告人有罪的,应当作出证据不足、指控的犯罪不能成立的无罪判决。"

③ 参见成凯:《在情理推断与证据裁量之间:论中国疑罪从无的实现》,载《河北大学学报》(哲学社会科学版)2007年第6期。

生事与愿违的现象。具体到警察刑事司法职权的运行过程中,难免会发生刑讯逼供、暴力取证、索取贿赂、报复陷害和徇私枉法等滥用权力的现象。司法机关通过追究实施上述行为的警务人员的法律责任,不仅维护了正常的司法秩序,也在客观上起到了对被害人的救济作用。

2. 警察行政职权的司法救济

对于警察行政职权运行结果的救济有多种途径①,但司法救济是最为关键和最为重要的一种。对警察行政职权运行后果司法救济的途径主要有提起行政诉讼和申请行政赔偿两种。

第一,行政诉讼对违法行使警察行政职权的救济。行政诉讼作为一种以民主政治为基础、以司法审查为手段、以保护公民权利和制约行政权力为目标的法律制度,在根本上就是一种救济违法或不当行使行政权力的手段。警察行政诉讼,是解决警察行政争议的诉讼活动,具体是指人民法院基于公民、法人或者其他组织的请求,对警察机关具体行政行为的合法性进行审查并作出裁决的活动。警察行政诉讼属于行政诉讼的范畴,是国家诉讼制度的重要组成部分。从本质上讲,警察行政诉讼是一种对警察行政活动的法律救济制度,是国家司法权对警察机关行政活动进行审查的制度。警察行政诉讼的根本目的是通过司法权对警察行政权的监督,确保警察机关依法行政。虽然从表面上看,警察行政诉讼的直接目的是为了解决行政争议,但其更深层的意义在于建立权力制约机制,实现依法行政并保护公民的合法权益。法律制度的设计者通常遵循有义务就有权利,有权利就应有救济的原则确定法律原则和法律制度。警察行政诉讼制度的建立,其核心要旨就在于督促警察机关在依法行政的同时保护公民的合法权益,在公民的合法权益受到或可能受到警察机关的非法侵害时提供及时有效的救济。依照相关法律制度的规定和司法实践的做法,在警察行政诉讼中,司法机关对警察行政职权的救济主要是通过撤销警察机关作出的违法职权行为、变更警察机关作出的不当职权行为、确认警察职权行为违法和要求警察机关履行职权行为

---

① 对于警察行政职权的法律救济途径包括向原行使警察职权的警察机关申诉和向上级机关提请行政复议,也包括提起行政诉讼和申请国家赔偿等,前两种是由行政机关进行的救济,也称为行政救济;后两种是由司法机关进行的救济,也称为司法救济。需要说明的是,国家赔偿不一定要经过司法程序。如果警察机关认为自己行使职权的行为违法致使当事人合法权益受到损害或者当事人在提起行政复议时,复议机关认为警察机关行使职权的行为违法致使当事人合法权益受到损害,也可以不经过司法机关直接进行国家赔偿。

等方式实现的。①

第二,行政赔偿对违法行使警察行政职权的救济。行政赔偿与司法赔偿一样,同属于国家赔偿的组成部分。国家行政赔偿责任的确定及其承担不仅是督促行政机关依法行使职权的需要,也是实现社会公平正义和保障人权的需要。行政赔偿制度不仅昭示着现代国家由"权力政府"向"责任政府"的转型,更意味着公民人格尊严和基本权利不允许包括国家机关在内的一切社会组织和公民个人的侵犯。正是包括行政赔偿在内的国家赔偿权利救济功能的发挥,国家赔偿法律制度被人们称为是公民权利的"兑现书"。

2012年修订的《中华人民共和国国家赔偿法》第3条规定:"行政机关及其工作人员在行使行政职权时有下列侵犯人身权情形之一的,受害人有取得赔偿的权利:(一)违法拘留或者违法采取限制公民人身自由的行政强制措施的;(二)非法拘禁或者以其他方法非法剥夺公民人身自由的;(三)以殴打、虐待等行为或者唆使、放纵他人以殴打、虐待等行为造成公民身体伤害或者死亡的;(四)违法使用武器、警械造成公民身体伤害或者死亡的;(五)造成公民身体伤害或者死亡的其他违法行为。"第4条规定:"行政机关及其工作人员在行使行政职权时有下列侵犯财产权情形之一的,受害人有取得赔偿的权利:(一)违法实施罚款、吊销许可证和执照、责令停产停业、没收财物等行政处罚的;(二)违法对财产采取查封、扣押、冻结等行政强制措施的;(三)违法征收、征用财产的;(四)造成财产损害的其他违法行为。"第35条规定,警察机关及其工作人员在行使

---

① 根据2014年修订的《中华人民共和国行政诉讼法》第70条的规定:"行政行为有下列情形之一的,人民法院判决撤销或者部分撤销,并可以判决被告重新作出行政行为:(一)主要证据不足的;(二)适用法律、法规错误的;(三)违反法定程序的;(四)超越职权的;(五)滥用职权的;(六)明显不当的。"第72条规定:"人民法院经过审理,查明被告不履行法定职责的,判决被告在一定期限内履行。"第74条规定:"行政行为有下列情形之一的,人民法院判决确认违法,但不撤销行政行为:(一)行政行为依法应当撤销,但撤销会给国家利益、社会公共利益造成重大损害的;(二)行政行为程序轻微违法,但对原告权利不产生实际影响的。行政行为有下列情形之一,不需要撤销或者判决履行的,人民法院判决确认违法:(一)行政行为违法,但不具有可撤销内容的;(二)被告改变原违法行政行为,原告仍要求确认原行政行为违法的;(三)被告不履行或者拖延履行法定职责,判决履行没有意义的。"第75条规定:"行政行为有实施主体不具有行政主体资格或者没有依据等重大且明显违法情形,原告申请确认行政行为无效的,人民法院判决确认无效。"第76条规定:"人民法院判决确认违法或者无效的,可以同时判决责令被告采取补救措施;给原告造成损失的,依法判决被告承担赔偿责任。"第77条规定:"行政处罚明显不当,或者其他行政行为涉及对款额的确定、认定确有错误的,人民法院可以判决变更。人民法院判决变更,不得加重原告的义务或者减损原告的权益。但利害关系人同为原告,且诉讼请求相反的除外。"

行政职权时侵犯人身权有致人精神损害的,应当在侵权行为影响的范围内,为受害人消除影响,恢复名誉,赔礼道歉;造成严重后果的,应当支付相应的精神损害抚慰金。①

第三节 结构性警察职权和功能性警察职权的优化配置

任何事物都是一种结构和功能性的存在。结构是事物自身各要素之间相互关联和相互作用的方式,表现为构成事物要素的数量比例、排列次序、结合方式和发展变化等,主要反映的是事物外在的客观形态。功能是具有特有结构的事物表现出来的特性和能力,是事物因为某种结构所具有的实际作用和价值。正是因为结构,事物得以存在;正是因为功能,事物有了存在价值。结构和功能是一个事物存在的两个方面,二者紧密关联。结构是事物具有一定功能的基础与前提,功能是事物结构展示出的价值和意义。

警察权作为一种社会事物,其外在表现、具体运作及秩序形成也是通过一定的结构和功能体现出来的。"从结构功能主义的角度来看,权力秩序的形成是权力结构与权力功能动态平衡的结果。权力结构是权力秩序的有机载体,权力功能是权力秩序的运行状态,而二者的互动往往又通过不同权力之间的关系得以表征。因此,只有在权力结构和权力功能相互结合的视角下,我们才能够清晰地把握权力秩序的基本状况和逻辑脉络。"②正是基于此,有关国家权力结构与分工的理论,也是警察权产生和存在的理论基础。③

从根本上说,警察职权就是一种行政性的权力。与所有行政权力一

---

① 我国的行政赔偿和司法赔偿统一规定在一部法律制度中。但由于违法行使警察行政职权的行政赔偿与刑事司法赔偿(冤狱赔偿)在理论基础等方面有着显著的不同,将两者强行糅合在一部法律中不仅缺乏法理根据,而且也不利于国家赔偿法的正确高效地贯彻实施。因此,有专家建议,国家赔偿法应借鉴日本及我国台湾地区立法的经验,将行政侵权的国家赔偿和刑事司法赔偿分别立法,或者借鉴法国等的立法经验,将冤狱赔偿的内容纳入刑事诉讼法中。参见樊崇义、胡常龙:《走向理性化的国家赔偿制度——以刑事司法赔偿为视角》,载《政法论坛》(中国政法大学学报)2002年第4期。
② 陈国权:《论权力秩序与权力制约》,载《江苏行政学院学报》2013年第3期。
③ 参见惠生武:《论警察权产生与形成的基础》,载《中国人民公安大学学报》(社会科学版)2009年第1期。

样,警察职权配置也应当是在结构性配置与功能性配置两个层面上展开的。①

一、警察职权结构和功能的内涵及其价值

"按照系统理论,结构是系统诸要素相互关系的范畴,它是连接系统和要素的桥梁和中介。"②警察职权结构是警察职权在各种权力主体之间的配置及其相互关系。警察职权结构具体包括两方面的内容:一是警察职权被配置到特定的警察组织,实现警察权力与警察组织的结合,使抽象的警察权力有了具体的载体;二是不同警察职权以警察组织为载体相互发生作用和联系,进而形成相应的警察权力关系和警察权力秩序。只有在警察职权结构之中,才能够全面把握警察权力存在的具体状况和运行的基本表现。因为"任何事物都不是孤立的存在,而是整个结构体系中的有机成分;某种存在及其本质只有在一个相对封闭的结构之中及其与结构中的其他成分所发生的关系之中才能够为人们所认知"。③

合理化警察职权关系和秩序的形成,以合理化警察职权结构的存在为前提。在现代法治社会中,警察职权结构的合理化,必须满足两个条件:一是在横向的平面化权力结构中,建立起权力主体间平等的法律关系,而且在权力主体各自的职权范围内具有最终的权威;二是在纵向的层级化权力结构中,改变那种下级无条件地绝对服从上级的线性权力结构,建立起权力主体间相互作用的网络化权力结构。依照现代法治原理,拥有不同法定职权的主体,在法律地位上和主体资格上是平等的。警察机关上下级之间的服从关系是建立在法律明确规定基础之上的。下级警察机关对上级警察机关的服从基于法律对不同权力功能的定位,而不是上级身份的权威性。上下级警察机关在各自的职权范围内具有相对的独立性和自主性。上级警察机关和下级警察机关之间不仅有单向的服从关系,还有一种相互作用的牵制关系,使不同警察机关之间的职权存在和运

---

① 参见张国庆:《行政管理学概论》,北京大学出版社1990年版,第237页。
② 夏美武:《当代中国政治结构功能的生态分析》,载《福建论坛·人文社会科学版》2012年第4期。
③ 江国华:《权力秩序论》,载《时代法学》2007年第2期。

作呈现出一种网络化的结构。① 在网络化的警察职权结构之中,每一项警察职权都处在一定的网络之中,受网络中的其他警察职权的制约。具体警察职权的运作只有在这一网络结构范围内,依据这种网络结构的特有规则并服从于这一网络结构设计的目标时才能有效进行。这种网络结构使警察职权结构具有了明显的"嵌套性"特征,每个权力结构都是上一级的"子结构"或"次结构"。②"嵌套性"特征决定了任何一个权力结构的存在、运作和发展都将受到其他权力结构的影响和制约。

  网络化权力结构是法治社会中权力结构的基本模式。这一网络是以法律确定的形式表现出来的。在网络化权力结构模式中,每一项权力都处于权力关系的网络之中,法律是规范权力之网,而权力只是这一网络上的一个结。正是这种网络化结构,实现了任何权力的"非绝对化",任何一个权力都由于这张法律之网的存在而不能超越自己的边界,它的行为服务于网络(法律)的精神,因而也就是服务于网络制造者(人民)的利益。③

  与警察职权结构维度是从权力在不同主体中的配置和权力间关系的表现不同,警察职权的功能维度体现的是警察权力在其运作过程中体现出来的特性和作用。"功能主义将整个社会理解为一个功能性的系统,组成系统的每一个部分都因其特定的功能而为系统的维持作出一定的贡献——这个系统得以维持的基本条件就是组成系统的各部分之间在功能上保持协调或平衡;为维持这种功能上的平衡和协调,当组成系统的某个

---

  ① 依据权力的基本构件以及决定上下级关系原则的不同,可以将权力结构分为两种基本模式:宝塔式权力结构与网络式权力结构。当然,这两种模式只是权力结构的理想类型,现实的权力结构都介于这两极中间。网络式结构与宝塔式结构这两种权力结构模式具有显著的不同:第一,权力与法律的权威关系不同。网络式结构是法律主导的结构,宝塔式结构是权力主导的结构。在网络式结构下,最高的社会权威不是权力而是法律,所有的权力都来自法律,并受法律的制约,接受法律的评价。在宝塔式结构下,法律最终服从于权力,法律被假设为最高权力主体的意志,当法律与最高权力主体的意志不一致时,法律便让路,或者法律就改变了。第二,权力分布的状态不同。网络式结构的权力是分散的,不存在一个集中一切权力的权力中心,这种分散不仅在同一层级的权力体系中存在,在上下级权力中同样存在,各级权力都有自己的权力范围,下级服从上级是基于法律而不是上级的权威。当然,这种"分散"是"形散而神聚",它通过权力在不同主体间的分配来实现权力的统一,同时防止权力滥用。宝塔式结构存在一个权力中心,这个权力中心事实上或起码是被假设为一切权力的来源,如果需要,它可以行使一切权力。参见周永坤:《权力结构模式与宪政》,载《中国法学》2005 年第 6 期。

  ② 参见陈国权、黄振威:《论权力结构的转型:从集权到制约》,载《经济社会体制比较》2011 年第 3 期。

  ③ 参见周永坤:《权力结构模式与宪政》,载《中国法学》2005 年第 6 期。

部位在功能上出现障碍或者发挥不能的时候,就有必要由另一部分来代行这种功能,否则整个系统就将因为功能上的障碍而陷入失衡甚至崩溃的状态。"①

权力的功能不同对权力结构的要求也不同,致使构成权力主体的人员以及权力运行的规则也不同。"在结构功能主义看来……什么性质的国家权力应当由什么样的机关来行使更为合适,应当由其功能匹配的机关来行使,而其功能匹配的机关应当具备相应的结构模式。"②因而,警察职权结构和警察职权功能与警察机关职能的有效发挥紧密相关,也与警察组织的管理紧密相关。

因而,当前进行的警务改革,不仅是警察职能的转变,还是警务管理体制的变革,在根本上实现的是警察职权的结构性改革和警察职权的功能性改革。警察职权结构性改革是警务的外延性改革,警察职权功能性改革是警务的内涵性改革。

在实践中,常常通过权力的结构性改革实现功能性改革,或者说是进行功能性改革要求必须首先从结构性改革入手。以权力制约权力为例,只有从权力内部对权力进行分解,并在此建立一个稳定的相互制约的权力体系,以权力之间的关系来制约权力,"以强制对付强制"才能有效地控制权力。也就是说,只有将制约权力问题转化为一个权力的结构问题,对权力的制约才是可能的。③

从各国的现实做法来看,警察职权的结构与功能配置方式主要有两种:一种是采用法治化、制度化的调整模式;还有一种是行政命令型调整模式(本质是主观意志型模式)。④ 在法治社会中,一切权力都来源于法律赋予,法律是权力存在的合法性基础和运行依据,警察权力也不例外。在我国,警察职权配置主要是《中华人民共和国宪法》和《中华人民共和国人民警察法》等法律从总体上建立基本架构,《中华人民共和国刑事诉

---

① 功能主义作为一种社会科学研究方法,最早可以追溯到法国社会学家、哲学家和实证主义创始人孔德和英国社会学家、哲学家斯宾塞的著作中,后来的法国社会学家迪尔凯姆(又译作涂尔干)、英国社会人类学家拉德克利夫·布朗和英国社会人类学家马林诺夫斯基对其作了较为系统的阐述。参见江国华:《权力秩序论》,载《时代法学》2007年第2期。

② 沈寿文:《政府横向权力配置新论——从结构功能主义角度的分析》,载《政法论丛》2011年第1期。

③ 参见周永坤:《权力结构模式与宪政》,载《中国法学》2005年第6期。

④ 参见杜治洲:《中国行政体制纵向权力结构调整30年——经验、教训与趋势》,载《学术界》2008年第5期。

讼法》《中华人民共和国治安管理处罚法》等各单行法律、法规、规章将具体权能配置给政府的各职能部门。虽然这些法律规范构成了我国警察权力的法源,是进行警察权力配置及分析其结构的逻辑起点。但由于这些立法对警察职权的配置是分散的和笼统的,还需要通过警察组织法和警察职权行使法的制定或完善,使警察职权的结构性配置和功能性配置更加明晰化、合理化。

二、警察职权结构的优化配置

警察职权结构的优化配置是为实现警察职权结构化和警察职权结构合理化而开展的活动。权力结构化的过程是职权的分化和职能的专业化过程,权力结构的合理化是指结构要素的分化与协调、结构要素的有序化、权力控制的有效性,即结构化、协调化、有序化和可控化的过程。合理化的权力关系最基本的要求就是权力结构化,权力结构化是公共权力关系和谐存在发展的前提。[1] 警察职权结构优化配置的最终目标是实现警察职权关系(包括警察职权内部关系和外部关系)的合理化。

合理化的警察职权结构不仅使警察职权拥有主体间的关系呈现出正当化,也使警察职权运作机制呈现协调性,更重要的是合理化的警察职权结构能保证警察权功能的有效实现。

"权力结构是权力之间的关系及其运行机制。对权力进行分解是认识其内在结构的前提,从不同的视角可以对权力进行不同的分类。"[2]根据构成要素关系的不同性质,权力结构类型可相应分为数量结构、空间结构、时间结构和主体结构等,分析警察职权结构的优化配置,也应当从空间结构、时间结构、主体结构、内容结构和手段结构的优化配置等几个方面着手。

(一)警察职权的空间结构:横向警察职权与纵向警察职权的优化配置

警察职权在警察体系内各类各级警察组织之间进行配置形成了警察权力的空间结构。警察职权空间上的优化配置主要体现在警察职权横向关系和纵向关系的优化处理上。"政府权力结构主要是指一级政府内部

---

[1] 参见魏红英:《权力结构合理化:中央与地方关系和谐发展的基本进路》,载《中国行政管理》2008年第6期。
[2] 陈国权、谷志军:《决策、执行与监督三分的内在逻辑》,载《浙江社会科学》2012年第4期。

的机构框架和权力配置,其横向结构涉及政府机构的规模、权力分工、不同职能机构的比例,各类机构之间的关系等,纵向结构包括管理层级,各层级的权力配置以及层级之间的关系。"①横向警察职权结构反映的是同级警察机关之间以及警察机关内部各职能部门之间的权力配置关系,其追求的目标是协调平衡和相互配合,体现的是配合与制约的有机统一。纵向警察职权结构反映的是中央警察机关与地方警察机关之间的权力配置关系以及地方警察机关中上级警察机关与下级警察机关之间的权力配置关系,其追求的目标是统一高效和协调运转,保障方式是"有令必行、有禁必止"。

警察职权在横向上的配置主要有两种情形:一种是专业化配置,即警察职权按照不同的专业分工分别配置到警察机关内部的不同机构。② 另一种是综合性配置,即警察职权在警察机关内部配置时将业务性质相同或相近的事项集中由一个部门承担。各国警察职权的改革趋势是按照综合职能设置,减少以往政府部门之间职能交叉重叠,政出多门,沟通难、协调难等方面的问题。

然而,我国在警察职权的横向配置上走的是一条专业化路径。长期以来,我国公安机关职权配置结构遵循的是亚当·斯密的"分工效率理论",走的是分工扩张之路,以期通过专业化分工带来更高的工作效率。尽管这种职权配置模式的确在短时期内取得了明显的效果,有利于突出重点,专门抓好某项工作。由于这种警察职权配置模式将系统化的警察职权运行人为地割裂开来,虽然可能会使单项警察职权的运作效率有所提高,但就警察权力整体而言,可能出现系统僵化、反应迟钝、协调困难的状况,从而使警务工作的整体效能大为降低。这种警察职权配置模式的弊端具体表现为警察机关内部分工过细、警种过多、部门林立,层级复杂、机构臃肿,机关化倾向严重,同时也造成了资源浪费,弱化了整体合力。"从当代社会发展总趋势来看,组织效能的提高不一定产生于过度的分工,反而产生于合理的综合之中。当前,为进一步提高公安机关的整体工作效能……要根据不同公安机关的职责定位、任务目标、工作要求、自身特点等要素开展必要的合并;对职责交叉重复、长期难以协调解决的结构

---

① 薛刚凌:《政府权力结构改革的回顾与前瞻》,载《河北学刊》2008年第4期。
② 这里所谓的专业化配置的内涵与通常所说的警察专业化不同。参见袁广林:《美国警察专业化运动》,载《中国人民公安大学学报》(社会科学版)2006年第2期。

进行撤并调整,以进一步提高整体产出效能,最终形成任务目标完整、权责界限清晰、指挥命令顺畅、协调合作有力的组织运行新机制。"①

当前我国警察职权在横向配置上存在诸多弊端,在一定程度上制约了警察机关职能的充分发挥,特别是职权分工过细、内设机构过多,已大大增加了内耗,降低了效率。由于警察职权的纵向事权分界不清,警察机关(主要是公安机关)内部的业务领导(指导)以条为主,上级部门出于自身利益考虑往往强调自身的特殊性,下级警察机关不得不按照上级机关的要求进行对应设置,导致分工过细。导致警察机关内部机构设置重叠臃肿,权力分散,滋长了官僚主义作风,致使协作机制不畅,系统化、整体化的警务工作被人为割裂,影响了警务工作的效果。在我国各级公安机关中,内设机构现在已达二三十个,其中不少属于职能相近甚至相同的机构,由于人为地分设,不仅使相关警察权力的行使效率减低、摩擦增加,而且容易导致行政不作为,引起当事人或公众的不满,降低公安机关的威信。因此,不论是行政性警察权还是刑事性警察权,都有根据实际情况加以集中(即机构合并)的必要。② 在警察职权的横向配置上,不应"上下对口"和"左右对齐",而应根据需要,做到权责明晰、职能明确和范围清楚。当前公安机关实行的"大部门体制"③改革正是基于这种综合设置的优势。

"大部门体制"不是简单的部门合并,而是在宏观的总体性视野下,将其作为一种新的治理形式和治理载体,置于公共治理结构优化的框架中推动行政体制改革。④ 需要明确的是,"大部门体制"也不只是对警察

---

① 张光:《公安机关组织机构与管理体制改革应以提升公安战斗力水平为目标》,载《江西警察学院学报》2014年第4期。
② 参见李健和:《论我国警察权力配置的原则与优化路径——警察权力专题研究之三》,载《中国人民公安大学学报》(社会科学版)2007年第6期。
③ "大部门体制"也称"大部制",是指政府各级部门在机构设置上,加大横向覆盖的范围,整合职能和管辖范围相近、业务性质类似的部门,在此基础上组建一个组织规模更大、职能范围更广、侧重于横向的宏观管理、战略和政策制定的大部门的管理体制。这样,可以切实解决政府部门设置过多、分工过细、职能交叉、政出多门、相互扯皮、协调困难等症症,简化处理公务的手续和环节,降低协调成本,提高行政效能,有利于建立统一、精简、高效的服务型政府。参见董方军、王军:《大部门体制改革:背景、意义、难点及若干设想》,载《中国工业经济》2008年第2期。"大部门体制"是加强政府自身建设的一个重要标志,是随着经济社会发展而建立良好的公共治理结构的重要举措。参见石佑启:《论法治视野下行政权力的合理配置》,载《学术研究》2010年第7期。
④ 参见徐晓林、朱国伟:《大部制治理结构优化的推进策略与支持机制》,载《公共管理与政策评论》2013年第2期。

机关各职权部门在外在形式上的综合,不是简单的警察机关职能部门的合并、撤销之类的数量上的减少,"职权职责有机统一"是大部制的精髓所在,"宽职能、少机构、明职权和定职责"是大部制的鲜明特征。"大部门体制"改革的核心内容是要对警察机关各部门所辖事务进行合理组合,将警察职权进行结构调整、相对集中后授予一个警察机关职能部门,实行警察权力在横向上的相对集中和综合化配置,将反映警察职能相同或密切相关、管辖范围类似、业务性质相近的警察职权进行合并,相对集中配置给一个警察部门,由一个大的部门统一行使相关的警察权力。从而消除横向警察职权的分割与交叉,降低协调成本,实现权力的科学配置和规范、高效运行。通过将警察职权大部制的这种"内涵式"变革,进行警察权力结构的整体性调整和实现警察职权精简、统一、效能的目标,以求从根本上解决职能交叉、部门林立、多头管理及管理低效等问题。

警察职权在纵向上的配置,主要包括两大方面的内容:一方面是中央与地方警察职权的合理配置;另一方面是地方上下级警察机关之间的职权配置。①

"近现代警政发展实践表明,民主发达国家的警察体制都经历了一个国家警察和地方警察分设分权的演变过程。"②我国目前警察职权的配置情况是国家警察事务和地方警察事务混为一体,国家警察权力和地方警察权力高度融合在一起。中央政府下设的警察机构——公安部实际上只是公安系统的最高领导机构,一般不直接行使具体警察职权,国家警察事务基本上由地方警察机关代为行使。尽管这种警察职权结构模式和运行机制在一定时期内和一定程度上可以担负起警察机关的全部职能,但这种警察职权结构模式及其运行机制不仅在实践中暴露出种种缺陷,而且从法理上讲也与建设社会主义法治国家要求格格不入。这种国家警察职权和地方警察职权混设共用的模式,不仅使警察职权的运行常被自身矛盾所困扰,也为个别地方政府寻租警察权力打开了

---

① 尽管从我国现行警察职权配置模式来看,中央与地方的警察职权配置包含在上下级警察机关警察职权配置中,因为我国是单一制国家,中央对地方具有绝对的领导和管辖权力。但中央警察职权和地方警察职权并非是简单的上下级关系,而应当是根据宪法确立起的一种关系,并非是一种简单的包容关系和领导关系,地方警察机关在法理上和事实上存在相当的自主性权力。

② 毛志斌:《国家警察与地方警察的权力划界与体系构建》,载《中国人民公安大学学报》(社会科学版)2010年第1期。

方便之门,使有的地方政府能够以法律的名义堂而皇之"合法"地利用国家警察权力实行地方保护主义。这种警察职权体制带来的另一个副作用是中央警察机关过多地过问地方警察事务,地方警察缺少足够权力自主处理本地警察事务,也使得地方警察机关的推卸责任和消极作为有了貌似合理的借口。

具体来说,当前在警察职权的纵向配置方面存在以下两个方面的问题:

第一,国家警察主体和地方警察主体不作区分,国家警察职权和地方警察职权没有明确的划分。中央政府的警察机关和地方政府的警察机关在权限范围和职责内容上只是量的区分而无质的差别。在机构设置上为了做到上下对应,地方政府设立的警察机关拥有的权限几乎是中央政府设立的警察机关职权的翻版。这样的结果是,中央警察机关可以事无巨细地干预地方警察机关的职权行使,地方警察机关承担了国家警察的职能并置于比地方警察事务更重要的位置。这不仅削弱了国家警察权的权威,也给地方警察机关为了地方利益行使国家警察职权创造了条件。

第二,地方各级警察机关之间的职责权限也不明确,上级警察机关和下级警察机关的事权由上级警察机关随意分配调整和有选择性地行使,导致有利益的职权上下级警察机关都在争取,无利益的职权互相推卸责任。

当前我国公安机关纵向警察职权的划分法律制度并没有作出明确的规定①,而是按照传统的公安管理体制(计划经济时期形成的管理体制)和公安管理理念(全能政府理念)设立和配置警察职权,公安机关警察职权的内容、范围和界限缺乏系统、清晰和规范的界定,这样导致的结果就是同一警察职权可由不同层级的警察机关共同享有、同一警察事务可由各级公安机关进行"齐抓共管",事实上形成了上下级公安

---

① 公安机关人民警察组织法律制度主要有两部:《中华人民共和国人民警察法》和《公安机关组织管理条例》,也只是对整个公安机关的职责职权作了规定,没有明细中央和地方警察职权的内容,也没有明细地方不同层级公安机关警察职权配置和运行的内容。虽然由公安部法制部门负责人主编出版的《〈公安机关组织管理条例〉释义》明确了对党和国家领导人以及重要外宾安全警卫工作的组织实施和国际警务合作与交流的组织开展只由公安部承担。中共中央办公厅、国务院办公厅印发的《关于全面深化公安改革若干重大问题的框架意见》(中办发〔2015〕17号)授权境外非政府组织管理和难民事务管理由公安机关管理,这两项也属于中央警察机关的事权。但这二者却不能作为直接的法律依据。

机关职能交叉和事权重叠的状况。这样导致上下级公安机关职责同构，上级公安机关有权行使本应属于下级公安机关的职权，下级公安机关只是习惯性地按照上级公安机关的命令行事，对本属于自己的职责职权缺乏积极性、主动性和责任心。这种职责同构的警察职权设立和运作模式带来了公安机关职责重叠以及官僚化特征突出等问题。"由于各级公安机关职责重叠，加上公安业务以条条为主，反映在机构设置上就是上下对口。上级公安机关有什么样的部门，下级就跟着设置什么样的部门。机构设置其实应有层级区别：层级越高，集中统辖性、抽象性越明显；层级越低，实战性、操作性越明显。而我国上下对口的机构设置模式，虽然方便上级决定下级事权，有利于理顺业务关系，但导致基层公安机关的设置不以实战为目的，没有反映基层的组织特性，造成基层公安机关内设机构小而全，警种多又杂，业务交叉、警力分散、行政运行成本高，官僚化十分突出，警务效率低下。"[1]

警察职权纵向结构的合理化配置必须对国家警察机关和地方警察机关、上级警察机关和下级警察机关之间的警察职权配置进行结构调整从而形成清晰、明确、科学的层级化的警察职权结构。[2]事实上，这已具备一定的现实可能性。中央政府与地方政府"财权""人权"的清晰分界，为"事权"划分打下了坚实的经济基础和组织基础。中央政府与地方政府的"事权"划分（当然包括警察事权的划分）应当是"财权""人权"划分的必然延续。"具体说，就是在中央政府设立国家警察总局，按照区域划分设立若干国家警察分支机构，市以下不设国家警察机构。所有国家警察事务由国家警察机构负责承担。以省为单位，在省市县三级设立地方警

---

[1] 程小白、章剑：《事权划分：公安改革的关键点》，载《中国人民公安大学学报》（社会科学版）2015年第5期。

[2] 20世纪80年代以前，我国公安系统中，中央公安部和省级公安机关基本上行使指导性职能，并且各级公安机关的权限划分比较明确。90年代以后，随着市场经济体制的逐步发展，社会大流动，各种犯罪和社会治安问题成倍增长，加之社会治安方面的立法相对滞后，不能及时依法指导，随之上级公安机关尤其是公安部和省级公安机关不断加强了行政指挥和实战职能，无形中加大了这两级公安机关的警察权。然而，这种现实不仅缺少法律依据，而且在实践中带来了权力行使欠针对性和科学性、市以下公安机关警务权力减弱、积极性缺失的不良后果。由于作为公安机关实战部门的市、县两级难以发挥积极性和主动性，就会造成全国或全省（自治区、直辖市）公安机关"集中统一"打击、整治行动不断，而社会治安好转不大甚至反弹乃至恶化的"奇怪"局面。因此，应当进一步明确公安机关的职能定位，规范上下级公安机关的事权划分，做到事权明晰，责任明确。参见李健和：《论我国警察权力配置的原则与优化路径——警察权力专题研究之三》，载《中国人民公安大学学报》（社会科学版）2007年第6期。

察机构,按照国家机构改革精神,也可以只设立省县两级警察机构,负责地方警察事务。地方警察机构基本维持现行警察体制。"①按照"统一领导、事权清晰、权责一致和执行顺畅"的原则,进一步明晰不同层级警察机关的职权,按照上级警察机关主要行使"宏观指导"性权力和中下级警察机关主要行使"具体实战"性权力的思路,理顺各级警察机关的职权关系,从而充分发挥各级警察机关的积极性、能动性和创造性,推动警务工作的协调运行和科学发展。

第一,将中央警察职权和地方警察职权以及地方不同层级警察机关的职权明确配置到特定的警察机构。在充分考虑受益范围、规模效益和与政权稳定的关联程度等因素②,对于事关国家安全、党的执政地位和政治稳定的职权以及以国家名义对外进行的警察事权,确定为中央警察机关的职权。对于事关地方社会稳定、公共安全、经济社会发展和人民权益保障的职权确定为地方警察机关的事权。对于一些特殊的警察职权可以确定为中央和地方共享事权。对不同层级警察机关警察职权的配置和运行作出相应的制度安排。在此基础上要科学合理地将上述警察机关的职权配置到相应的警察机构。同时要进一步明确各层级警察机关之间的领导指挥关系的运作方式以及各自在履行职权方面的法律责任,避免过去那种粗放型和随意性的权力配置和运行模式,实现警察职权结构配置和运作机制的科学化和精细化。

第二,顺应市场经济体制和开放社会的需求,通过警察职权结构的合理化配置优化警察机关的组织管理方式,实现扁平化的警察管理模式。与其他政府部门一样,警察机关也实行典型的科层化的组织结构。但由于这种结构模式存在较窄的管理幅度和较多的管理层次设计缺陷,已不能适应社会发展和社会公众对高质量公共安全产出的需求,必须根据组织环境的变化和以信息网络为代表的现代技术能力的提升进行警察职权纵向结构的高效配置和组织结构创新。"通过组织管理幅度和管理层次的优化配置,打造出具有严格自律、沟通迅速、有力协调、分权决策、快速反应为特征的新型扁平化组织形态。应当指出的是,要根据组织的内外

---

① 毛志斌:《国家警察与地方警察的权力划界与体系构建》,载《中国人民公安大学学报》(社会科学版)2010年第1期。
② 参见程小白:《公安事权划分:全面深化公安改革的"纽结"》,载《江西警察学院学报》2015年第2期。

环境、技术条件等进行探索和尝试,并根据情况的变化进行适时的调整。"①

第三,完善警察组织法律制度,将警察职权的划分和配置法定化。在遵循宪法规定和做好与《中华人民共和国地方各级人民代表大会和地方各级人民政府组织法》相衔接的前提下,完善警察组织法律制度,对《中华人民共和国人民警察法》和《公安机关组织管理条例》等进行修订,明确界定中央警察机关职权和地方警察职权以及不同层级地方警察职权的配置,同时完善相关的警察职权行使法律制度的规定(如《中华人民共和国刑事诉讼法》《中华人民共和国治安管理处罚法》和《中华人民共和国出境入境管理法》等),进一步理顺警察机关上下左右之间的职权关系,为各级警察机关按照权限依法履职提供法律保障。

(二) 警察职权的时间结构:平常时期警察职权与非常时期警察职权的优化配置

按照警察职权行使的客观条件或者社会状态的不同,可以分为平常时期的警察职权(常态警察职权)与非常时期的警察职权(紧急状态下的警察职权)。在一般情形下,警察职权的表现形式和运行方式为常态,依照既定的权限和程序运行即可达到目标。然而当法律规定的紧急状态②出现后,警察职权的表现形式和运行方式就呈现出非常状态。这时在权力主体、权力范围、权力对象、权力程序、权力目的等方面都有别于正常状态的警察职权,其行使根据、实现方式、权力功能、权力监督以及法律后果等都与平时的警察职权不同。

具体来说,紧急状态下的警察职权,是指依照国家宪法和其他法律制度的规定,当出现了紧急、危机和危险情况时,警察机关及其警务人员可以依法实施应急权力、采取应急措施,以迅速恢复正常秩序或消除危险。

---

① 张光:《公安机关组织机构与管理体制改革应以提升公安战斗力水平为目标》,载《江西警察学院学报》2014年第4期。
② 紧急状态与紧急状况(情况)既有联系又有区别。紧急状态是国家出现一定的特殊情况以后,相关的国家机关依照法定程序和法定条件对该种情况的认定或确认,以便于启动相应的应对程序和方式,因而其既是一种事实状态也是一种法律状态。而紧急状况(情况)仅仅是一种客观上出现的紧迫而又危机的现象,仅仅是一种事实状态。只有将一定的紧急状况(情况)经过法定程序并由法定主体认定为紧急状态后,相关部门才可依法采取相应的应急措施进行处置。根据相关法律制度的规定,这里的紧急状态主要包括外国军事入侵、国内政治动乱、民族骚乱、武装暴乱、较严重的自然灾害或疫情流行、重大火灾或交通事故、大规模群体事件以及需要警察依法实施紧急封闭、紧急征用、紧急排险、交通管制、现场管制等警务措施的其他情形。

紧急状态的紧迫性和复杂性使得警察机关采取常规性的管理措施和应对手段已不能实现其目标,必须采取有效的"非常规"措施。在常态下,警察权的价值目标具有多元性,如自由、正义、人权、法治、秩序和效率等,而且每一种价值目标都具有相对的合理性,但是在紧急状态下,警察职权的价值目标中秩序和效率处于优先考虑的位置。①

当然警察机关的应急处置职权也并非是无限制或绝对的,警察应急权在突破"法定"时应遵循"穷尽"原则,即只有公安机关的"法内"行为不足以应对社会紧急状态时,才可实施"法外"行为,且公安机关负有事后说明理由并接受审判机关和立法机关审查的义务,防止警察应急权以应对紧急状态为名嬗变为"法外"特权,违背我国建设法治国家的目标。②

为了更好地保障平常时期警察职权的正当行使和非常时期警察职权的高效运作,在对警察职权进行配置时应当区分不同社会状态下的警察权,根据其各自特殊性分别加以规范。对于平常时期的警察职权,应由常态法律规范体系规制,将其纳入社会常态法治秩序中。对于应对紧急状态重要凭借的警察应急权,则应由特别法或一般法中的特别条款所构建的应急法律规范体系进行规制,将其纳入应急法治秩序中。

(三)警察职权的主体结构:普通警察机关职权与行业警察机关职权的优化配置

由于历史传统、政治体制和社会条件不同,在各自的现实社会状况与相应政治形势下会有各自的安全保障选择和警察体制选择。③ 英美法系国家普遍信奉权力分散的原则,基本不存在统一集中的警察体制,警察机构分散设立于不同的政府部门中,各自按照独立的职责范围依照法律的规定分别行使相应的警察行政职权和警察刑事职权。大陆法系国家具有权力集中统一的传统,一般都设立了较为统一的警察领导体制和运行机制,只是在特殊情况下,在较为特殊的专业领域设置专门警察机构行使特

---

① 紧急状态下的警察权力基于特别的"需要"必须进行扩张和专断,必须更多地干预、限制一些私权。在政府与自由的关系处理上,危机意味着更多的政府和更少的自由。紧急状态下警察权的扩张至少体现在两个维度上:一是向其他国家权力领域扩张,如垂直方向上地方警察权的部分权能转移到中央警察机关;二是向权利领域扩张,警察权延伸至市民社会自治领域,公民享有的权利和自由范围相应缩减。参见石启龙:《紧急状态下警察权的重构》,载《云南警官学院学报》2011年第1期。
② 参见石启龙:《紧急状态下警察权扩张的法理分析》,载《吉林公安高等专科学校学报》2011年第1期。
③ 参见许韬等:《中外警察法比较研究》,中国检察出版社2009年版,第46—53页。

定的警察职权。

我国实行类似于大陆法系国家的做法,建立起了较为集中统一的警察管理模式和运行机制。尽管这种做法我们称之为"条块结合,以块为主",但在警察职权的设立和运行中更多的是体现为集中统一性,特别是强调党和中央对警察权力的统一领导上。[①] 在中央政府设立集中统一领导全国公安机关的公安部,在地方设置对应的警察机构,在职责职权和业务工作上接受中央的统一领导。与此同时,也在特殊的行业内部设立了"行业公安"[②]:隶属于铁路系统的铁路公安机关、隶属于国家林业局的森林公安机关、隶属于交通运输部的交通公安机关、隶属于国家民航局的民航公安机关和隶属于国家海洋局的海事公安机关(中国海警局)。[③] 与普通公安机关实行的双重领导体制相似,行业公安机关一般也实行双重领导体制,其行使警察行政职权和警察刑事职权的执法活动接受公安部的领导,在管理体制上列入公安部职能局序列,而人事关系、经费保障和党务关系等仍然以所隶属行业系统或部门领导为主。

行业公安机关的设置,适应了特殊历史时期和特定行业建设发展的

[①] 我国公安机关现行的管理体制可以概括为"统一领导,分级管理,条块结合,以块为主",即由同级党委、政府和上级公安机关双重领导,以同级党委、政府领导为主的体制。这种"以块为主"的管理体制,是公安机关在党的领导下经过长期实践逐步发展确立的,是一种具有中国特色,与传统的经济、政治体制相适应的行政型管理体制。长期以来,它为维护政治稳定和社会安定发挥了积极的作用。随着国家经济体制和政治体制改革的不断深入,这种管理体制在公安实践中引发出的弊端越来越明显。在公安机关的双重领导关系中,从以地方党委政府领导为主这一方面来审视现行公安管理体制,存在的弊端主要表现在如下三个方面的矛盾:(1)地方人、财、物管理与上级公安机关业务领导的矛盾。上级公安机关的警令有时会受阻于地方党委政府的政令,同级公安机关的主要工作有时受制于同级党委政府,造成警令不畅,有令难行。(2)地方滥用行政领导权与公安机关严格执法、严格管理的矛盾。个别地方党委政府运用行政领导权干预公安执法活动、干预公安人事管理工作,使一些公安执法活动不能不屈从于地方领导的某些"土政策"。(3)地方党委政府被动领导与同级公安机关争取领导的矛盾。以上这些矛盾的出现,在一定程度上影响了公安机关严格执法、依法办事,制约了公安机关战斗力的充分发挥,影响了公安机关的整体形象和警民关系,阻滞了公安事业的发展,同时也滋长了地方党委政府的地方保护主义、官僚主义作风,必然引起群众的不满。

[②] 也有人称之为政府部门的内设警察机关。参见高博:《论政府部门内设警察机关侦查权的优化配置》,载《当代法学》2015年第5期。

[③] 2013年全国人大审议通过的有关国务院内设机构及其职能改革方案中,对原铁路公安机关和海关缉私公安机关的隶属关系作了规定。对于铁路公安,该方案指出:撤销铁道部,组建国家铁路局,其中虽未对原铁道部公安局身份和职责归属事项作出明确规定,但为后来国务院进行机构改革时将原铁道部公安局的隶属关系划归中国铁路总公司留下了口子。对于海关缉私公安机关,该方案指出:将海关总署海上缉私警察队伍和职责整合到新组建的国家海洋局,对外以中国海警局名义进行海上执法,业务接受公安部指导。

需要,但在行业公安机关警察职权的配置和运作中,也存在一些法理上的困惑和现实无法调和的诸多矛盾。具体表现为:

第一,职权内容不清晰,设定程序不完善。行业公安机关职权的设定依据主要散见于国务院关于机构改革以及批准设立行业公安机关的有关批复文件中。尽管在一些行业法律规范中,有个别条文涉及行业公安机关警察职权的配置和运行问题,但由于其主要目的是为了使行业主体职能的实现有一个良好的社会秩序,或者说是为了保障行业部门职能的顺利实现。因而行业公安机关的工作在行业系统内处于附属地位,属于手段性的职能,因而在法律中规定得比较简单。①

第二,企业行使警察权力,抑或是企业决定警察权力运作的现象还没有彻底转变。虽然行业公安机关在业务上受公安部的领导,但由于其人权、财权和党务等受行业直接领导,而这些行业部门中的一部分在本质上是企业,因而企业干预警察权力运作的现象难免会发生。

虽然行业公安机关在业务上受中央警察机关垂直领导,但是"以块为主"的管理体制决定了行业公安机关警察职权的运作在很大程度上受行业制约,随着这些行业的企业化,便自然而然地出现了企业办警察的现象。为了改变这种状况,1994年国务院在批转公安部《关于企业事业单位公安机构体制改革意见的通知》(国发〔1994〕19号)时明确指出:企业事业单位设立的公安机构原则上应予以撤销。还进一步明确:随着我国政治、经济体制改革逐步深入,铁路、交通、民航、林业部门的管理体制已有所变化,对铁路、交通、民航、林业部门中的公安机构,也需相应进行体

---

① 《中华人民共和国铁路法》(1990年制定,2009年、2015年修订)第43条规定:"铁路公安机关和地方公安机关分工负责共同维护铁路治安秩序。车站和列车内的治安秩序,由铁路公安机关负责维护;铁路沿线的治安秩序,由地方公安机关和铁路公安机关共同负责维护,以地方公安机关为主。"第48条第2款规定,铁路公安人员有权对旅客携带的物品进行运输安全检查。第53条规定:"对聚众拦截列车或者聚众冲击铁路行车调度机构的,铁路职工有权制止,不听制止的,公安人员现场负责人有权命令解散;拒不解散的,公安人员现场负责人有权依照国家有关规定决定采取必要手段强行驱散,并对拒不服从的人员强行带离现场或者予以拘留。"第54条规定:"对哄抢铁路运输物资的……现场公安人员可以予以拘留。"第55条规定:"在列车内,寻衅滋事,扰乱公共秩序,危害旅客人身、财产安全的……铁路公安人员可以予以拘留。"《中华人民共和国森林法》(1984年制定,1998年、2009年修订)第20条以及其他相关条文的规定,依照国家有关规定在林区设立的森林公安机关,负责维护辖区社会治安秩序,保护辖区内的森林资源,并可以依照本法规定,在国务院林业主管部门授权的范围内,还可代行盗伐滥伐林木、违法买卖林木证件文件、非法收购盗伐滥伐林木以及违法毁坏森林(林木)行为的行政处罚权。《中华人民共和国港口法》(2003年制定,2015年修订)和《中华人民共和国民用航空法》(1995年制定,2016年修订)等水运和民航交通法律均无交通公安和民航公安侦查权的明确规定。

制改革,剥离企业事业单位公安机关和实行行业公安地方化,调整理顺关系。由于没有配套的制度和后续的措施,时至今日,上述系统仍然存在不少企业办公安的现象。如广铁集团公安局,青藏铁路公安局,各地方机场公安局,各大航空公司空警队伍,港口、码头公安局及其派出机构等。①

第三,行业公安机关的工作人员大部分不具有国家执法人员的身份和资格。在行业公安机关中,不具有执法身份和资格的人行使着警察权力。虽然行业公安机关实际行使着警察职权,但其中很多行使警察职权的人员却不具备国家公务员身份。2007年森林警察机关和2009年铁路警察机关分别启动了公务员过渡转制工作,但目前各地进展程度不一,尚未全部完成。民航公安系统中,各级民航局公安局实行的是公务员制度,而下设在全国范围内的机场公安局则实行的是机场员工制度,不具有公务员身份。依照《中华人民共和国人民警察法》《中华人民共和国刑事诉讼法》和《中华人民共和国治安管理处罚法》等法律制度的规定,能够行使警察刑事职权和治安管理权力的必须是公安机关的人民警察,显然行业公安机关的执法与法律要求相悖离。

第四,职权行使范围确定不合理,案件管辖标准不统一。行业公安机关管辖的案件,主要有以下三种类型:一是与行业系统业务工作密切相关的专业型犯罪;二是行业单位或机构所属地域范围内发生的普通案件;三是按照惯例由行业公安机关管理的案件。如民航内部职工在飞行过程中和林业内部职工在林区内发生的刑事案件就由民航公安机关和森林公安机关进行管辖。显然,这三类案件的划分标准是不统一的。其中第一类案件是以违法犯罪行为的特性为标准,第二类案件是以地域管辖为标准,第三类案件是以特定身份为标准。以这样的标准划定案件的管辖,必然会对警察职权行使过程和结果的客观性和公正性产生不良影响,特别是后两种情况,由于与行业系统的事和人有直接的利害关系,难免会存在偏私。

第五,行业公安机关警察职权的运作具有封闭性,以所在行业的内部监督为主,缺乏健全完善的外部监督制约方式,没有像普通警察机关那样建立起内外结合的多渠道和多途径的监督制约机制。

行业公安机关的设置及其相应的警察职权配置是计划经济时代的产物,随着我国社会向市场经济转型,行业公安机关警察职权的配置及其运行也需要进行合理化改造。

---

① 参见高博:《论政府部门内设警察机关侦查权的优化配置》,载《当代法学》2015年第5期。

第一,明确行业公安机关的警察性质,明确行业公安机关工作人员的警察主体地位。依法将行业公安全部转制为具有警察性质的国家执法机关,明确赋予其警察属性和执法主体地位,从法律上解决行业公安机关工作人员身份不明和执法合法性被质疑的问题。在法律上明确企业和事业单位及其下属部门不再享有应当由警察机关享有的行政执法和刑事侦查职权。调整现行的行业公安机关的双重管理体制,建立起"条块结合、以条为主"的管理体制和工作机制,原来行业公安机关的公安业务仍以公安机关为主,同时将原来行业公安机关的人权、财权和党政管理权限由"以行业机关为主、纵向公安机关为辅"调整为"以纵向公安机关为主、行业主管为辅"的管理体制和工作机制。同时要合理界定行业部门与内设公安机关的权力边界,厘清行业公安机关与行业内部其他职能部门之间的关系,使内设警察机关警察职权相对独立于所在部门的行政权,防止所在行业部门对警察权运行的不当干预。

第二,通过立法明晰行业公安机关的职权范围和职权运行方式。设立行业公安机关,不仅仅是公安机关内部职能机构的业务划分,也不仅仅是行业系统单位内部业务部门的职责分工,在根本上还是一个警察职权的法律授权问题。无论在法理基础上还是在法律规定上,都要求应当通过国家权力机关依照法定的程序进行明确授权,明确设定行业公安机关的权限范围以及职权运行方式,力求使行业公安机关职权行使的特殊性和警察职权运作普遍规律性做到协调统一。

第三,科学合理设置行业公安机关警察职权的管辖范围。应当将行业单位所在地域范围内发生的普通违法犯罪案件和行业系统工作人员实施的普通违法犯罪案件,交由所在地公安机关管辖,行业公安机关集中精力专心办好本系统专业案件。但在铁路、民航、森林特定地域范围内需要行使刑事、治安、交通和消防等警察职权的,可受地方公安机关的委托行使相应的权力。

(四) 警察职权内容结构上的优化配置

由于警察职权的内容不同,对其结构性配置的要求也不同。警察职权涉及的内容复杂,范围广泛,在这里只对内部管理性警察职权和外部执法性警察职权[1]配置、一般警察职权与特殊警察职权配置以及警察行政

---

[1] 也有学者称之为抽象警察职权和具体警察职权,参见李健中:《论我国警察权力的属性和类别——警察权力专题研究之一》,载《中国人民公安大学学报》(社会科学版)2007年第3期。

职权与警察刑事职权配置进行探讨。

1. 内部管理性警察职权和外部执法性警察职权的配置

内部管理性警察职权,是指管理警察组织及其人员的权力和制定规范警察行为规章制度的权力,前者如有关警察的设立权、招募权、培训权、任免权、奖惩权、监督权、调配权和指挥权等,后者如有关警察行为的立法权、规制权等。内部管理性警察职权属于在警察系统内部行使的权力,其性质功用与对社会发生作用的外部执法性警察职权有着根本的差异,根本任务是使警察职权的内部运作具有规范化和合理化,以保障外部执法性警察职权的有效行使。外部执法性警察职权,主要指警察机关及其警察人员依照法律的规定通过向社会实施执法活动进而履行维护国家安全和社会治安秩序职责行使的职权。

由于内部管理性警察职权与外部执法性警察职权在目标对象和作用方式上的不同,其在权力结构的配置上也有着很大差异。一般来说,内部管理性警察职权的配置应当呈倒三角形结构:层级越高的警察机关其享有的内部管理性警察职权范围就越大、内容就越多,层级越低的警察机关其享有的内部管理性警察职权范围就越小、内容就越少。而外部执法性警察职权的结构配置则应呈菱形结构:层级最高的和最低的警察机关其外部执法性警察职权就较少,而处于中间层次,特别是中、下层次的警察机关,其外部执法性警察职权应当较多。之所以内部管理性警察职权与外部执法性警察职权的结构性配置有如此的差别,主要是因为内部管理性警察职权在属性上属于领导权或决策权,为了保障其权威性和统一性,必须配置给层级较高的警察机构。外部执法性警察职权在本质上是一种执法性的权力,越是底层的警察机关越接近社会,更能了解社会的具体情况,因而也就更便于执行。而配置给最基层的警察机构——公安派出所的执法性警察职权较少,主要是因为派出所作为县级公安机关的派出机构,是集防范、管理、打击、控制和服务等多种职能于一体的基层综合战斗实体。① 除了执法办案外,派出所还要承担情报信息收集、社会安全防范等治安防范基础工作,人口管理、特种行业管理等社会管理工作以及大量的服务性工作,加之派出所警力资源有限和执法办案专业化水平所限,派出所行使的执法性警察职权无论在实际工作中还是在相关法律制度的规

---

① 参见黄义、周夏楠:《公安派出所行政执法中存在的问题及对策研究——以河南为考察对象》,载《河北公安警察职业学院学报》2011 年第 2 期。

定中都是十分有限的。①

2. 一般警察职权与特殊警察职权的配置

一般警察职权是指在通常情况下由普通警察机关行使的权力。我们在日常生活中经常接触到的警察权力大都是一般警察职权。本书对警察职权的论述，除本部分对于特殊警察职权配置论述以外，论述的都是一般警察职权的配置，故在此不再赘述。

特殊警察职权是指在特殊情形下由特定警察机关（部门）行使的特别警察职权，其最典型的代表就是警察技术侦查部门享有和行使的技术侦查职权，也称为技术侦察职权。依照我国警察机关的具体做法和相关的法律规定，技术侦查职权主要有电子侦听、监听、监控、秘密拍照、录像、秘密检查、秘密获取物证等。《中华人民共和国人民警察法》《中华人民共和国刑事诉讼法》与《中华人民共和国国家安全法》中将之统称为技术侦察措施。②

因为技术侦查职权极易对公民人身自由权和隐私权造成侵害，为了防止其被随意使用或滥用，在配置时必须从严控制，一般应当配置给相当层次的警察机关，并且还必须配置给警察机关中的特定部门严格按照条件行使。依照我国相关法律制度的规定，技术侦查权配置给了公安机关③，并且具体分配给了公安机关内的专门行动技术部门行使，公安机关的其他侦查机构，如国内安全保卫部门、刑侦机构、经济犯罪侦查机构、禁毒机构等虽然配置有刑事案件的侦查职权，但这些具体办案单位均不享有直接采用技术侦查手段的权力。按照现行规定，具体办案部门在实际执法过程中需要采取这些手段时，必须根据相关的审批程序向行动技术部门申请，经该部门审核同意后统一实施。目前，只在公安部、省（直辖市）、市三级公安机关中设有技术侦查部门，县、区一级的公安机关不设该机构，具体职权由省级、市级公安机关中的技术侦查部门负责实施。从主体地位上看，技术侦查部门相对独立于各侦查部门和办案单位，独享技术侦查的决定权与实施权。

---

① 关于公安派出所的职能及其定位，参见吴文俊、袁媛：《公安派出所职能演变及其定位》，载《山东警察学院学报》2005年第2期。

② 参见高文英：《社会转型期我国警察刑事职权配置若干问题探讨》，载《河南警察学院学报》2012年第1期。技术侦查措施对于侦破贩毒、黑社会性质的有组织犯罪等隐蔽性很强的刑事案件，侦破效果十分显著，它对打击犯罪和保障人权都有着积极的推动作用。

③ 依照《中华人民共和国国家安全法》的规定，国家安全机关也享有一定的技术侦查职权。

3. 警察行政职权与警察刑事职权的配置

将警察主体作行政警察(治安警察)和刑事警察(司法警察)的区分,将警察权力作警察行政职权和警察刑事职权的区分,几乎是世界法治国家的通行做法。就我国的警察体系而言,虽然在组织上并没有明确划分出行政警察与司法警察,但在警察职权的设定上,仍然区分了警察行政职权和警察刑事职权。① 警察行政职权是指国家通过法律赋予警察机关及其警务人员在实施警察行政管理过程中,为履行社会治安管理职责行使的权力。警察刑事职权是指国家通过法律赋予警察机关及其警务人员在侦查刑事犯罪过程中实施的权力和依法执行相应的刑罚时行使的权力。"在我国,警察的这两种职权是由同一个机关行使的,即统一由公安机关行使,只不过在公安机关内部存在部门上的划分而已。"②

在我国目前大一统的警察体制下,这种警察行政职权与警察刑事职权由同一个机关行使的警察权力配置模式,在客观上确实有利于控制犯罪,也有利于在短时间内高效率地维护特定地域的社会治安秩序。把警察行政职权作为警察刑事职权的辅助手段,使犯罪能够得到更为有效的惩治;把警察刑事职权作为社会治安管理的便捷手段,使社会治安秩序能得到迅速改善。虽然在行政警察与刑事警察一体化的情况下,更加有利于镇压犯罪,但与此同时,也带来了负面影响。由于公安机关既是治安行政管理机关也是刑事案件的侦查机关,同时具有治安行政管理权和刑事案件侦查权双重职权,从而为公安机关及其工作人员进行"权力挪用"提供了方便。加之侦查职权的运作不受行政诉讼的制约,为了规避人民法院的司法审查,办案人员有可能故意将警察行政职权的运作行为解释为警察刑事职权的运作行为,或者故意用警察刑事职权的运作替代警察行政职权的运作。由于警察刑事职权的运作程序较为复杂,公安机关在办案过程中很多时候也选择根据相关行政法规授权的人身检查、场所检查等方式达到刑事搜查措施的目的,或采用警察法规定的留置、口头传唤等

---

① 参见陈兴良:《限权与分权:刑事法治视野中的警察权》,载《法律科学》(西北政法大学学报)2002年第1期。警察职权的内容包括警察刑事职权和警察行政职权两大方面,它们又分别包括多种具体的警察职权。参见惠生武:《警察法论纲》,中国政法大学出版社2000年版,第127—232页;梁晶蕊、卢建军:《法治社会中的警察权》,载《甘肃政法学院学报》2003年第1期。

② 陈兴良:《限权与分权:刑事法治视野中的警察权》,载《法律科学》(西北政法大学学报)2002年第1期。

行政职权性质的行为来替代拘留、逮捕或拘传等刑事职权性质的活动①，从而不仅容易造成警察权力的滥用，也容易造成对公民权利的侵害。

由于不同属性的警察权力在法律依据、运行方式、实现手段、行使目的等方面均有区别，不能混淆使用。② 区分警察行政职权与警察刑事职权的目的就在于对这两种权力配置时，要注意到其性质不同和运用要求不同。只有将警察行政职权与警察刑事职权分离，将警察司法职权纳入检察官的约束之下，才能有效地改变警察刑事职权为警察行政职权服务的不正常状况。在这种情况下，作为承担维护治安、预防犯罪使命的行政警察，就必须通过行政手段而非刑事手段做好犯罪预防工作，从而防止了警察刑事职权的滥用。"行政警察与司法警察的分立，也是大陆法系之通例。将司法警察从警察中分离出来，就是要独立地设立司法警察局或者刑事侦查局。司法警察局在地方(市、县)与公安机关在组织体制上分离，但在省和中央归属于公安厅和公安部统一领导，也就是对司法警察实行垂直领导，与地方公安机关不存在组织上的归属，只存在业务上的协作关系。"③

（五）警察职权的手段结构：警察职权集中与分立的优化配置

权力的配置手段可以归纳为两大类：集中和分立。以集中手段配置权力形成的结构呈金字塔形，权力的运作取决于最高权力者的意志，权力运行方向自上而下。以分立的手段配置权力形成的结构，权力实行分层级的"立体"分工，各权力机构之间既相互配合又相互制约。

警察职权以集中与分立两种手段配置可以体现在宏观和微观两个层面上。

在宏观层面主要体现在警察管理体制上，主要表现为集中型警察权

---

① 有关这方面的实证研究和理论阐释，参见左卫民：《规避与替代——搜查运行机制的实证考察》，载《中国法学》2007年第3期；马静华：《侦查到案制度：从理想到现实——一个实证角度的研究》，载《现代法学》2007年第2期；周少华、杨建军：《试论刑事侦查行为与公安行政行为的界限》，载《政治与法律》2002年第3期。

② 警察行政权与刑事权的交叉或叠加既不符合行政体制改革"规范职能"的要求，更容易在警察权行使实践上带来权力的滥用，从而侵犯公民权或者损害公共利益。因此，在警察权配置中，必须避免将行政性权力和刑事性权力分配于同一警察机构的情形，即警察行政管理部门不得拥有刑事侦查权。参见李健和：《论我国警察权力配置的原则与优化路径——警察权力专题研究之三》，载《中国人民公安大学学报》（社会科学版）2007年第6期。

③ 陈兴良：《限权与分权：刑事法治视野中的警察权》，载《法律科学》（西北政法大学学报）2002年第1期。

与分散（自治）型警察权。集中型警察权表现为中央政府（警察机关）对全国警察有领导、指挥权，警察法规统一，编制预算统一，警察招募训练统一，上级警察机关对下级警察机关有人事任免权，等等。单一制国家的警察体制易采用集中型警察权，如法国、意大利。在实行分散（自治）型警察权的国家，中央政府（警察机关）对全国警察没有领导、指挥权，甚至各级警察机关之间互不隶属，在需要采取共同警务行动时是一种协作关系，没有统一的编制和预算，甚至没有统一的警察法规和警察招募训练标准。联邦制国家的警察体制多采用分散（自治）型警察权，如美国、澳大利亚等。也有许多国家的警察权是集中与分散（自治）结合型，如英国、日本等。主要受历史传统、文化积淀和政治体制等因素的影响。

在微观层面主要体现在警察系统和警察机关权力的表现及运行方式上。所谓警察权力的集中，是指在纵向上将警察职权集中配置给中央警察机关或上级警察机关，在横向上将警察机关各职能部门之间的权力综合配置给一个部门，以避免警察权力的分割与交叉。所谓警察职权的分立，是指为适应国家治理体系现代化和治理能力现代化的要求，在中央警察机关与地方警察机关、上级警察机关与下级警察机关之间、同一级别不同警察机关以及同一警察机关不同警察机构之间对警察职权进行明晰配置，从而既能按法定职责行使职权完成其使命，又能互相制衡防止权力滥用。

在以集中手段配置的权力结构中，权力主体之间存在隶属关系，权力具有明确的层级性与层级之间的依附关系，下级的权力来源于上级的授权并受制于上级，权力主体之间是不平等的，表现为上级权力对下级权力单向的控制和约束，通过对权力的垄断使用来达到一种统一规制的治理模式。这显然与现代社会对权力的要求不相适应。出于保障人权和防止权力滥用的需要，现代社会的权力配置方式以分权为主。在以分权手段配置警察职权形成的结构中，警察权力被分配在不同权力主体之间，并通过彼此钳制的关系形成警察职权之间的相互约束。在分权型的警察职权结构中，各警察职权主体的地位是大致平等的，不同的职权主体在各自的权力领域内具有最高决定权，各自依法行使自己的权力。分权结构通过构建地位平等和彼此制约的权力组合，实现权力主体之间的彼此约束。这种关系侧重于双向性，权力主体之间互为制约主体和制约客体。在分权结构中，强调的是保障权力运行的正常化和合法化，要求权力行使者在设定的法制轨道内行使权力，防止权力主体的专断和权力被滥用。

分权性警察职权的配置是通过法律分权实现的。所谓法律分权,是指在分清中央与地方、上级与下级警察机关职责功能的基础上,通过法律规范对中央与地方、上级与下级警察机关之间的权力划分作出规定,赋予各级警察机关独立的主体地位,以法律的形式将各级警察的权力、义务和责任固定下来,非经法定程序不得随意改变,各级警察之间发生权限争议可以通过法律途径解决。通过法律分权,"从表面上看这是一个权力在不同层级的分配问题,实质上这是对上下级权力关系的革命性改造,将上下级权力关系由政治关系改变为法律关系,从而将上下级权力关系纳入法治的轨道"。[1]

三、警察职权功能的优化配置

结构是事物的存在状态和表现方式,但人们最终追求的却是事物的功能而不是事物的结构,尽管事物的结构在很大程度上决定了事物的功能。警察职权结构与警察职权功能之间具有极为紧密的联系,不同的警察职权结构模式必然会体现着不同的功能取向。"人类之所以去追求某些结构,只是因为它们具有某种有价值的功能;人类之所以抛弃某种结构,也正是因为它们已经不再具有能够满足某种需要的功能。人们总是为了功能而需要结构,而不是为了结构而需要结构。"[2]

正是由于功能能直接满足人们的某种需要和价值追求,人们才关注功能并想方设法让事物的功能得到充分的发挥。警察职权功能优化配置的目的就在于通过警察权力结构的合理设计使功能性警察权力的效用和能力得以有效发挥。

由于不同功能的警察职权对社会的价值不同,在对警察职权功能优化配置时,也应当对不同类型的警察职权分别予以对待。

(一)决策性警察职权、执行性警察职权和监督性警察职权的配置

按照警察职权功能作用发挥的过程不同,可以将警察职权区分为决

---

[1] 周永坤:《规范权力——权力的法理研究》,法律出版社2006年版,第221页。
[2] 以美国社会学家、结构功能主义的代表人物帕森斯和美国著名的社会学家、科学社会学的奠基人及结构功能主义流派的代表性人物默顿等人为代表的功能主义流派把社会看做一个具有一定结构和组织化手段的系统,各社会组织有序关联,并对社会整体发挥有效功能。所有社会现象都必然是某种功能性的体现。如果该系统的某种关键需求得不到满足,即功能缺失,则此系统无法存在。参见贾可卿:《社会主义的结构与功能》,载《浙江大学学报》(人文社会科学版)2015年第1期。

策性警察职权、执行性警察职权和监督性警察职权三种,这是一种按照警察职权运行的线性过程对其进行的过程化分离。这种功能主义分类方法注重的是警察权力运行环节的专门化分工,目的在于实现警察职权运行的科学性和规范性。其中,警察决策性职权负责有关警察事务政策的制定和警务活动开展的决定;执行性警察职权承继前者,负责上述政策和决定的落实;而监督性警察职权平行于前两者,目的在于对它们进行平衡和调控。这种将警察职权进行的纵向化分离,不同于对警察职权进行横向分离的"部门行政体制"①,可以使有关警察事务的决策由相关的专门机构进行,有利于保证决策的科学性、统一性、权威性和连贯性,也使已作出的警察事务决策由专门的机构负责执行,保证了决策执行的专门化和高效率,还使得警察权力运行情况的监控由一个专门的调控机构进行,通过对决策和执行情况开展专门监控,促使二者能够按照既定原则规范运转,从而形成三者相辅相成、相互制约、相互协调的警察权力运行模式。

将行政权力按照其发挥作用的过程不同进行决策权、执行权和监督权的区分,既是各国建立行政体制的基本取向,也是我国行政体制改革的基本要求。为了提高行政效率、降低行政成本和提高公共服务质量,世界发达国家于20世纪80年代开始"新公共管理运动"改革,提出了将行政系统的决策与执行分离的改革模式。在我国,党的十七大报告中提出:"建立健全决策权、执行权、监督权既相互制约又相互协调的权力结构和运行机制。"党的十八大报告也指出:"要确保决策权、执行权、监督权既相互制约又相互协调,确保国家机关按照法定权限和程序行使权力。"党的十八届三中全会作出的中共中央《关于全面深化改革若干重大问题的决定》中更是明确指出:"优化政府机构设置、职能配置、工作流程,完善决策权、执行权、监督权既相互制约又相互协调的行政运行机制。"将警察职权作决策性警察职权、执行性警察职权和监督性警察职权的区分是适

---

① 我国的部门行政体制是计划经济体制中"条块分割"基础上的一种行政管理体制。在这种体制下"条条管理"被过度强化,以至于形成部门分立和各部门从中央到地方自成体系的格局,政府的整体性被忽略,部门中心主义突出,最终导致政府权力部门化、部门权力利益化的弊端。另外,根据我国行政法理论,行政部门是一个具有法人地位的独立行政主体,可以以自己名义行使权力和承担义务。一些部门便错误地认为其行使权力只是代表本部门,而忽视了在根本上是为政府进行执法和开展管理。我国现在正在进行的"大部门行政体制"改革以及决策权、执行权和监督权相分离的权力运行机制的建立,正是为了克服"部门行政体制"弊端而进行的从"部门行政"向"公共行政"的转型。参见石亚军、施正文:《我国行政体制改革中的"部门利益"问题》,载《中国行政管理》2011年第5期。

应我国行政体制改革的需要,也是国家治理体系现代化和治理能力现代化发展的必然要求。

长期以来,我国政府机构的设置(包括我国的警察运行体制)基本上沿袭了苏联的权力集中模式,政府职能部门的权力过分集中,决策和执行不分,政府每个职能部门融决策、执行、监督三权为一体,自行决策、自己执行、自我监督,不仅形成了"权力垄断",还造成"权力部门化"和"部门利益化"的不正常现象,使公共权力沦为部门牟取私利的工具。同时,还由于缺乏专门的决策机构,决策靠领导"拍脑袋",缺乏民主化和科学化,加之"部门行政体制"导致政府职能分工过细、机构庞大、权限交叉和政出多门,既增加了管理成本,降低了行政效率,还方便了权力寻租,使我国成为全世界行政成本最高的国家之一。

现代社会需求一种系统整合性的行政权力结构:一方面,必须强调行政权力结构的系统性,即将其看成是一个由无数相互联系的行政权力要素组成的整体,各要素在纵横两个方向上有机排列以形成协调统一的格局;另一方面,行政权力在不同行政组织之间的配置,展现出行政权力运作过程中分布在不同阶段,各个阶段相对分割的行政权力又集中于一个分中心,具有相对独立的运行特点和价值目标,各阶段的行政权力又能形成有效制衡机制以压缩权力寻租的空间,促进政府廉洁、高效。总之,从整体上看,对行政权力在横向上的综合化配置与平面化构造,以形成一个"分离—整合模型",实现行政权力的有机整合与协调运转。① 正是为了克服行政权力过分集中、决策不科学、执行效率低、监督效果差的弊病,实现对政府职能的重新组合、职权的重新配置和结构的重新调整,我们才汲取当代西方"新公共管理"与"再造政府"理念,开始构建一个"决策权、执行权和监督权"既相互分离制约又能协调高效运转的机制。

将警察职权作决策性警察职权、执行性警察职权和监督性警察职权的区分并进行合理化的配置,其根本目的就在于克服当前政府体制下"部门行政"的弊端,打破原有"三权"(决策权、执行权和监督权)合一的部门权力垄断格局,回归警察权力的公共属性。通过科学化、程序化的制度设计,使有关警察事务的决策、执行、监督这三种权力在既相互分离制约又相互协调配合的过程中实现高效运转,实现警察权力运行从权威命令到科学决策、从人治管理到依法行政、从"传统部门利益型行政"到"现代公

---

① 参见石佑启:《论法治视野下行政权力的合理配置》,载《学术研究》2010年第7期。

共服务型行政"的转变,进而使警务决策更民主、科学,警务执行更透明、高效,警务监督更有效、有力。

在警察职权作出决策性警察职权、执行性警察职权和监督性警察职权区分的基础上进行的警察职权配置,主要从两个方面入手:一是在警察机关内部进行警察职权重组,即将决策职能从警察机关各部门中分离出来,在进行事务和职能分析的基础上,设立相对集中的决策部门,并就每个决策部门关联的业务设立若干个执行部门,决策部门行使决策权,执行部门行使执行权,再成立专门的监督部门独立行使监督权。二是在整个警察系统内部尽可能将决策性警察职权集中在中上级警察机关,将执行性警察职权主要配置给层级较低的警察机关行使,由独立的部门专门行使监督性警察职权,实现职能的合理化分离。无论是上述哪种情况,都是对决策权、执行权、监督权进行不同程度的"平面化"构造,即横向上警察权力趋于平行化,避免权力重叠交叉,防止决策、执行、监督三种权力被一个部门或一个机构所垄断而出现权力异化。①

(二) 原生性警察职权和派生性警察职权的配置

原生性警察职权,是指为了实现警察基本职能而由国家(现代国家通过法律)赋予警察机关的固有权力,是按照国家权力配置的一般要求赋予警察机关的应然性权力。原生性警察职权不依附于任何其他权力独立存在,若没有它的存在,也就不可能有警察的独立存在。派生性警察职权,是为保障原生性警察职权目标的顺利实现而衍生出来的权力。派生性警察职权是一种关联性的警察权力,不具有独立性,其存在的价值在于帮助原生性警察职权顺利完成其使命,因实现原生性警察职权目的的需要而产生并存在。原生性警察职权与派生性警察职权的属性差异具体表现在:原生性警察职权是原生性、独立性权力,派生性警察职权是衍生性、附随性、保障性权力;原生性警察职权是根本性权力,派生性警察职权是一

---

① 正如任何事物都有两面性一样,对警察职权作出决策性警察职权、执行性警察职权和监督性警察职权的区分并进行适当的配置,也并非十全十美,对此我们必须有清醒的认识。这种三分模式以纵向上的过程分离替代横向上的功能分离,也有可能导致种种不利的后果:权力被分为决策权和执行权,集中决策远离社区利益,决策和执行之间存在很大的冲突;组织的完整权力和组织人员的个人能力以及责任感都被这种划分人为分割,导致组织权力不能完整地发挥功能;执行由于被抽去了重要的"自由裁断"的政治生命而沦为决策的工具,难以及时完整地适应多变的社会现实,处理需要及时变通的社会问题;负责这种执行权的组织人员在工作中非常容易产生无责任感、无积极性,容易失去自主性和适应性。参见王路:《从行政二分法到行政三分法》,载《前沿》2006年第4期。

般性权力;原生性警察职权涉及的是公民自由与社会秩序的根本性问题,派生性警察职权是为满足原生性警察职权的实践需要而产生的权力,在权力内容上也因应原生性警察职权的需要而表现出动态性和多样化。

原生性警察职权的内容大致包括:治安管理权、治安处罚权、案件侦查权、刑罚执行权和紧急状态处置权等。派生性警察职权作为由原生性警察职权派生出来的关联性权力,包括附随性警察职权和延伸性警察职权两类。附随性警察职权是指为了保障原生性警察职权目标的实现而设立的派生性权力。这些权力是原生性警察职权得以实现的必要保障,附随于原生性警察职权。附随性警察职权的内容具体有:警察优益权、警察强制权和警械武器使用权等。其中,警察优益权是指国家为保障警察机关及其警务人员有效地行使职权、履行职责,赋予其职务上或物质上的许多优先和受益条件。前者称为警察优先权[①],是警察主体在行使警察职权时依法享有的职务上的各种优惠条件,也是公务优先原则的具体体现,反映的是警察主体与社会的关系;后者称为警察受益权[②],是指警察主体为行使警察职权而享有的由国家提供物质保障的优惠条件,是警察主体进行职权行为时必要的物质保障,反映的是警察主体与国家的关系。警察强制权是警察主体在执行公务过程中针对管理相对人和犯罪嫌疑人的人身、财产、场所或行为采取强制性措施的权力。警察强制权又包括治安行政强制权和刑事强制权两种。治安行政强制权,是指警察机关在依法进行治安行政管理和实施治安行政处罚时为达到使公民履行法定义务或接受处罚的目的,对不履行法定义务或不服从治安处罚的公民对其人身或财物采取强制手段的权力。具体包括强制传唤、强行带离现场、强制拘留、强制隔离、强制约束和强制盘问检查等。刑事强制权,是指警察机关为保障刑事诉讼活动的顺利进行而采取的强制限制犯罪嫌疑人(被告人)自由、强制检查相关的场所或物品以及强制扣押物品等权力。警械武器使用权,是指为了及时有效制止违法犯罪行为,法律赋予警务人员在符

[①] 《中华人民共和国人民警察法》第13条规定:"公安机关的人民警察因履行职责的紧急需要,经出示相应证件,可以优先乘坐公共交通工具,遇交通阻碍时,优先通行。公安机关因侦查犯罪的需要,必要时,按照国家有关规定,可以优先使用机关、团体、企业事业组织和个人的交通工具、通信工具、场地和建筑物,用后应当及时归还,并支付适当费用;造成损失的,应当赔偿。"

[②] 《中华人民共和国人民警察法》第40条规定:"人民警察实行国家公务员的工资制度,并享受国家规定的警衔津贴和其他津贴、补贴以及保险福利待遇。"第41条规定:"人民警察因公致残的,与因公致残的现役军人享受国家同样的抚恤和优待。人民警察因公牺牲或者病故的,其家属与因公牺牲或者病故的现役军人家属享受国家同样的抚恤和优待。"

合法定条件时或出现法定情形时,依法享有使用警械、武器实施管理、守卫、保护、制服和杀伤的权力。

延伸性警察权是传统警察权向其他公权领域或向私权领域的延伸,虽然不是为直接保障原生性警察权顺利实施而产生的权力,不具有附随性和保障性,但是具有关联性、延伸性和价值独立性特征。当前,延伸性警察权主要包括警察立法权、警察调解权、警察服务权和警察指导权四个方面的内容。作为一种处于不断扩张和发展中的警察权,延伸性警察权的内涵和外延必将更加丰富和拓展。①

原生性警察职权的配置由警察机关设定的职能和使命决定,不同使命的警察机构依法享有不同属性的原生性警察职权。派生性警察职权的配置决定于特定警察机构实现原生性警察职权使命的需要。

(三) 授益性警察职权和损益性警察职权的配置

按照警察职权的运行是给相对人带来利益还是使相对人的利益受到损失的标准,警察职权可以分为授益性警察职权和损益性警察职权。授益性警察职权,是指警察机关及其工作人员行使的能够给相对人带来直接利益的警察职权;损益性警察职权,又称为负担性警察职权,是指警察机关及其工作人员行使的使相对人利益受到损失的警察职权。传统警察职权大多是损益性的,其运行也大多采用损益的方式进行,通过强迫公民承担更多的义务来实现其使命。这样的警察权力对于社会秩序的维持是必要的,但长时期普遍地使用这种警察职权必将产生一定的副作用:"政府一味对社会个体实施负担行政,难免会引起社会个体的不满,这违背了当初社会个体让渡部分权利以求自身利益最大化的初衷,当不满的人数够多,反对的情绪够强烈就很容易引起对政府的反对。"②

为了尊重公民的社会主体地位,促进公民参与社会治安秩序的维护和实现公民与警察在维护社会治安秩序上的合作,国家在设置警察职权和警察机关在行使警察职权时,必须在公共利益和公民权利之间实现均衡,警察机关为履行其职责除了采用行政处罚、警察强制等损益性警察职权外,还要采用诸如警察奖励、警察给付之类的授益性警察职权。

之所以采用鼓励公民积极参与警察职权运作并通过利益的激励机制来实现对社会治安事务的顺畅管理,主要原因在于,"社会个体在受到行

---

① 参见孙振雷:《从警察优益权到派生性警察权的嬗变》,载《人民论坛》2013年第8期。
② 尹丛丛:《授益行政行为的法经济学阐释》,载《经济研究导刊》2012年第21期。

政奖励或者因为行政给付得到的利益越多,就越能满足其理性经济人的利益,他就更愿意和政府进行这种长期的合作,而且对政府也会更加信任,而同样在长期的合作中,政府也因为社会全体的信任而受益,稳固了自己的统治"。① 超过一定限度的损益性警察职权运作必然会带来当事人情感或行动上的抵制。如果公民不主动配合警察权力的运作,不积极履行警察权力设定的义务,采用强制的手段迫使履行义务或者惩罚不履行义务者,必定要花费很多的人力、物力和时间,也就会增加警察权力的成本和降低警察权力的效率。在"命令—服从"的警察职权运作机制下,其必然会危害公民服从警察职权管理的自愿性,进而导致抵触情绪的产生。当有不满情绪的相对人达到一定数量之后,他们如果选择用暴力手段来抵制警察权力的运行,则用于应对和平息反抗付出的成本必然远远大于实施授益性警察职权付出的成本。因为授益性警察职权的运作自始至终都会得到社会的支持,并有相对人的积极参与,更容易获得社会或公民的认同。公民在参与警察职权的运行过程中,由于得到了实际的利益,更增加了对警察的信任。认同感和信任度的增加有利于提升公民对警察管理的服从,使传统警察职权运行模式下所产生的威慑力和离心力转变为现代警察职权运行模式下授益性警察职权产生的亲和力和凝聚力。这种在警察权力运行中注入温情、合作、服务理念与精神的警察权力运行方式,不仅可以降低警察权力的运行成本,也能提高警察权力的运行效率。

授益性警察职权的运作属于积极行政的范畴。"积极行政要求政府充分发挥和展示其以形成权为核心的积极功能,预示着政府及其职能进路的两个基本走向:一是加强政府的服务性,这种服务职能主要不是以权力和职权而是以义务和职责为基础的;二是改变政府管理方式,变以往的直接权力作用为现代的间接非权力调控,权力弱化、间接化或甚至缺位成为这一走向的主要特点。"②积极行政的功能虽然弱化了警察权力的强制性,但却能增强警察权力目标实现中社会的支持与合作。从警察职权行使的相对方来看,授益性警察职权设立和行使的目的在于满足公民受益权③,与这类权利相对应的不再是消极强迫的权力,而是积极引导和公民

---

① 尹丛丛:《授益行政行为的法经济学阐释》,载《经济研究导刊》2012年第21期。
② 柳砚涛:《论职权职责化及其在授益行政领域的展开》,载《山东社会科学》2009年第2期。
③ 方世荣教授将公民的这种受益权概括为三类,即保障性受益权、发展性受益权和保护性受益权。参见方世荣:《论行政相对人》,中国政法大学出版社2000年版,第89—93页。

自愿服从的权力。

　　警察机关并不必然是绝对的权力(权利)主体,公民也不必然是绝对的义务主体,双方也并非是一种必然的管理与被管理、命令与服从关系。在警察职权的权力(权利)关系中,警察职权的享有者和行使者可能是权利主体也可能是义务主体,警察职权的作用对象是义务主体,同时也是权利主体。在警察职权的运行过程中,警察机关的职能不仅仅是管理与命令还有服务与协调。授益性警察职权的设立、运行更体现了服务行政的价值取向,也更表明了权力权利关系的本质(权力来源于并服务于权利)。

　　随着经济的市场化、政治的民主化和社会的自治化趋势的不断加深,以及民主、自由、平等、人权保障等宪政观念的普及,现代国家的主要职能是服务行政,授益行政行为应当成为现代行政行为的核心部分,随着政府服务范围的日益扩大,授益行政行为的内涵也应该逐渐丰富。与之相适应,在警察职权的配置中,授益性警察职权的设定与运行将会进一步扩大,损益性警察职权的范围和内容将会受到缩减。

　　(四) 秩序性警察职权和服务性警察职权的配置

　　人类治理国家的模式经历了统治行政、管制行政和服务行政三个阶段。① 统治行政是一种强权制度,管制行政是传统强权专制制度向现代民主制度过渡的一种国家治理模式,在根本上仍然是强权制度。因为此时的政府机构仍然是高高在上的官僚机构和脱离社会的"异己力量",管理集团仍然是维护政治统治的工具。只有现代服务行政才是一种体现着人权和民主精神的符合现代社会发展趋势的国家治理模式,是一种真正意义上的公共行政。服务行政不仅体现着公民的社会主体地位,也可使政府充分发挥社会公共事务的服务性功能。②

---

　　① 学者张康之教授也把历史上的行政分为三种模式:统治行政、管理行政和服务行政。他认为,"产生于政府之中的行政行为服务于统治的目的、政府中的行政体制结构也从属于统治的需要,这种服务于统治的和主要执行着统治职能的行政就是统治行政;服务于管理为目的和主要担负着管理职能的政府行政模式是管理行政";"把服务作为一种基本理念和价值追求,政府定位于服务者的角色上,把为社会、为公众服务作为政府存在、运行和发展的基本宗旨,这样的行政被称为服务行政"。参见崔云武、高建华:《服务行政:理念及其基本内涵》,载《学术探索》2004年第8期。

　　② 如果说统治行政以统治者的意志为出发点,管制行政以效率的追求为主要导向,那么,服务行政将把人民的意志置于最高位置,将效率的追求落实到人民获得的服务质量上来,真正做到权为民所用,情为民所系,利为民所谋。参见沈荣华:《论服务行政的法治架构》,载《中国行政管理》2004年第1期。

统治行政与管制行政都属于秩序行政的范畴①，秩序行政主要体现为国家运用公权力来限制人民的自由权利，以达到维护社会秩序、国家安全和排除对人民及社会危害之目的。随着社会文明程度的提升，公共行政已不能再局限于秩序的维护领域，而必须将更多的精力与关注投入到公共服务的提供方面。服务行政是政府以维持人们生活、增进人民福利和促进社会运转与发展为目的的一种行政方式。②"随着秩序行政向服务行政模式转换，权利和福利成为权力的根本价值取向，政府服务功能逐渐得到强化，导致强制的对象和强制的理由消失，行政主体和行政相对人携手于给付行政、服务行政和福利行政模式之下，让社会及其个体受益成为政府的最重要职责，权力的内涵转变为服务和造福于人类，服务与被服务关系成为政府与公民之间关系的主导类型，权力权利关系也相应地转变为职责与受益关系。"③

秩序性警察职权和服务性警察职权的设立和运行，是秩序行政和服务行政在警察行政领域中的具体体现。秩序性警察职权运作体现的是警

---

① 秩序行政是以维护社会秩序（包括社会运行秩序和政治统治秩序）为根本目标的行政，是一种与服务行政相对应的行政模式，它更多地体现为对公民权利的限制，通过设定更多的公民义务并强制其服从来达到社会管理目标。传统官僚制公共行政强调层级节制，强调权力中心，强调命令服从，而忽视服务行政。随着后工业社会的来临，社会的信息化和权力的知识化使传统的官僚制度越来越不适应社会发展需要，人们开始审视服务在公共行政领域的地位。20世纪80年代以来，西方各国掀起了一场至今仍然在持续的"新公共管理运动"，其目标是实现由"以政府为中心"的管理模式向"以满足人们需求为中心"的服务行政模式转变。之所以会发生这种"秩序行政"向"服务行政"的转变，除了社会、经济发展因素外，更为关键的还在于行政民主化支撑下的"社会本位"治理理念深入人心。尽管如此，秩序行政仍然是现在公共行政的基础。特别是在科技日益发展的现代社会中，给各个秩序造成危害的潜在因素不断增加，这使得维护公共秩序的任务更加艰巨繁重。参见钟芳、李安清：《秩序行政民营化的正当性问题研究》，载《理论月刊》2009年第2期；何晓杰：《非强制："秩序行政"通往"服务行政"的行为模式选择》，载《重庆行政（公共论坛）》2010年第2期。

② "服务行政"一词最早见之于德国行政法学家厄斯特·福斯多夫于1938年发表的代表性作品《当成是服务主体的行政》一文，后经台湾地区学者陈新民在《公法学札记》一书及其他一些相关文章进行介绍与解读，陆续在大陆理论界得到引述和阐发。与这一语词相关的更早文献可以追溯到1913年，这一年，法国著名法学家（"社会连带主义法学"的创始人、"波尔多学派"的代表人物）莱昂·狄骥在其《公法的变迁》一书中，曾以一章的篇幅专门论述了作为现代公法基础的"公共服务"概念及其意义。在中国，"服务行政"概念的使用可以追溯到1995年。计划经济条件下的行政属于"管制行政""权威行政"，随着经济体制改革，从计划经济转变为市场经济，就需要一种不同的行政模式与之相对应，因而借用了"服务行政"这样一个概念。参见程倩：《"服务行政"：从概念到模式——考察当代中国"服务行政"理论的源头》，载《南京社会科学》2005年第5期。

③ 柳砚涛：《论职权职责化及其在授益行政领域的展开》，载《山东社会科学》2009年第2期。

察机关与公民之间的管理与被管理的关系,在警察权力的行使过程中往往带有强制性的色彩。服务行政是以增进人民福祉、改善公民生活和促进社会良性发展为目的,是通过多种渠道和方式向公民提供公益性服务的一种行政方式。它是以一种柔和、细腻的方式来为公民提供便利。

在改革之前,中国是一个行政权力集中的社会,与之相对应的管制行政模式对整个国家的经济和社会生活实施高度的管制。随着现代社会走向开放和多元,由一个最高权力中心发号施令的做法似乎不再可行。从世界范围内行政发展的状况来看,更趋向于一种有限集权的、分散化的、非集中的、更富于灵活和弹性的分权性权力结构。这就要求政府将其权力逐步让渡给社会和市场,充分实现权力的社会化。现代治理理论认为,行政官员所掌握的权力不再是为他们自身服务的工具,而是为权力的持有者——公众服务的。[①] 为适应社会发展需要,在进行警察职权配置时,应当逐步扩大服务性警察职权的适用范围,抑制秩序性警察职权的适用范围;应当提倡采用服务性警察职权的运作方式,除非不得已才采用秩序性警察职权的运作方式。

(五) 强制性警察职权与非强制性警察职权的配置

伴随社会主义市场经济体制的逐渐完善和公民社会的逐步成长,政府行使职能的方式不断发生变化,越来越多地采用带有契约、指导、协商、奖励等具有私法性质的非强制性手段来服务公众、管理社会,非强制行政管理应运而生并蓬勃发展。[②] 政府注重采用私营部门的成功方法和手段,弹性、柔和、富含民主色彩的行政合同、行政指导、激励、沟通等非强制性行政方式逐步成为现代公共行政的主流方式。非强制性行政行为使行政相对方获得的不只是行政管理某一环节的参与机会,而是分享整个过程的管理权力,因为非强制性行政行为是基于相对人的同意而成立的,双方之间的权利义务关系是通过协商而确定的,行政行为的实施只有通过相对人的配合才能实现行政管理目标。[③]

在传统警学理论和警务实践中,常常将警察与"强制""暴力"或"武

---

① 参见宋源:《转型期公共行政模式的变迁——由管制行政到服务行政》,载《学术交流》2006年第5期。
② 参见何小杰、栾珊:《非强制行政管理的制度化建构:理据、困境及进路》,载《东北电力大学学报》2010年第5期。
③ 参见崔卓兰、蔡立东:《从压制型行政模式到回应型行政模式》,载《法学研究》2002年第4期。

装"等联系起来,在警察职权的设置上常常强化其强制性乃至暴力性,在警察职权的运作中呈现明显的单方性。警察机关及其警务人员实施警察行为,只要在职权范围内,即可自行决定并直接实施,无须与相对方协商和征得相对人的同意。不仅如此,警察职权的行使还具有不可抗拒的效力,相对方必须服从,不能否认或抵制,否则警察机关将会以强制手段甚至暴力的方式迫使其服从。由于以强制的方式行使警察职权占有绝对主导的地位,人们也往往将"强制性""单方性"和"命令性"视为警察职权必不可少的构成要素。

在警察权力的运行过程中,强制性虽然有其存在的合理性和必要性,但也存在明显的局限性:一是强制只能外在强迫人们实施一定的行为,而难以内在感化人的内心或情感。① 二是强制需要更多的物质支撑和更强的制度支持,因而也就需要更多的经济乃至政治代价。三是一味强调强制性必然对民主自由权利造成威胁,并成为官僚主义滋生的温床,从而激化政府与大众的对立与矛盾。② 正是基于对强制弊端的深刻反思,法国大思想家卢梭也曾明确指出:"最强者也决不会强得足以永远做主人,除非他把自己的强力转化为权利,把服从转化为义务。"③"纵观权力发展史,学界总结归纳出来的权力形式主要有暴力、武力、压制、权威、说服、影响等。权力形式演进的基本规律有二:一是权力中的强力和支配力因素逐渐减弱,以权力为依托的管理与强制逐步变成了以自愿为基础的服务与合作,权力权利关系转变为行政合作关系和公权利之间的博弈关系;二是权力的外部强制力和支配力减弱的同时,对内的约束力增强。"④

非强制性警察职权运作的一个重要特征是注重与社会的沟通与合

---

① 正如英国学者威廉·葛德文所说,强制是可以改变一个人的行为的。它可以使他的表面行为从有害变为有益,虽然它不是达到那个目的的非常有效的手段。可是它不能提高他的思想,或者说,只能使他由最卑鄙最无耻的动机(驱使)走上正道。它使他变成一个奴隶,全心全意为个人,受着自私的情感中的最卑鄙的畏惧心理的驱使。参见[英]威廉·葛德文:《政治与正义论》(第二、三卷),何慕李译,商务印书馆1980年版,第557、531页。
② 正如台湾地区学者董保城先生所指出的,本于追求极大效率的自利心态与不受拘束的活动自由,表现在对于传统市场、技术、规范等正式疆界或藩篱的突破,亦即"去界线化",也就是说,必须改采非强制化的行政行为,达成行政管制的目的。参见董保城:《台湾行政组织变革之发展与法制面临之挑战》,载法律思想网(http://www.law-thinker.com/news.php?id=1569,2010-03-01)。转引自王欢、卢护锋:《非强制行政行为概念的功能分析——基于行政行为分类视角的考察》,载《长白学刊》2011年第1期。
③ [法]卢梭:《社会契约论》,何兆武译,商务印书馆1980年版,第12页。
④ 柳砚涛:《论职权职责化及其在授益行政领域的展开》,载《山东社会科学》2009年第2期。

作。现代社会应当是一个平等、合作的社会,是一个需要民众广泛参与的社会。在非强制性警察职权运行中,更加突出作为相对方的公民通过正常的表达机制和途径来参与社会治理。警察机关相应行为的作出、实施和法律效果的发生往往以相对方的同意作为基础。警察权力运行统合了警察权力行使者和作用对象双方的智识和力量。警察权力作用对象不再是被动的客体,而是充满积极主动精神的主体,他们享有充分的意志自由,并为自己利益做出最好的选择。

随着人们对强制性警察职权缺陷的认识逐步深入,以及有效发挥警察职权功能作用的现实需要,世界各国警察职权的配置方式和运行模式逐渐发生了重大转变,一改原来传统的一味依赖强制性警察职权的作用,愈来愈多地采用带有契约、服务、协商、鼓励等私法性质的非强制手段来行使警察职权。在警察活动开展方面,警察合同、警察指导、警察奖励、警察调解和警察信息服务等通过指导、协商、鼓励和服务等温和的手段来实现管理目标的警察行为逐渐得到警察机关和社会的青睐。

第五章
适应国家治理现代化要求的警察职权关系建构

第一节 建构新警察职权关系的价值

良好的国家治理应当至少包括两方面的内容:一是国家运用权力对社会的良好治理;二是国家对其权力的良好治理。其中国家对权力的良好治理是国家对社会良好治理的前提和基础。警察职权既是国家用以治理社会的重要依赖,同时也是国家治理的重要对象。以权力关系为视角解析警察职权是深入认识警察职权和推动警务改革适应国家治理体系和治理能力现代化的基本要求。

一、以权力关系的视角解析警察职权的必要性

所有事物都处在一定的关系网络中,关系是人类实践和认识活动必然要面对的现象。人类认识和改造自然和社会中的事物,既需要从事物自身属性入手,也需要从事物介入的关系入手。不从事物本身入手,无法把握事物的性质;不从事物所处的关系入手,不能全面把握事物的特征。人类很早就认识到了关系范畴在实践和认识活动中的重要意义。古希腊的亚里士多德最早对哲学范畴进行过深入分析,在提出的十大类基本哲学范畴中就包括关系范畴。随着人们对自然和社会认识的更加深入,愈加发现关系范畴的重要价值。关系研究把在场的人与人之间的关系和不

在场的他者以及社会背景紧密联系起来,更能把握社会的本质和运作逻辑。① "如果说古代哲学侧重研究实体,近代哲学侧重研究属性,那么,21世纪的哲学则必须研究关系。"②

关系是人类认识社会现象的重要范畴。人生存能力的天然不足,决定了只有与他人联系和过社会性的生活才能获得生存和发展。社会是人基本的生存方式,人的本质就是一切社会关系的总和。只有在社会联系中,才能实现人的存在价值。从静态的孤立个体来看,人只是一个"自然存在";只有在动态的关系之中,人才能真正成为"社会主体"。

关系范畴也是马克思主义哲学建构其理论体系的基础。马克思在论述历史唯物主义理论时指出,社会的变革和发展是由人们之间的关系中存在的矛盾推动的。人类在生活和生产活动中必然要发生一定的不以人的意志为转移的关系。正是这种关系中存在的矛盾推动着社会的进步。因而,关系范畴是人类认识自然现象和社会事物之网的枢纽。"如果有了关系的自觉就会形成良好的思维定势,一旦接触问题,就能立即关注和寻找一事物与相关事物的关系,分析关系的性质,找到关系之间矛盾的症结,寻求最佳切入点,然后有针对性地破解难题。"③

权力,作为人类社会得以存在、发展的基本维系力量,也存在于一定的社会关系中。只有在关系的范畴中才能把握权力的本质。权力是一种按照自己的意志支配别人的能力,具体体现在权力行使者与承受者形成的社会关系之中。离开了特定的社会关系,权力既没有存在的基础也没有存在的价值。人的利益追逐是社会发展的动力,利益关系的协调和利益秩序的维护要由权力来进行,权力是大量社会关系得以存在和延续的维系条件。④社会是由错综复杂、纵横交织的权力网络构成的。我们生活在一个权力关系遍布的世界中,在一切存在着权力关系的社会中的人们,都会自觉或不自觉地为自己在这张庞大的权力网络中设置一个应然的坐标。研究权力来源和关系,是认识社会及其结构与历史的最佳视角。⑤

---

① 参见林聚任等:《社会信任和社会资本重建——当前乡村社会关系研究》,山东人民出版社 2007 年版,第 636 页。
② 陈朝宗:《关系哲学:21 世纪的哲学》,载《理论学习月刊》1994 年第 2 期。
③ 陈伟超:《关系范畴是哲学的基本范畴》,载《中央社会主义学院学报》2008 年第 4 期。
④ 周旺生教授指出,社会关系的存在和延续,需要具备一定的条件,权力就是许多社会关系得以存在和延续的重要条件,甚至是唯一条件。参见周旺生:《论作为支配性力量的权力资源》,载《北京大学学报》(哲学社会科学版)2004 年第 4 期。
⑤ 参见江国华:《权力秩序论》,载《时代法学》2007 年第 2 期。

警察职权是典型的国家权力,具有国家权力的基本属性和特征,认识、把握和运用警察职权当然离不开对其所涉关系的深刻认识和合理运用。

二、对权力关系片面认识的反思

尽管权力关系是认识权力现象的重要视角,但从关系视角认识权力时还存在一些误区,有很大的片面性,这使得人们在对待警察职权时或者在处理警察职权关系时表现出一些不正确的态度和做法。

当前对权力的认识至少表现出以下两个方面的缺陷:

第一,将权力片面地理解为支配和压制,一谈及权力就只是想到强制和暴力,甚至把强制乃至暴力视为权力功能实现的唯一凭借或根本特性。

美国学者彼得·布劳认为,"权力是个人或群体将其意志强加于其他人的能力,尽管有反抗,这些个人或群体也可以通过威慑这样做"。[①] 在德国学者马克思·韦伯看来,权力离不开强制,强制离不开暴力。权力必须以暴力或暴力威胁为基础,暴力是构成权力的一个重要组成部分。没有暴力的支撑,权力的运用是软弱无力的;离开暴力作为后盾,权力的运用往往是无效的。[②] 虽然韦伯也强调暴力运用的合法性,但这并未改变其认为权力在根本上依赖于暴力的立场。

权力虽然反映的是一方对另一方的支配关系,但这种支配关系并非是仅仅依靠强制或暴力来维系的。随着对权力现象认识的逐步深入,人们发现只是依靠强制或暴力,在大部分情况下权力无法实现其目的。暴力能够使人一时臣服,但绝不可能使人永远屈服。如果缺少了强制或暴力,可能无法全面展示出权力的威力,但是动不动就利用强制或暴力来解决问题也并非是最佳选择。因为仅仅依靠暴力,权力所起的作用不仅是有限的,而且还是成本最高、代价最大的。"使用暴力时,权力并不是最有力——反之,却是最弱——的武器。当使用的武器是拉拢、参与而非排外,是教化而非消灭时它的力量最为强大。"[③]

[①] 〔美〕彼得·布劳:《社会生活中的交换与权力》,张非等译,华夏出版社 1988 年版,第 66 页。

[②] 参见曾水英:《理解政治权力——权力问题的西方政治思想史考察》,中央编译出版社 2013 年版,第 24—25 页。

[③] 〔美〕罗伯特·W.杰克曼:《不需暴力的权力——民族国家的政治能力》,欧阳景根译,天津人民出版社 2005 年版,第 33 页。

尽管在任何一个国家,警察都是国家行使垄断性暴力的载体,唯一具有合法性的暴力手段主要由警察行使①,但这并不表明国家只依赖暴力的警察。如果片面地认为警察职权只要(或者是主要)依靠强制或暴力就能实现其使命,肯定是不正确的。虽然法律许可警察在履行职责时可以使用强制或暴力,但这是有前提的,通常只能在迫不得已或别无他法的情形下才可使用,而且在使用时也要遵守比例原则。如果经常使用强制、暴力或者动辄扩大强制、暴力的使用范围,不仅无益于警察权职能的实现,还可能会适得其反。强制或暴力使用不当,不仅不能起到期望的功效,还可能激化社会矛盾,引起新的冲突。

为此,有人指出,权力是由多种因素构成的"混合物"。"'权力'是否直接等同于'强制力'这个问题,我们倾向于把'权力'看做是各种不同制服因素的混合物,其中包括军事上的强制、经济上的诱惑、意识形态的同化和道义上的说服等等。"②当下"软权力"和"软法"理论的兴起及其在实践中的运用,正是基于这种理由。

第二,不把权力关系中处在被支配地位的一方看做参与其中的主体,而是当做一种"物化"的客体看待。作为一种支配力,权力的根本特性是使他人意志服从权力行使者的意志,而且这种服从也无须事先征得对方同意。因而在表面上权力表现出一种单向性的特征,一般以"命令→服从"的轨迹运行。然而,权力的这一特征常被人们理解得有些极端,导致把权力关系中被支配者的能动性忽略。在权力关系的互动中,支配者把被支配者只是看做实现其目标的工具和手段,而不把他们当做有感情的人看待,即权力往往导致对他人的物化。③ 事实上,在权力关系中支配者对被支配者的态度和行为并非是任意的,更不能是任性的。"任何权力关系中都包含着某种最低限度的自愿服从。"④即使在最残酷、最专横的权力关系中,被动一方也有一定程度的意志或行动的自由。

在传统社会中,权力主要表现为统治的权力,其运作方式也主要体现为强制。在近代社会,权力实现的强制性逐渐消退,诱导性方式和合作性途径逐步成为首要选择。只在诱导失效的情况下,才选择强制。"我们在

---

① 参见季卫东:《宏观解读我国的警务改革》,载《法制日报》2011 年 10 月 12 日,第 12 版。
② 〔美〕哥伦比斯、沃尔夫:《权力与正义》,白希译,华夏出版社 1990 年版,第 78 页。
③ 参见韦庆旺、俞国良:《权力的社会认知研究述评》,载《心理科学进展》2009 年第 6 期。
④ 〔德〕马克斯·韦伯:《经济与社会》,林荣远译,商务印书馆 1998 年版,第 362 页。

历史上经常看到强制性的权力实现方式往往激起被统治者的起义和暴力对抗等蔑视权力的行为,这种行为无疑就是对权力支配能力的挑战。但是,权力实现的诱导方式往往把权力支配客体变成权力运行的参与者,成为增强权力力量的因素。"①之所以会是这样,其根本还在于伴随着人类社会的发展进步,人的平等、自由和尊严逐步得到重视,民主、正义、人权观念逐步深入人心。对这些权利的精神需求和现实维护不仅会遏制权力的暴戾恣睢,更有利于增进人与人之间建立尊重与理解、理性与包容的和谐关系,也能反映出对人主体地位和主体价值的尊重。人类的生活经验和认知理性一再证明,"人们更倾向于接受一种通过容许人们参与、讨论、选择、寻求合意等方式而进行的统治,而对那种强加于他们之上的压制性统治怀有抵制和不满,因为前者将个人当做人来对待,而后者不过是把人当做客体或可以任意摆布的棋子"。②

通过上述分析可以得出这样的结论:如果继续沿用那种陈旧的观念或传统的方式建立和运作警察职权,以身心压迫或暴力威胁作为警察职权的主要凭借,不仅是对警察职权关系的扭曲,还会影响警察职权功能的充分实现。

三、以新的权力关系理念指导警察职权的设置与运行

社会发展已步入新的历史阶段,构建以人为本的和谐社会和实现保障人权的法治文明已成为这个时代的发展方向。以人为本必然意味着:维护人的尊严、尊重人的价值和保障人的自由全面而充分的发展,应当是国家权力运作的正当性基础。权力正当性的确立不仅要求必须依据体现民意的法律设立与行使,而且也要求在行使的过程中必须充分听取可能受其影响的相对人及其相关人的意见。一个由受权力制度和权力决定影响的相关利益主体充分知情、积极参与、平等对话和理性沟通的制度产生和决定作出的过程是法治社会的必然逻辑。国家运用公权力的行为在内容和目的上的正当性不能成为其手段和过程本身非人道、非正当的理由和借口,国家或政府也不能以其行为目的或结果的正当证明其手段、过程本身的正当。恰恰相反,应当通过过程本身的正当实现结果和目的的正当。③

---

① 张康之:《公共行政中的哲学与伦理》,中国人民大学出版社2004年版,第105页。
② 应松年:《行政程序立法研究》,中国法制出版社2001年版,第72—73页。
③ 参见孙莉:《人本的过程性与权力运作过程的人本性》,载《政法论坛》(中国政法大学学报)2007年第1期。

在现代社会中，国家权力的行使必须由过去"命令→服从"的单向运作模式转变为充分吸纳当事人的参与并与其理性对话后才能运作的双向互动模式。之所以要选择这种双向互动模式，是因为它在客观上不仅更有利于权力目标的顺利实现，还在于它能充分尊重人的主体地位，将人当人对待。正如现代社会为何坚决反对警察执法活动中的刑讯逼供，根本在于那是一种不人道的、残忍的、野蛮的方式，是一种有损人格尊严的方式。之所以人们会在情感上和行动中反抗压迫和奴役，并非是因为强迫和奴役的结果一定是不好的，其根本在于这种方式是恶的，是不正当的。人们更愿意自己的事情自己做主，至少也希望在决定与他们利益相关的事项时能尊重其意愿。

权力产生和运作的目标是形成权力拥有者期望的权力秩序。根据形成方式的不同，人类社会中的权力秩序可以分为两种类型：一种是外在压制性的秩序。这是一种通过暴力夺取权力，又以暴力维持和建构的秩序。生活在这种权力秩序下的人们，与国家的关系表现为要么消极服从，要么仇视对抗；在社会中存在的只有原子化的个体，彼此冷漠孤立。另一种是内在协调性的秩序。这是一种通过民主方式建立起来的权力秩序。在这种社会中，人们之间形成有机联系，上下左右之间的关系是通过理性沟通或平等对话形成。权力目标的实现不仅是和平的，而且也能获得权力作用对象的认可。强迫和压制被遏制到最小的范围内或最低的限度内。

在新的历史条件下，警察职权试图建立的秩序应当是一种内在协调性的秩序。警察职权通过尊重其运作对象的人格尊严和主体地位，通过与所涉人员的充分沟通和理性协商实现目标、完成使命，把强制手段或暴力方式局限于最小的范围内，局限为穷尽其他手段后迫不得已的选择。

第二节　新型警察职权关系的建构

警察职权关系的内容及其表现因警察职权形成、存在和运作的过程和功能不同而不同，警察职权关系的具体内容和表现形态主要从警察职权的来源、配置、运行、制约和问责等五个方面体现出来。

一、警察职权来源中的关系

西方社会普遍认为，权力是公民通过"社会契约"将自己的权利让渡凝聚而成的。社会主义国家则认为,权力是人民通过斗争从统治阶级手中夺取过来后授予国家机构的。不管哪种理论都认为国家权力来自于人民的授予。警察职权是最典型的国家权力,在本源意义上也来自于人民的授予。①

然而,在不同情形下,警察职权享有和行使主体是不同的。因警察职权拥有或行使主体的不同,警察职权来源关系的内容与表现也不一样。从根本上讲,国家警察职权整体来自于人民的授权。国家为有效实现警察职能和保障警察权力的有效行使,又把人民授予它的警察权力通过法律等制度化手段具体配置到相应的警察机关,进而以警察职权的形式表现出来。警察职权属于警察机关也是抽象意义上的。事实上,警察职权又是由警察机关的警务人员来具体行使的,警务人员才是警察职权的真正行使者。因而,讨论警察职权来源关系必然涉及三个方面的内容:国家警察权的来源关系、警察机关拥有警察职权的来源关系和警务人员行使警察职权的来源关系。

(一) 国家警察权的来源关系

国家警察权的来源指的是整体意义上的警察权来源。国家警察权的来源与所有国家权力的来源是一致的,来自于人民通过法律的授权。这种授权通常是在遵守法律创制、法律优越和法律保留三项原则下实现的。法律创制原则要求法律对警察权的产生和运作具有绝对的效力,警察权不能越法而为。法律优越原则要求法律位阶高于政府(包括中央政府)及其警察机关发布的法规命令,一切有关警察权的法规命令不得与法律相抵触。法律保留原则要求对宪法赋予人民基本权利的限制等专属立法事项,必须由立法机关通过法律规定,政府或警察机关不得代为规定。

(二) 警察机关警察职权的来源关系

整体意义上的警察职权来源关系只是反映了静态意义上警察职权的根本归属问题,并解决了警察职权的正当性问题。但要将警察职权落实在现实生活中还必须依赖于动态意义上的警察职权实际享有和行使等问

---

① 不同的权力渊源将会形成不同的权力结构和权力关系。在中国古代社会,历代王朝主要是通过暴力争取和战争掠夺取得政权的。这种权力来源的结果是获得者往往要建立起更为专制的镇压和监视型的国家机器(警察),以稳固统治。一直到近代,随着民主观念和人民主权意识深入人心,人们开始认可国家权力来自于人民授予。我国现行宪法也规定,国家的一切权力属于人民。

题,这就涉及将警察职权具体化后授予特定的警察机关的问题。

在现代民主国家和法治社会中,不存在游离于法律之外的权力。警察职权的授予或取得要完全依赖于法律。警察机关职权范围大小、具体内容、运行方式及运作后果等均由国家运用法律根据其承担职能和践行使命的需要进行适当授予。国家授予警察职权和警察机关取得警察职权的法律依据既可以是警察组织法,也可以是规定了警察职权的实体法和程序法。

(三) 警务人员警察职权的来源关系

与国家警察职权来源于人民的授予和警察机关警察职权来自于法律规定不同,警务人员行使的警察职权来自于警察职务关系的形成。虽然警察职能由国家承担、具体的警察职权又分属于不同的警察机关享有,但国家警察职能的实现和警察机关警察职权的行使都要通过特定的警务人员来实际完成。警察职务关系的存在,是公民担任警察职务并以警察机关的名义实施警务活动、行使警察职权的前提和基础。警务人员行使的警察职权因警察职务关系的形成而形成,并因警察职务的变动而变化。①

警察职务关系的形成和公民成为警务人员进而取得行使警察职权的资格有两种途径:一种是公民被警察机关录用为警务人员;另一种是公民被国家任命为警察机关的领导。公民被录用为警务人员,因履行职责的需要必然会享有和行使一定的警察职权。同时,权力的有无与大小和职务密切相关,担任更高级的职务意味着享有和行使更大的权力。被任命担任警察机关的领导职务,也就意味着享有和行使更大的警察职权。

二、警察职权配置中的关系

警察职权配置是指国家把一定的社会管理事务划定到警察职权的范围内,并将其细化后再分配到警察机关以及警察机关将其在内部不同部门之间进行分配。警察职权的配置既涉及警察权力与公民权利的边界界定问题,也涉及警察权力与其他国家权力范围的界定问题;既涉及警察职权拥有者因组织管理需要形成的组织结构关系,也涉及警察职权因功能

---

① 警察职务关系,是指公民基于担任一定的警察职务而与国家以及警察机关之间形成的法律关系。在警察职务关系中,担任警察职务的公民是法律关系的一方当事人,而国家或作为国家代表的警察机关是另一方当事人。参见卢建军、谢生华主编:《公安行政法》,兰州大学出版社2004年版,第40—42页。

实现需要形成的功能结构关系；既涉及静态意义上警察职权的分配，也涉及动态意义上警察职权的整合。

正确而明晰界定警察职权的界限是警察职权配置关系得到合理处理的前提。明确警察职权界限的基本途径是通过法律严格界定警察权力的内涵与外延：一要坚持警察职权的公共原则，保持警察职权维护国家安全、公共安全和社会秩序的纯洁性，不介入私人领域，不参与民事内容。二要适应国家治理现代化的要求，把社会能自行解决的问题或市场可以自发调节的内容划归给社会或让渡给市场。对于其他并非只有警察职权才可介入的领域逐步推行间接管理、宏观管理或指导性管理，按照警务工作社会化、公共化的发展要求，创建社会治安多元参与的治理模式。三要明确警察职权的辅助性地位和手段性特征，尽可能保持警察职权使用的谦抑性。警察权是国家基本权力的必要保障和最后手段。如果依靠其他国家权力或者是其他途径能解决的社会问题，尽可能由其他权力解决或采取其他途径解决，不到迫不得已，不得动用警察权力。

警察职权组织结构和功能结构中的关系处理，应当根据具体警察职权的性质不同而有所不同。一般来说，抽象性的警察职权主要由层次较高的警察机关行使，具体性的警察职权主要由中下层的警察机关行使。决策权由警察机关中职位较高的人来行使，而且职位越高决策的权限越大；执行权由中下级的警务人员来行使，而且在执行中不能随意改变上级的决定；监督权由相对独立的机关（机构）或人员来行使，以保证监督的有效性。行政性警察职权、司法性警察职权和军事性警察职权按其属性，分别设立，独立运行。

根据社会形势变化对警察职权权限范围的大小、职权内容的缩减和行使方式的强弱进行调整时必须以客观、理性的态度进行。当前在警察职权的认识和改革方面表现出了一些无原则、不客观的态度和方式。一旦发生警察侵权事件就无原则地主张限制和缩小警察权力，一旦发生恐暴活动就要求无边际地扩大和强化警察职权。对警察职权改革不能只是简单地限制、缩减或扩充、加强，而应在理性认知的前提下通过法治化的手段和途径规范进行，力戒机械化、随意化和情绪化的态度与方式。不仅要处理好警察职权的范围大小、程度强弱和关系均衡等问题，更为关键的是要做到配置的正当化、规范化和法治化，在理性认知、科学论证和法治理念的指导下规范有序进行。

三、警察职权运作中的关系

警察职权运作是警察职权按照一定的时间要求以特定的方式和关系发挥其应有的作用,把规则意义上的警察职权转化为实际行动中的警察职权。警察职权运作应当是权力行使者和权力承受者共同参与的过程,要使警察职权运作各方参与者的关系得到有效平衡和利益得到合理对待,必须建立起一套程序化的权力运作机制。程序化的权力运行机制既是为保障警察职权正当运行所修筑的轨道,又是为防止警察职权失控而设置的藩篱。合理的程序机制使警察职权行使能严格按照法定的方式、步骤运行,并使各个环节在时间和空间上相互衔接,在功能上相互协同。

警察职权运作程序不是一种机械的活动开展过程,其中更为关键的是在程序中反映出的参与到程序中来的主体间的内在关系。"从整体而言,一种权力的实现,是各种权力运作过程中相互作用、协调和斗争的结果。"[①]"权力主体对权力客体作用的过程,同时也是客体对主体反作用的过程,体现着一种交互作用的关系,只不过它是一种不平衡的关系而已。"[②]

在现代法治社会中,警察职权的运作程序不仅是对警察职权运作过程的内在制约机制,更是蕴含人本价值的正当化行动方式,通过其中的正当化要素和关系(如公开、中立、公正、平等、自由选择、理性交涉和人格尊严的捍卫等),来防止警察职权的专断运行或恣意行使,使警察职权的运作过程不仅有静态的警察组织法的控制,更有动态的程序法的规范。

为了使警察职权运作关系符合正当化要求和现代法治的标准,首先要解决好警察职权运行的原点问题,警察职权运作的目的和前提必须是基于其职责的需要并充分考虑公民合法权益的保障;其次在运作中一定要充分尊重涉及利益的相对人及相关人的主体地位和合法权益,及时听取他们的合理意见;另外,使整个运作过程公开透明,除非法律规定的保密事项之外,都允许当事人及新闻媒体查询和了解。

四、警察职权制约中的关系

与所有权力一样,警察职权也是一种"必要的恶",加之警察职权裁

[①] 杨弘、刘彤:《现代政治哲学分析基础》,人民出版社2004年版,第283页。
[②] 李景鹏:《试论行政系统的权力配置和利益结构的调整》,载《政治学研究》1996年第3期。

量余地较大,在具体行使中常常处在监督部门和社会公众的视野之外,是一种"能见度"很低的权力。这使得对警察职权的制约更为迫切,也更为艰难。

对于权力的制约,最根本或者最主要的方式有两种:以权力制约权力和以权利制约权力。警察职权制约中的关系,也主要体现在以权力制约警察职权和以权利制约警察职权两个方面。

(一) 以权力制约警察职权

以权力制约警察职权通过在警察权力系统与其他权力系统之间或在警察权力系统内部建立起一种既彼此独立又相互牵制的关系,使之始终保持一种制衡态势,杜绝绝对警察权力的出现,以防止警察职权出轨和腐败。以权力制约警察职权具体表现在警察权力系统外的国家权力对警察职权的制约和警察权力系统内的决策权、执行权和监督权的相互制约两个方面。

警察权力系统外的权力对警察职权的制约,主要体现为国家权力机关的立法权、司法机关的司法权和国家专门监督机关的监督权对警察职权的制约。立法权对警察职权的制约是通过国家权力机关制定法律对警察职权的内容、范围、启动条件、运作程序、责任后果等的明确规定,为警察职权的正确行使预设轨道,以防止其"乱作为"和避免其"不作为"。司法权对警察职权的制约,主要通过司法机关对警察职权启动条件进行审查并决定是否启动和对警察职权行使活动是否合法进行审查并作出判断而进行的制约。立法权是通过为警察职权规定启动条件、行使方式和实施内容来制约警察职权的,是事前制约;司法权则是对立法权规定的内容是否得到不折不扣执行的审查判断以及对不按照法律规定行使警察职权的责任追究来制约警察职权的,既有事前制约也有事后制约。另外,国家设立的专门监督机关(如人民检察院、行政监察机关)也可以通过行使监督监察权对警察职权行使中的合法性和正当性进行监察和督促。相对于司法权对警察职权的监督只是侧重于行使的合法性不同,人民检察院、行政监察机关等专门监督机关的监督检查既包括警察职权行使的合法性,也包括警察职权行使的适当性,同时还有权对警务人员行使警察职权中的廉洁性进行监督。

警察权力系统内部的权力制约关系主要表现在警察机关的决策权、执行权和监督权之间的相互制约上,通过建立健全警察机关决策权、执行权和监督权既相互制约又相互协调的权力结构和运行机制，保证警察职权能够按照法律的规定适当行使。

（二）以权利制约警察职权

以权利制约警察职权也包括两方面的内容：一方面是通过人民以"国家主人"的身份行使宪法赋予的批评权、建议权、申诉权、控告权和检举权等权利对警察职权进行制约；另一方面是在警察职权的行使中权力作用的相对人和相关人通过行使法律赋予的知情权、参与权、陈述权、申辩权、复议申请权和起诉权制约警察职权。虽然以权利制约权力没有以权力对权力的制约更有权威性，但也有其特殊的优势，譬如参与监督的主体更多、监督的成本更小、监督随时随处都可能发生。特别是警察职权行使的相对人或者相关人的监督，由于警察职权的行使与他们有直接的利害关系，加之作为当事人他们参与了警察职权行使的全部或部分活动，对警察职权的行使情况有更为清楚的了解，他们监督警察职权的动力更足，更充分全面。

以权利制约权力顺畅进行的基本前提是警察职权的运行要公开、透明，记载警察职权启动条件、运作过程和结果理由等的法律文书允许当事人及新闻媒体等查阅。另外，公民行使各项监督权利的制度是否完善、机制是否顺畅、程序是否便利、保障是否到位也是影响制约效果的重要因素。

五、警察职权问责中的关系

权责相一致是现代民主政治和法治政府的内在要求，其核心内容是所有的权力都必须与一定的责任相联系，既不能存在无责任的权力，也不能存在无权力的责任，而且要做到权力的大小必须同责任的大小相匹配。权责一致要从两个层面进行理解：一是在规则层面上的权力与责任一致，即法律对权力的授予和责任的追问作了连带性的对应性的安排；二是在行动层面对出轨的权力进行必然的适当的责任追究，使规则层面的权责一致变成社会现实中的权责一致。

经过多年的法治发展和责任政府的建构，我国警察职权问责制度和问责机制已初步确立，但在实际的执行过程中仍在一些方面不尽如人意。根据追责主体与受责主体之间的关系不同，对警察职权的问责可以分为自体问责和异体问责两种类型。自体问责既可能是上级警察机关对下及警察机关违法或不当行使警察权力的问责，也可能是警察机关对于其警察人员违法或不当行使警察权力的问责。不管哪种情形，责任的追问发生在警察系统内部,有时出于"家丑不可外扬"和"自家人"实施违法或不当行为可能会对自己带来不利影响的考虑,自体问责很难做得彻底。异体问责不论是警察系统之外的政府部门对违法或不当行使警察权力的问责,还是社会对于违法或不当行使警察权力的问责,由于没有相应的利害关系,通常能做得更加彻底、更加坚决和更加到位。然而在社会现实中,对警察职权的问责主要发生在警察系统内部(即自体问责),而警察系统外部的力量对警察职权问责(即异体问责)的情形还不是很充分,这方面的制度建设和工作机制还不完善,异体问责的重要功用并没有得到有效发挥。

为了充分发挥权力问责对保障警察职权合法和正当行使的重要作用,在当下,除要进一步加大自体问责的力度外,更要注重完善异体问责制度,要注意发挥国家法律监督机关、行政监察机关、社会组织和新闻媒体对警察权监督问责的作用。特别要充分调动广大人民群众对警察权力问责的主动性和积极性,并为其开展问责活动创造条件和建构制度。从法理上讲,警察职权是人民授予的,人民有权对警察职权的行使情况进行监督,有权对违法和不当行使警察职权的活动进行问责,但这只是理论意义上的,真正要落实人民群众的问责,还必须建立起相应的制度和机制,这是当下我们急需做好的一项工作。

党的十八大报告指出,要运用法治思维和法治方式深化改革、推动发展。十八届三中全会要求优化政府机构设置、职能配置、工作流程,完善决策权、执行权、监督权既相互制约又相互协调的行政运行机制。十八届四中全会又要求各级政府推进综合执法,严格执法责任,建立权责统一、权威高效的依法行政体制,加快建设职能科学、权责法定、执法严明、公开公正、廉洁高效、守法诚信的法治政府。

所有这些都对警察权力的设立和运作提出了更高的要求,指明了深化改革和完善工作的路径,从警察权力关系视角解析警察职权无疑对于按照上述要求推动公安机关的改革和发展具有重要的意义。根据法治思维要求正确处理警察职权来源、配置、运作、制约和问责中的各种关系,切实做到科学"定权"、明确"分权"、合理"配权"、有效"控权"和及时"诘权";以法治方式明确警察职权的边界和范围,明了警察职权的内容与归属,明晰警察职权主体和责任,明白警察职权职能和目标,使警察机关的决策、执行和监督权力既相互制约又协调运转,真正建立起职责明确、权责统一、合作顺畅、高效廉洁的警察管理体制和警察职权运行机制。

后 记

从酝酿到成稿历时十几年,从撰稿到成书历时四余载,尽管不很满意,但毕竟是自己的心血结晶,倍感欣喜。此时的感受正如十月怀胎一朝分娩的母亲对自己婴儿的欣赏。

自2002年夏天撰写的一篇论文在一次学术会议上受到与会者的关注和好评后,我逐渐对警察权问题产生了浓厚兴趣,开始对其进行更深入的关注和研究。此后便陆续将一些研究成果撰写成论文发表在《兰州学刊》《甘肃政法学院学报》《法律科学》(西北政法大学学报)、《中国人民公安大学学报》(社会科学版)、《公安研究》以及一些警察院校的学报上。在多年的学习、思考过程中逐渐发现,我们对警察权基础理论方面的研究还很薄弱,特别是系统地、全面地和深刻地研究警察权的著作更是凤毛麟角。这与警察权力在国家管理制度和社会日常生活中的重要地位极不相称。警察权是最重要的一项国家权力,是最具代表性的国家权力,同时也是与普通百姓生活联系最为密切的国家权力。无论对于政治国家、社会集体还是公民个人而言,警察权力都是须臾不可分离且对其权益影响最为根本的权力。以往的政治学、管理学和法学等学科对警察权力的关注和研究,通常只是将其视为普通的行政权力,很少根据警察权力的独特性对其进行专门的精细化研究。

正是因为对于警察权力系统化的研究和深层次的研究不够，特别是对于警察权力基础理论研究欠缺，致使人们在认识警察权力的运作情况和与之相关的社会现象时还仅仅停留在表面化的就事论事的状态上，未能从本质的层面上或从根本的视角上理性认知和深刻分析警察现象以及应对警察社会问题。目前我国警察权力设置运行中存在的诸多问题，固然与一些警察的素质和能力密不可分，但仅仅归咎于警察个人似乎有些舍本逐末。事实上，人们对警察权力理性而深刻的认知以及建立在此基础上的基本制度设计是解决警察问题的根本所在。

本书的形成也得益于一些机缘巧合的推动。2013年11月我进入中国人民公安大学博士后流动站进行学习研究，选定的方向是警察权基础理论。2015年8月我成功申报了公安部公安理论及软科学研究计划项目——"公安机关职权合理界分和优化配置研究"。这两项活动直接促成了本书。

按照学界惯常的规则和本人内心的意愿，我应该在后记中衷心感谢在我撰写本书和进行相关研究过程中对我提供过帮助和产生过影响的人。这不仅仅是一种东施效颦般的俗套，更是因为我发自内心的感恩。生前两次荣膺诺贝尔奖死后葬于先贤祠的法国著名科学家居里夫人曾说过："学会感恩，为自己已有的而感恩，感谢生活给予你的一切。不管一个人取得多么值得骄傲的成绩都应该饮水思源，应该记住是自己的老师为他们的成长播下了最初的种子。"伟人尚且如此，我等俗辈怎能不涕零感激所有使我受益的人？

我要感谢中国人民公安大学法学院的徐武生教授、程华教授、高文英教授、邢捷教授、周欣教授、沈国琴博士以及人事处的徐宏发老师，要感谢公安部科技信息化局成果处的齐振宇处长、王新淮副处长、刘媛副处长和张宁同志，还要感谢所在单位的领导和同事们。正是他们的引导、关怀、帮助和支持，才使我有勇气和机会完成本书。我也要感谢清华大学法学院副院长余凌云教授。不仅是因为余教授为本书作序，使拙作有了"身出名门"的荣耀，更在于我进入警察法学和警察学基础理论领域研究就是因为在多年前拜读了《警察行政权力的规范与救济——警察行政法若干前沿性问题研究》(余凌云独著，中国人民公安大学出版社2002年版)一书，引起了我对警察现象和警察权力研究的兴趣。多年来余教授的著作和文章一直是我每得必读的对象，教授的很多观点和思想直接指导了我对警察权的研究。我还应该感谢的还有我贤惠的妻子、可爱的女儿、慈祥的母亲和善良正直的岳父母。妻子在承担了单位繁重科研任务和管理工作的条件下还能尽心尽力照顾好家庭和孩子,女儿良好的学习成绩和健康幸福的生活状态以及安度晚年的母亲的殷殷期待,使我有了精力、时间和动力来进行学习、研究和创作。岳父母在我学习、工作和生活中出现困难时不断地周济与帮助,才使我有可能持续不断地走在求学与研究的道路上。

当然,我最应该感谢的是我敬爱的父亲。虽然父亲在二十年前就离开了我们,但父亲在我幼年和青年成长时期的巨大影响才是促使我历经艰辛却能一直坚守在学术道路上最主要的动力。父亲正直、诚实、善良品质的影响,使我有了作为学人的基本品格;父亲勤劳、踏实和坚毅作风的传承,使我有了作为学人的良好潜质;父亲生活中承受的屈辱、欺凌和磨难的不幸,给了我不负期盼为他争气的原始冲动;父亲临终经历的痛苦、折磨和煎熬的苦难,给了我为父欣慰以减轻其苦痛的不竭动力。每每在读书、思考和写作困顿时,眼前便会闪现出父亲一丝不苟辛勤劳作的身影,顿觉精神一振;每每苦思冥想挖空心思在纸面上难显一字时,脑中便会闪现出父亲看到我的大学录取通知书时难有的眉开眼笑神情,顿时信心百倍。从内心深处来讲,我所付出的一切努力最基本的动因就是为了让父亲因有一个争气的儿子而扬眉吐气,一扫他六十二年生命中所承受的压抑和委屈。我今天所取得的一切成就,与其说是生活对我努力的回报,不如说是为已离开我们二十年的父亲所做的致祭。

最后,以一首歌曲中的几句歌词再次表达我感恩的心:

感恩的心,感谢有你,
伴我一生让我有勇气做我自己,
感恩的心,感谢命运,
花开花落我一样会珍惜。

卢建军
2017年5月19日于兰州左家湾